Helmut Blatt

Wie wir versöhnt leben können

Helmut Blatt

Wie wir VERSÖHNT leben können

MIX
Papier aus verantwortungsvollen Quellen
FSC® C014496

Helmut Blatt
Wie wir versöhnt leben können

Best.-Nr. 271 700
ISBN 978-3-86353-700-5

1. Auflage 2020

www.cv-dillenburg.de

Satz und Umschlaggestaltung: Christliche Verlagsgesellschaft Dillenburg
Umschlagmotiv: © unsplash.com/Annie Spratt

Druck: GGP Media GmbH, Pößneck
Printed in Germany

Inhalt

Gedanken zum Einstieg 9

TEIL 1: Versöhnung mit Gott 13

1. Einführung: Das Fass, das ständig überläuft 14

   a) Hilflosigkeit bei der Konfliktlösung 14
   b) Kann Friedensforschung erfolgreich sein? 17

2. Versöhnung – das unentbehrliche Saatgut 21

   a) Die Macht der zerstörerischen Gottentfremdung 23
   b) Einer bezahlt die Rechnung 25
   c) Es gibt begründete Hoffnung … 28
   d) Der rote Faden der Heilsgeschichte Gottes 30

3. Ein Blick in das Herz Gottes 34

   a) Unsere große Ausweglosigkeit 35
   b) Gottes genialer Plan 37
   c) Seine aufopfernde Liebe 39
   d) Seine überwältigende Gnade 50

4. Warum ist Versöhnung mit Gott so nötig? 64

   a) Haben wir bestimmte Eigenschaften Gottes vernachlässigt? 64
   b) Gottes Heiligkeit 67
   c) Gottes Gerechtigkeit 70

d) Gottes Wahrhaftigkeit 72
e) Gottes Unwandelbarkeit 73
f) Gottes Weisheit 74
g) Zusammenfassung 75

5. Das Wesen der Versöhnung 77

a) Versöhnung als Austausch 78
b) Versöhnung als Wiederherstellung und Wiedervereinigung 89
c) Das Geschenk eines neuen Herzens und neuen Geistes in der Wiedergeburt 96

6. Der Versöhner, der in kein Schema passt 100

a) Wer war eigentlich dieser Jesus von Nazareth? 101
b) Ist Jesus wirklich wahrhaftiger Gott? 104
c) Warum konnte nur Jesus uns Menschen mit Gott versöhnen? 106
d) Der einzig sündlose Mensch wird der Brückenbauer zwischen Gott und uns 111
e) Der vom Vater auferweckte Sohn 113
f) Die Namen des Versöhners 115
g) Wie können wir in eine reale und lebendige Verbindung mit Jesus treten? 117
h) Die Folgen des Unglaubens 122
i) Die Konsequenz einer Begegnung mit Jesus 125

7. Hindernisse und Stolpersteine auf dem Weg zur Versöhnung der Menschheit 127

a) Mehr als ein Eklat 129
b) Jesus steht einsam unter seinen Jüngern da – bis heute . . . 134
c) Jesus bleibt trotzdem unbeirrbar bei uns und für uns 137

8. In welcher Herzenshaltung beschreitet Jesus den Weg zur Versöhnung? 140

a) Nur durch Jesus war Versöhnung möglich 141
b) Jesus kam von „unten“ her 145
c) Dienend 148
d) Sehend – in vollem Bewusstsein dessen, was vor ihm lag . . 150
e) Liebend – an seine Jünger denkend 152
f) Auf seinen himmlischen Vater ausgerichtet 154
h) Nicht gereizt, sondern gefasst, freundlich, helfend und schweigend 156
g) Leidend und schreiend 157

9. Die Versöhnung steht im großen Kontext des Todes und der Auferstehung Jesu 159

a) Rechtfertigung des zu Recht Angeklagten 160
b) Erlösung des versklavten Menschen 163
c) Vergebung für die hoffnungslos Verschuldeten 164
d) Kindschaft für den von Gott Getrennten 166
e) Unsere Antwort auf das Opfer Christi: Dank und Hingabe an Gott 167

10. Spuren hinterlassen und nicht nur Staub aufwirbeln – Wirkungen und Ziel von Gottes großer Versöhnung mit uns 169

a) Nach innen: … damit sie alle eins seien 171
b) Nach außen: die missionarische Dimension erlebter Versöhnung 175
c) Nach oben: … damit Gottes Ehre auf Erden und im Himmel aufgerichtet wird 178

TEIL 2: Gemeinde und Versöhnung 181

1. Streit und Versöhnung 182

a) Ein einschneidendes Erlebnis 182
b) Erfahrungen der Vergebung und Versöhnung 186

2. Jeder Wolkenkratzer hat als Keller angefangen – Mit welcher Gesinnung kann Versöhnung gelebt werden? 191

a) Zwischenmenschliche Versöhnung ist nicht immer möglich 194
b) Mut zur begrenzten und mangelhaften Menschlichkeit . . . 196
c) Unversöhnlichkeit – was ist das, woher kommt sie und wie wirkt sie sich aus? 198
d) Gottes Macht und Möglichkeiten über unversöhnte Beziehungen rühmen 202
e) Vom eingeschränkten Blickwinkel zur Weitsicht 204
f) Versöhnlich agieren und reagieren 208
g) Annehmend und empfangend 210
h) Aufrichtig 213
i) Demütig 215
j) Wertbewusst 217
k) Dankbar 220
l) Dienend 222
m) Wie Versöhnung gelingen könnte 223
n) Fragen, die zum Verstehen führen 225
o) Eine überraschende Erfahrung mit dem Heiligen Geist . . . 231

Teil 3: Hoffnung 235

1. Die Paradoxien durch den Versöhnungstod Jesu 236

2. Wenn aller Kampf und Streit vorbei ist 244

Gedanken zum Einstieg

Ich las vor einiger Zeit ein Skript von Prof. Helmut Gollwitzer[1]. Während des 7. Deutschen Evangelischen Kirchentags (8.–12.08.1956) in Frankfurt hielt er zwei Bibelarbeiten zu den Einsetzungsworten Jesu. Der Kirchentag stand unter dem Generalthema: „Lasst euch versöhnen mit Gott." Zur Hauptversammlung am Abschluss dieser Tagung kamen damals etwa 600 000 Besucher.[2]

Dort legte Gollwitzer in seiner Bibelarbeit in großer Klarheit und Tiefe Texte zum Abendmahl aus. Er stand als Theologieprofessor ohne irgendwelche Abstriche ungebrochen zur Versöhnung durch das Sühnopfer Jesu Christi. Seinen Vortrag las ich sehr langsam, und einige Gedanken daraus finden sich wieder in einem Punkt, in dem es um das Wesen der Versöhnung geht. So fing ich an, mich tiefer in die Thematik der Versöhnung einzugraben und damit zu beschäftigen. Anfangs dachte ich: Endlich schaffe ich es einmal, ein Büchlein mit maximal 30-40 Seiten zu schreiben. Aber dann erschloss sich mir die Bedeutung der Versöhnung immer mehr in ihrer Tiefe und

---

1 Helmut Gollwitzer (* 29. Dezember 1908 in Pappenheim im Altmühltal, Bayern; † 17. Oktober 1993 in Berlin) war evangelischer Theologe, Schriftsteller und Sozialist. Als prominenter Schüler Karl Barths engagierte er sich in der Bekennenden Kirche der NS-Zeit, später in der „Kampf-dem-Atomtod"-Bewegung der 1950er-Jahre und der Studentenbewegegung der 1960er-Jahre. Als Professor an der Freien Universität Berlin war er ein enger Freund und Wegbegleiter von Rudi Dutschke und begleitete Angehörige der RAF, von denen einige später im Gefängnis Stuttgart/Stammheim Selbstmord begingen.

2 Eine kleine Randbemerkung: Nur 19 Jahre später fand an gleicher Stätte wieder ein Kirchentag in Frankfurt statt. Zur Schlussversammlung kamen 40 000 Besucher.

Höhe, Länge und Breite. Egal, ob es um familiäre Konflikte oder Auseinandersetzungen zwischen den Völkern der Erde geht: Die Art und Weise der göttlichen Versöhnung spielt eine nicht zu überschätzende zentrale Rolle. Sie auszuklammern geht nicht, wenn man Frieden suchen und wiederherstellen will.

Besonders und primär geht es mir in diesem Buch um das Wesen Gottes, das sich in dem Gottessohn, dem Versöhner Jesus Christus, zeigt. Das Unglaubliche, dass Gott in Christus die Welt mit sich selbst versöhnte, soll der Mittel- und Höhepunkt der folgenden Seiten sein. Aber auch die daraus entstehende Möglichkeit, Versöhnung mit Gott anzunehmen, im Miteinander zu leben und wie das gelingen kann, ist ein weiterer Schwerpunkt der folgenden Darlegung.

Sehr betroffen, ja, erschrocken wurde ich immer mehr darüber, dass die Versöhnung durch das Sühnopfer Jesu in der modernen Theologie[3] geleugnet wird. Die Versöhnungstat Jesu, sein Leiden und Sterben am Kreuz, wird als unnötig erachtet, da Gott in seiner Liebe niemals solch ein Opfer gefordert hätte und uns auch ohne die Sühnung für unsere Schuld annehmen würde. In diesem Buch versuche ich deshalb, die Abwegigkeit dieses Standpunktes aufzuzeigen. Hier erwarte ich keine Zustimmung von denen, die meinen, Gottes Gerichte und damit auch das Gericht über meine Sünde im Sterben Jesu am Kreuz wegerklären zu können.

Dabei durchzieht das Passionsmotiv von Anfang an bis zum Ende die Evangelien. Bei Johannes z. B. wird es schon gleich zu Beginn im 1. Kapitel herausgestellt: „Siehe, das ist Gottes Lamm, welches der Welt Sünde wegnimmt“ (Joh 1,29). Die Pläne der religiösen und politischen Oberschicht der damaligen Zeit, Jesus zu töten,

---

3 Unter Moderner Theologie und auch Liberaler Theologie versteht man die Konkretion der historisch-kritischen Theologie (HKM) der Schriftauslegung, auf die ich noch näher eingehen werde. Grundlage dafür waren der Humanismus und die Geisteswissenschaft auf dem Stand des Denkens vor gut 200 Jahren. In der Modernen Theologie verwirklichte sich eine Unabhängigkeit von kirchlichen Dogmen und der bisherigen Traditionen der Schriftauslegung. Durch die Verwissenschaftlichung der Theologie wurde die Botschaft der Bibel dem Kirchvolk jedoch mehr und mehr fremd. Sie bot, wie noch in der Reformation, keine Hilfe mehr für den Alltag und keinen Trost mehr im Leben und im Sterben.

durchziehen alle vier Evangelien. Schließlich münden sie in der Gefangennahme, Folter, Verurteilung und Hinrichtung Jesu am Kreuz. In diesen schuldvollen und nicht zu rechtfertigenden Handlungen aber verwirklichte sich letztlich das Ziel der Sendung Jesu durch den Vater (Apg 3,13.18; 1Petr 1,20).

Während dieser langen Beschäftigung mit dem Versöhner entstand eine große und tiefe Dankbarkeit gegenüber Gott dem Vater und seinem geliebten Sohn Jesus Christus. Seine Demut, seine Hingabe, seine Unterordnung unter den Willen seines Vaters bis zum Tod am Kreuz und seine leibliche Auferstehung sind der Grund meiner Anbetung und der Hoffnung auf das ewige, unzerstörbare Leben bei ihm in Herrlichkeit. Immer stärker kristallisierte sich für mich heraus: Jenseits des Sühnopfers Jesu gibt es keinen Zugang zum ewigen Leben bei ihm in seiner Herrlichkeit.

„Pro me" (für mich) war jahrelang das Passwort, um Zugang zu den Programmen auf meinem Computer zu bekommen. Das *pro me* des Lebens und Sterbens Jesu Christi ist und bleibt der alleinige Zugang und Zufluchtsort, der uns Sicherheit in allem Drunter und Drüber des Lebens in einer Welt gibt, die immer mehr aus den Fugen gerät. Die Liebe zu Jesus, meinem Versöhner, ist größer geworden. Das Opfer für meine Schuld und Sünde, das er selbst war, wird mir täglich unentbehrlicher. Das und noch manche anderen Wahrheiten aus dem Wort Gottes lassen mich weiterhin ein dankbarer und fröhlicher Bekenner Jesu sein und die Menschen dringend bitten: „Lasst euch versöhnen mit Gott!" (2Kor 5,19).

TEIL 1:
Versöhnung mit Gott

1.

Einführung: Das Fass, das ständig überläuft

Ein unübersehbares Merkmal dieser Welt, in der wir leben, ist seit jeher die innere und äußere Uneinigkeit und Zerrissenheit. Vom Brudermord Kains an der Wiege der Menschheit (1Mo 4) bis heute entzweien sich Menschen unaufhörlich untereinander. Der Streit findet in den Familien und in der Gesellschaft statt. Und zwischen den Völkern weiten sich die egozentrischen Machtinteressen zu unmenschlichen Metzeleien und Kriegen aus. Trotz aller Friedensbemühungen will es oft nicht gelingen, tragfähige Brücken zueinander zu bauen, obwohl die Sehnsucht nach Frieden groß ist. Friedensbestrebungen haben nach wie vor Hochkonjunktur. Politiker jetten von einer Tagung zur anderen, und es will nicht Tag werden. Endlose Nacht – und damit große Ratlosigkeit – senkt sich auf viele Resolutionen und Bemühungen um tragfähige Lösungen. || **Dieser Sehnsucht nach harmonischen, freundschaftlichen Beziehungen stehen andere Interessen wie Stolz, Geltungsdrang, Habgier, Machtstreben, Herrschsucht und Unversöhnlichkeit knallhart entgegen. So bricht das Gleichgewicht in Familie und Gesellschaft immer wieder auseinander. Die Angst vor dem anderen, der mir etwas wegnehmen könnte, grassiert unter uns.** || Die Gräben zwischen Arm und Reich werden breiter, die soziale Ungerechtigkeit wiegt immer schwerer. Der Weg zur inneren Einheit und äußeren Einigkeit scheint mit unüberwindlichen Schwierigkeiten gepflastert zu sein.

a) Hilflosigkeit bei der Konfliktlösung

Eine große Ratlosigkeit beim Thema Konfliktlösung herrscht nicht nur in Weltorganisationen wie der UN. Es scheint, dass auf politischer Ebene die Ratlosigkeit nicht geringer wird. In all den bedrängenden sozialen Problemen wird von den Kirchen kaum noch eine Lösung erwartet. Trotz manchem lobenswerten Engagement in Diakonie und Caritas ist das Vertrauen in die Kirchen in den letzten Jahrzehnten stark eingebrochen. Gott sei Dank gibt es aber noch lebendige Gottesdienste. Es gibt Frauen und Männer, die ihre Gaben bewundernswert in Gottesdiensten einbringen, wo das Evangelium treu gepredigt wird. Doch darf das nicht darüber hinwegtäuschen, dass bei der Ausbildung des künftigen pastoralen Personals viele Versäumnisse passiert sind. Es ist einfach nicht mehr klar, worin die Kernkompetenz besteht. Der Aufruf zur Versöhnung des Menschen mit Gott und untereinander ist im allgemeinen Stimmengewirr kaum mehr auszumachen. Besonders evangelische Theologen neigen zu einer politisch linken Positionierung und verspielen damit die Chance, als Brückenbauer zwischen auseinanderdriftenden Lagern zu fungieren.

Eine bekannte Tageszeitung titelte zum evangelischen Kirchentag 2017 in Berlin: „Auf dem Kirchentag in Berlin verliert die evangelische Kirche die Distanz zur Politik: Deren Vertreter verschaffen ihr eine Relevanz, die sie selbst nicht mehr hat. Harte Kritik richtet sich nur gegen die AfD." Die Vorbildfunktion und positive Ausstrahlungskraft von manchen Pfarrern steht in Gefahr, vom Strom der Beliebigkeit aufgesaugt zu werden und sich zu verflüchtigen. „Lahm und langweilig" sei das Prädikat kirchlicher Veranstaltungen. Das seelsorgerlich-pastorale Amt würde vielerorts ersetzt durch eine christliche Philosophie, die alle selig spricht. Dazu würden Theologen und Religion, wenn überhaupt, allgemein mehr als ein Teil des Problems wahrgenommen. Psychotherapeuten und Gurus jeglicher Couleur, von denen noch ein Reiz des Exotischen ausgeht, haben Pastoren weithin den Rang abgelaufen, wenn es um Konfliktlösungen geht.

Für Sinnsuchende und Verzweifelte ist Kirche kaum mehr eine hilfreiche Adresse, bis auf die oben angeführten Ausnahmen, für die wir sehr dankbar sind. Von der Dorfkirche bis zu den Großstadtdomen und -kathedralen ist ein großer innerer Schaden unübersehbar. Die christliche Kirche befindet sich zunehmend in einem gefährlichen Fahrwasser, das viele Verwirbelungen hervorruft. Sie leidet seit dem 18. Jahrhundert stark an innerer Erosion. Der christologische

Kern, das Wort vom Gekreuzigten, ist bei nicht wenigen Amtsträgern dahingeschmolzen. In diesem orientierungslosen, pluralistischen Stimmengewirr wäre die Botschaft von dem Versöhner so dringend wegweisend. Aber die Stimmen der Botschafter des Friedens sind dermaßen mit Fremddeutungen überlagert, dass die dem Evangelium innewohnende Durchschlagskraft verloren gegangen ist.

Das ist der Hauptgrund, warum viele Menschen nach dem Zweiten Weltkrieg zunächst innerlich und dann formal aus den Kirchen emigriert sind. Die katholische Kirche leidet ebenso unter Mitgliederflucht wie die evangelische. Das kann ihr auch ein momentan erfrischender, allseits beliebter 266. Bischof von Rom, Papst Franziskus, nicht ersparen. || **Das Christentum hat zu wenig profilierte öffentliche Stimmen, die sich von allgemeinen politischen Statements abheben. Die großen Debatten in Politik und Gesellschaft erleben keine biblische Durchdringung mehr.** || Appelle an die Moral bei Verantwortungsträgern verhallen weithin ungehört, weil der Ruf zur Umkehr zu Gott, zum Versöhner Jesus Christus nur sehr leise oder überhaupt nicht mehr wahrzunehmen ist. Unaufhaltsam erleiden immer größere Teile der Gesellschaft einen Gedächtnisverlust. Längst hat der größte Teil unserer Bevölkerung christliche Werte unbewusst abgelegt und sie als für überkommen und nicht fortschrittskompatibel erklärt. Christliche Religion, wie sie bei uns dargeboten wird, leidet an Substanzverlust, was sowohl den Botschafter als auch den Botschaft betrifft.

Dennoch bleibt der Hunger nach Lebenssinn und versöhnten Beziehungen. || **Aber wo sollen Menschen finden, was sie suchen? Wie sollen sie die Sehnsucht nach innerem und äußerem Frieden stillen? Warum nur gelingt es trotz bester Absichten so selten, versöhnlich und friedlich zu leben, vor allem bei unterschiedlicher Sichtweise?** || Packen wir die Probleme etwa an der falschen Stelle an? Haben wir das Entscheidende aus dem Blick verloren? Entfernen wir uns immer mehr von tragfähigen Lösungen, weil wir uns von dem lebendigen Gott, seinen Diagnosen und Therapien immer weiter entfernt haben? Fordern wir etwas von den Menschen – Versöhnung und Friedfertigkeit –, was sie aus sich heraus vielleicht gar nicht leisten können?

b) Kann Friedensforschung erfolgreich sein?

Der streitbare katholische Theologe Hans Küng hat in seinem Buch „Projekt Weltethos"[4] den Entwurf einer alle Religionen umfassenden Ökumene vorgestellt. Darin trägt er drei bedeutsame Forderungen vor:

- kein menschliches Zusammenleben ohne ein Weltethos der Nationen;
- kein Frieden unter den Nationen ohne Frieden unter den Religionen;
- kein Friede unter den Religionen ohne Dialog unter den Religionen.

Damit macht Küng auf wesentliche Lücken beim Thema Konfliktforschung aufmerksam. Weltethos, Religionsfrieden, Weltfrieden, unter diesen Gesichtspunkten versucht er eine Zeitanalyse mit der Zielperspektive einer neuen Welteinheit. Aber wer soll diese Aufgabe denn stemmen? Wer will diese Mammutaufgabe eines umfassenden Weltfriedens schaffen? Sind die Unterschiede zwischen Völkern und Kulturen nicht zu groß? Gibt es neben Küngs Forderungen nicht mehr Wesentliches, das zum Frieden nötig wäre?

Die Friedensforschung untersucht die Konflikte der Menschheit auf ihre Herkunft und Wurzeln hin. In Wikipedia kann man dazu lesen:

> „Friedensforschung bezeichnet den Teil der Konfliktforschung, der die Grundlagen für dauerhaften Frieden zwischen Staaten, Völkern und Menschen erforscht. Meist werden verschiedene Interessenlagen gegeneinander abgewogen und politische Entscheidungen für den Frieden und die Menschenrechte gefordert."

---

4 Hans Küng, Projekt Weltethos, Piper-Taschenbuch, Verlag R. Piper, München 1996, 15. Auflage

In der Friedensforschung spüren Menschen den Ursachen für zwischenmenschliche Konflikte nach. Durch die Analyse treten die Anlässe für Auseinandersetzungen zutage.

Inwieweit in der Konfliktforschung die biblische Ursachenforschung mit einbezogen wird, weiß ich nicht. Versuchen wir jedoch krampfhaft, bei Friedenslösungen das biblische Menschenbild zu umschiffen, dann kann nur wenig Hilfreiches dabei herauskommen. In der Bibel wird sehr deutlich und verständlich darauf hingewiesen, dass der Bruch mit Gott (1Mo 3) die letztendliche Ursache für Streit und Krieg ist und im Auseinanderbrechen menschlicher Beziehungen seine Fortsetzung findet. Das heißt: Hinter den zwischenmenschlichen Ursachen für gewaltsam ausgetragene Konflikte steht die *prima causa*, die erste Ursache: die Abwendung des Menschen von Gott mit ihren gewaltsamen, tödlichen Folgen. || **Überall dort, wo Menschen sind, wirkt sich die übermenschliche Macht der Sünde auf Beziehungen aus, blockiert und zerstört sie und verhindert jegliche Konfliktlösung.** ||

Alle Versuche, entstandene Risse untereinander zu reparieren und verhärtete Fronten aufzuweichen, sind gewiss lobenswert und können auch vorübergehend gelingen. Doch sie entpuppen sich bei genauerem Hinsehen als wenig verheißungsvoll. Warum? Weil uns unser ureigenes Bestreben nach Selbstverwirklichung und Selbstbestimmung immer im Wege steht. Unsere Egozentrik, das Bedürfnis, unser individuelles Recht einzufordern und durchzusetzen, missachtet zu oft die Bedürfnisse des anderen und ignoriert sie. || **So erweisen sich die besten Absichten als Irrwege, wenn die Grundursache aller Konflikte, der Bruch zwischen Gott und Menschen, keine Berücksichtigung findet.** || Wird diese Realität nicht miteinbezogen, dann sind wir in unseren Friedensbemühungen lediglich zur Behandlung von Symptomen verurteilt. Jemand hat größtes Interesse daran, dass die Realität des Sündenfalls und dessen Zusammenhang mit den menschlichen Konflikten im Dunkel bleiben. Jesus bezeichnet diese Person als den Vater der Lüge und den Mörder von Anfang an (Joh 8,44), der die Menschheit im eisernen Griff hält und gegeneinander aufhetzt – seit Menschengedenken.

Gott hat in seinem Wort Grundlegendes zur Konfliktforschung gesagt und getan: Versöhnung ist der Schlüssel! Die Frage ist:

Inwieweit kann dieses alte Buch für unsere heutige hochkomplexe Zeit mit ihren kaum noch durchschaubaren Interessen und Beziehungsgeflechten belastbare und dauerhafte Lösungen anbieten?

Ohne Zweifel gab es in den Zeiten der Bibel keine Internetpornografie, aber Ehebruch war ihr bekannt. Es gab keine Spekulationsblasen an der Börse und keinen Nord-Süd-Konflikt zwischen den Industriestaaten und den Entwicklungsländern. Dennoch sind ihr Habgier und Unzucht nicht unbekannt. Die biblische Botschaft ist und bleibt relevant und sollte mit ihrem Angebot der Versöhnung bei der Konfliktlösung unbedingt Beachtung finden, denn sie behandelt die Grundprobleme des Menschen. Und die sind zu allen Zeiten die gleichen geblieben: Angst, Verzweiflung, Gier, Neid, Ichsucht, Diebstahl, Lüge, Stolz, Herrschsucht, Hass, Geltungsdrang, Ungerechtigkeit, Korruption, wie sie z. B. in Römer 1 aufgelistet sind. Jenseits des Versöhnungsweges Gottes werden wir weiterhin im Dunkeln tappen und uns von tragfähigen Lösungen entfernen. Das Grundproblem dabei ist, dass der Mensch es ablehnt, seinem Schöpfer zu danken und ihn zu ehren.

Es scheint wichtig zu berücksichtigen, dass wir in allen Kontroversen einen liebenden und fürsorglichen Gott als Anlaufstelle haben dürfen. Auch wenn damit nicht immer und sofort eine Lösung gefunden sein dürfte. Jedoch scheint das tiefe Wissen darum, dass wir durch Gottes gute Gedanken für unser Leben jedem Zufall, jedem Schicksalsschlag und jeder Willkür entnommen sind, erwähnenswert zu sein. || **In allen Kontroversen und Auseinandersetzungen haben wir im Hintergrund den Gott, der in Christus bedingungslos für uns ist, der für uns mitdenkt und unser Leben in seiner Fürsorge gestalten möchte. Deshalb wird er uns mit Jesus auch alles schenken, was wir unbedingt benötigen.** || Und genau das ist der Schlüssel zu Gottes Lösungen: mit ihm – Jesus Christus. enn wir in manchen Schwierigkeiten stecken und in einer unheilvollen Welt mancher Aggression ausgesetzt sind, dürfen wir doch darauf vertrauen, dass da jemand für uns ist, der sich die Fäden unseres Lebens nicht aus der Hand nehmen lässt. Wir müssen deshalb nicht mehr mit Hass und Aggression reagieren, wenn wir ungerecht behandelt werden. Auch wenn Brüche in unserer Biografie nie ganz zu vermeiden sind, ist Gott deshalb nicht gegen uns. Gerade wenn wir leiden, in Ängsten leben, im Alter gebrechlich werden und unsere Kraft abnimmt oder sogar wenn wir Irrwege gegangen sind – ER steht uns doch unverbrüchlich zur Seite und sagt uns, wie damals seinem Volk Israel, zu:

> „Du, den ich ergriffen von den Enden der Erde und von ihren fernsten Gegenden her gerufen habe, zu dem ich sprach: Mein Knecht bist du, ich habe dich erwählt und nicht verworfen – fürchte dich nicht, denn ich bin mit dir! Habe keine Angst, denn ich bin dein Gott! Ich stärke dich, ja, ich helfe dir, ja, ich halte dich mit der Rechten meiner Gerechtigkeit“ (Jes 41,9-10).

|| **Als mit Gott versöhnte Christen stehen wir befreit vor Gott und müssen nichts mehr befürchten: keine Anklagen, kein Donnerwetter, kein verdammendes Urteil, kein Getrenntsein mehr von Gott, keinen zornigen Gott.** || Diese Freiheit ist erfüllt mit Wahrheit, Licht und Wärme, Zuspruch und Vergebung, Gnade und Barmherzigkeit. Als Versöhnte dürfen wir in den kleinen und großen Krisenherden dieser Welt etwas sagen und sein. Wir können anderen den Weg zur Geborgenheit in Gott und damit den Weg zu einem tragfähigen Frieden vermitteln.

2

Versöhnung – das unentbehrliche Saatgut

In der ganzen Bibel gibt es eine Mitte, auf die alles zuläuft und von der alles ausgeht und die alles andere, was dort berichtet wird, an Bedeutung übersteigt. || Es ist Gottes Versöhnungsaktion, die dann im Neuen Testament in Jesu Leiden, Sterben und Auferstehen ihren Höhepunkt und Zielpunkt findet. Versöhnung ist Gottes finale Antwort auf allen Hass und Streit dieser Welt. Gott tritt friedenstiftend in den Bruch zwischen ihm und uns sowie zwischen den Menschen untereinander. Er hat die Kluft überwunden, die durch die Sünde zwischen ihm und uns entstanden war. Im Kreuzestod Jesu hat Gott die Feindschaft alles sündigen Wollens und Begehrens getötet. Er hat nicht nur ein Pflästerchen auf die Wunden der Welt geklebt. Er hat nicht nur die Verletzungen, die die Sünde verursacht hat, verbunden. Nein, er hat die Macht der todbringenden Sünde in dem einzig Sündlosen getötet. Minus mal minus gibt ja bekanntlich ein Plus. || **Unser Minus, die todbringende Sünde, und der ungerechte Tod Jesu als Minus für diese Sünde bringen das alles überragende Ergebnis hervor: ewige Versöhnung mit Gott.** ||

Das Ereignis und das folgenreiche Ergebnis von Jesu Versöhnungstod am Kreuz von Golgatha fasst Paulus in prägnanter Weise im Kolosserbrief zusammen:

> „Er hat den Schuldschein gegen uns gelöscht, den in Satzungen bestehenden, der gegen uns war, und ihn auch aus unserer Mitte fortgeschafft, indem er ihn ans Kreuz nagelte; er hat die Gewalten und die Mächte völlig entwaffnet und sie öffentlich

zur Schau gestellt. In ihm hat er den Triumph über sie gehalten" (Kol 2,14-15).

Damit setzt Gott unwiderrufliche und grundlegende Fakten für eine gefallene Welt und für ein Leben, das ohne ihn orientierungslos verläuft und letztendlich verloren ist. Die Waffe, die der Ankläger und Widersacher gegen uns hatte, unsere Schuld und Sünde, wurde ihm durch den Tod Jesu aus den Händen gerissen. Nun steht er ohne Anklageschrift gegen uns da. Durch Jesus wurde Satan seines Rechts beraubt, die mit Gott Versöhnten anzuklagen.

In dem Lied „Die Handschrift ist zerrissen, die Zahlung ist vollbracht" von Ernst Gottlieb Woltersdorf (1725–1761), dem Stadtpfarrer Bunzlaus, ehemals Schlesien, heißt es in den folgenden Strophen:

(2) Ich weiß sonst nichts zu sagen, als dass ein Bürge kam,
der meine Schuld getragen, die Rechnung auf sich nahm,
und sie so völlig hingezählt, dass von der ganzen Menge
auch nicht ein Pfennig fehlt.

(4) Die Nägel deiner Wunden zerrissen meinen Brief,
der alle Tag und Stunden an Schulden höher lief.
Dein völlig ausgeströmtes Blut, dein heilges Tun und Leiden
macht meine Rechnung gut.

(8) Lamm Gottes, deinen Wunden verdank ich's Tag und Nacht,
dass sie den Rat gefunden, der Sünder selig macht.
Gelobet sei dein Todesgang, und allen deinen Schmerzen
sei ewig Preis und Dank!

So kann man über den Sühnetod Jesu denken und schreiben. Wer das so sehen kann, darf sich von allen Anklagen Gott gegenüber befreit wissen.

a) Die Macht der zerstörerischen Gottentfremdung

Auch nach den beiden Weltkriegen im 20. Jahrhundert haben Kriege und kriegerische Auseinandersetzungen nicht aufgehört. Man hätte eigentlich meinen müssen, nun habe auch der Letzte verstanden, dass es durch Krieg und Terror zum Schluss nur Verlierer geben kann. Aber nein, es wird weiterhin gefoltert, vergewaltigt, gebombt und gemordet. Despoten und ihre Armeen ziehen weiter eine Schneise des Verderbens und hinterlassen eine markante Spur von Blut und unzählbaren Tränen. Terroristen betreiben ungehemmt ihre Racheakte an Andersdenkenden, den sogenannten „Ungläubigen". Nach den Zeiten des Kalten Krieges dachten viele in Ost und West, das Problem kriegerischer Auseinandersetzungen sei nun endlich vom Tisch. || **Doch wir spüren auf allen Ebenen: Wenn die Welt etwas unbedingt und sofort benötigt, dann ist es die Aussöhnung untereinander, damit die Bombe der Aggression nicht weiter tickt und viele zerreißen wird.** ||

Aber das Tragische bei all dem ist: Diese Bombe tickt in jedem von uns. Unter gewissen Konstellationen können auch wir „hochgehen" und gewalttätig werden. Diejenigen, die für Frieden demonstrieren und ihn herbeiführen wollen, können selbst in einen verderblichen Sog der Gewalt geraten, dem sie nichts entgegenzusetzen haben. Denken wir an die Blauhelme der UN, die in ihrer Friedensmission selbst zu Protagonisten und Teilhabern von Korruption und Gewalt werden oder bei Verbrechen an der Menschheit einfach wegschauen, wie es auf dem Balkan in den 1990er-Jahren geschah.

So stellt die Bibel die Frage nach dem Ursprung der Kriege und beantwortet sie auch, unter anderem im Jakobusbrief:

> „Woher kommen Kriege und woher Streitigkeiten unter euch? Nicht daher: Aus euren Lüsten, die in euren Gliedern streiten? Ihr begehrt und habt nichts; ihr tötet und neidet und könnt nichts erlangen; ihr streitet und führt Krieg. Ihr habt nichts, weil ihr nicht bittet" (Jak 4,1-2).

Es ist nicht unrealistisch oder weltfremd, sich große Sorgen darüber zu machen, dass unsere Welt auf eine globale Katastrophe zusteuert. In einer Welt, in der radikale Verdorbenheit zunehmend zum akzeptierten Standard wird, stehen die Zeichen auf Sturm. Der Krieg gegen den Menschen beginnt schon gleich nach seiner Zeugung in der millionenfachen Tötung im Mutterleib und endet schließlich in unzählbaren persönlichen und völkischen Schreckenszenarien. „Die Welt ist aus den Fugen geraten", meinte Frank-Walter Steinmeier, damals noch Außenminister. So ganz daneben lag er wohl nicht mit seiner Einschätzung. Hilflos steht die Weltgemeinschaft daneben, wenn Diktatoren ihr eigenes Volk terrorisieren und sogar mit Giftgas töten. All das ist nicht neu, nur die Mittel in der Kriegführung ändern sich mit jedem wissenschaftlichen Fortschritt. Friedliche Ansätze werden zumeist durch den Machtrausch erstickt, dem solche Diktatoren erlegen sind.

Genau dazu hat Gott seinen Sohn in den Streit einer kriegslüsternen Welt gesandt, um die tiefste Ursache aller kriegerischen Konflikte anzugehen und an der Wurzel zu bekämpfen. Nicht die Bekämpfung von Symptomen stand auf seinem Programm, wie es leider nur zu oft in dieser Welt der Fall ist. || **Denn diese Wurzel aller Kriege steckt tief in unserem Ich, in unserem Herzen (Mt 15,19). Ohne den Versöhner in uns und seinen besänftigenden Einfluss auf unsere Entscheidungen herrscht weiterhin die Macht der Sünde und tobt sich in zwischenmenschlichen Beziehungen aus.** || So wird jeden Tag weltweit unzählige Male die Macht- und Hilflosigkeit des Menschen gegenüber Streit, Zank, Feindschaft und den daraus entstehenden Auseinandersetzungen und Kriegen demonstriert.

„Es war kein Gut's am Leben mein, die Sünd hatt' mich besessen", war das Bekenntnis des Reformators Martin Luther in dem Lied „Nun freut euch liebe Christen g'mein", das er 1523 niederschrieb. In diesem Lied, in dem er die ganze Heilsgeschichte Gottes entfaltet, macht Luther die personale Macht der Sünde an seinem Leben deutlich, die den ganzen Menschen ergriffen hat. Allerdings schlummert das destruktive Potenzial dieser Macht in manchen Menschen dahin und wiegt sie in Sicherheit. So meint der Mensch, er brauche keine Vergebung, keine Versöhnung mit Gott. Luther erlebte diese Sündenmacht, der man sich nicht entziehen kann, immer stärker, je mehr er gottergeben leben wollte. Er machte die Erfahrung: Das Unheilige in uns wird oft erst geweckt in der Begegnung mit dem Heiligen. Diese antigöttliche Großmacht und Präsenz im Menschen mit ihren tausend Gesichtern ist nicht etwas, was außerhalb von uns Menschen stattfindet. Sie ist ein unbeherrschbarer Teil in unserer Persönlichkeit. Kein Mensch kann ohne sie gedacht werden. Wir sind unauflösbar mit ihr verwoben. Diese rebellische Haltung gegen Gott hat sich zutiefst in unserer Persönlichkeit festgesetzt und treibt in uns und von uns ausgehend ihr zerstörerisches Werk. Wir selbst können sie nicht ausrotten und besiegen. Dennoch tragen wir als Ebenbild Gottes Verantwortung für jedes Wort, jede Tat und jede Untat. Luther machte die Erfahrung: Je mehr ich gegen meine verwerflichen Gedanken kämpfe, desto stärker streiten sie gegen mich und zeigen mir ihre kieselharte Stirn. Zum Schluss zwingen sie mich in die Knie. Sünde ist also keine Lächerlichkeit, die es zu verniedlichen gilt. Sie treibt einen in den Abgrund der Verzweiflung und Ausweglosigkeit, wenn man sie aus eigener Kraft überwinden will. Da, wo sie uns in bestimmten Lebensbereichen im eisernen Griff hat, scheint es kein Entrinnen aus ihrer Umklammerung und Steuerung zu geben.

b) Einer bezahlt die Rechnung

Schon für die zwischenmenschlichen Beziehungen ist es wünschenswert und erquickend, wenn Friede einkehrt und man sich wieder in die Augen schauen kann. || **Wie wohltuend für alle Seiten ist es, wenn Versöhnung gewährt wird. Wie viel mehr gilt das doch für unsere Beziehung zu unserem Schöpfer und Versöhner. Wenn das Friedensangebot des liebenden Gottes zu seinen Bedingungen akzeptiert wird, geschieht eine verborgene und unwiderstehliche Verwandlung.** || Manchmal kann das abrupt geschehen, aber meist ist es ein langsamer Prozess, bis sich Gottes Gedanken in uns etablieren. Indem Gott uns mit sich selbst und auch mit anderen Menschen Versöhnung anbietet, kommt er uns bis zum Äußersten entgegen. Der Stärkere und Unschuldige geht den ersten Schritt auf den Schuldigen und Straffälligen zu.

Damit er Frieden mit uns schließen kann, zahlt er selbst alle durch uns entstandenen Kosten und ausstehenden Leistungen zur Wiedergutmachung. || **Alle von uns angerichteten Schäden und durch unseren Krieg gegen Gott entstandenen Schulden nimmt er auf sich und bezahlt bereitwillig alle offenen Rechnungen, die wir gegenüber**

ihm und anderen aufgehäuft haben. || Wenn wir anderen Menschen Leid zugefügt haben, will ihnen Jesus das gerne erstatten. Was wir bei anderen an seelischen und körperlichen Verletzungen angerichtet haben, will ihnen Jesus durch sein Heil und seine Heilung, die er jedem anbietet, entschädigen. Das eröffnet dem anderen, an dem ich schuldig geworden bin, die Möglichkeit, mir zu vergeben. Warum? Weil er wissen darf, dass Christus ihm alle durch uns entstandenen Schäden wiedergutmachen wird. Das Gleiche gilt auch für mich. Ich muss nicht mehr in der Unversöhnlichkeit verharren, weil mich andere verletzt haben. Ich weiß: Jesus wird mir diesen Schaden, den andere in mir angerichtet haben, reichlich erstatten. Wenn nicht in dieser Welt, so doch in der zukünftigen.

Der Apostel Paulus hat ja viele Verletzungen durch andere an seinem Körper und in seiner Seele erlitten. Er schrieb an die Gemeinde in Rom, die vor der großen Verfolgung durch den römischen Kaiser Nero mit all den schrecklichen Leiden bis hin zum Märtyrertod stand:

> „Denn ich denke, dass die Leiden der jetzigen Zeit nicht ins Gewicht fallen gegenüber der zukünftigen Herrlichkeit, die an uns geoffenbart werden soll" (Röm 8,18).

Diese Hoffnung, dass Gott unser Leiden in dieser Welt einmal mit seiner Herrlichkeit über die Maßen aufwiegen und erstatten wird, ließ ihn nicht verbittert und mutlos werden.

Alle, aber auch wirklich alle moralischen Verfehlungen gegenüber Gott und Menschen gehen auf seine Rechnung! Dafür bezahlte Jesus mit seinem bitteren Leiden und Sterben. Obwohl wir es doch waren, die diesen Krieg gegen ihn angezettelt und dabei nur verloren haben. All unser sittliches Versagen, alles Boshafte, das so große Schäden hinterlassen hat, lastet Gott uns nicht mehr an, weil Jesus die Strafe für diese Schuld auf sich genommen hat.

|| **Jesus trägt auch die Strafe dafür, dass wir Gottes Ehre in den Schmutz getreten haben. Das ist letztlich das zentrale Thema der Heiligen Schrift: Gott versöhnt in Christus die Welt mit ihrer gesamten Schuldenlast mit sich selbst und spricht sie frei von jedem Verdammungsurteil.** || Es geht

um Gott und die Versöhnung, die er mit der ganzen Welt ermöglicht hat und mit jedem Menschen sucht, denn:

> „Gott [war] in Christus … und [versöhnte] die Welt mit sich selbst …, ihnen ihre Übertretungen nicht zurechnete und in uns das Wort von der Versöhnung gelegt hat. So sind wir nun Gesandte an Christi Statt, indem Gott gleichsam durch uns ermahnt; wir bitten für Christus: Laßt euch versöhnen mit Gott! Den, der Sünde nicht kannte, hat er für uns zur Sünde gemacht, damit wir Gottes Gerechtigkeit würden in ihm" (2Kor 5,19-21).
>
> „… und wenn jemand sündigt – wir haben einen Beistand bei dem Vater: Jesus Christus, den Gerechten. Und er ist die Sühnung für unsere Sünden, nicht allein aber für die unseren, sondern auch für die der ganzen Welt" (1Jo 2,1-2).

|| **Durch das Sühneopfer Christi wird der unheilvolle Zusammenhang zwischen der Schuld und deren Folgen für uns Menschen durchbrochen.** || Das Wort, das wir mit „versöhnen" übersetzen, meint im Hebräischen: „zudecken, verhüllen". Im Griechischen wird das hebräische Wort mit einem Wort wiedergegeben, das so viel wie „gnädig machen" bedeutet *(hilaskomai).* Dieses Wort gebrauchte beispielsweise der Zöllner im Tempel, als er sagte: „Gott, sei mir Sünder gnädig!" (Lk 18,13). Luther spricht im Blick auf die Rechtfertigung und Versöhnung des Schuldiggewordenen zu Recht vom „fröhlichen Tausch". Wenn in diesem Wort der Gedanke der „Sühne" auch nicht direkt vorkommt, so wird doch im jeweiligen Zusammenhang deutlich, dass dieser „Tausch" nicht ohne Sühne stattfinden kann. Gott macht Jesus zur Sünde und schenkt uns im Gegenzug seine vollkommene Gerechtigkeit:

> „Den, der Sünde nicht kannte, hat er für uns zur Sünde gemacht, damit wir Gottes Gerechtigkeit würden in ihm" (2Kor 5,21).

Versöhnung kommt von „versühnen, gutmachen, aussöhnen". Friede kann da entstehen, wo die Ursache eines trennenden Streites bekannt, gesühnt und wiedergutgemacht wird.

c) Es gibt begründete Hoffnung …

… zur Befreiung aus der unausweichlichen Macht der Sünde, von Hass und Groll, Erbitterung und Streit. Dies vermittelt uns in der Bibel die Geschichte von Jesus, dem Sohn Gottes. In den Berichten über Jesus bis hin zu seinem Sterben und Auferstehen macht Gott zweierlei deutlich: Zum einen stellen die Schriften des Neuen Testaments heraus, dass gegen die Macht der Sünde kein Kraut gewachsen ist. Warum? Weil alle Menschen davon infiziert sind und es ihnen unmöglich ist, aus eigener Anstrengung Abwehrkräfte dagegen zu entwickeln. Genauso wenig wie ein Mensch seine Haut wechseln kann, so wenig kann ein Mensch aus seiner ‚Haut' des Sündigseins und des Zwangs zum Bösen heraus (Jer 12,23). Zum anderen zeigt Gott deutlich seine Macht gegenüber der Weltmacht ‚Sünde', die alle Menschen zu allen Zeiten im unerbittlichen Griff hat, nämlich in der Sendung seines Sohnes in die Welt. So dichtete Georg Weissel 1623:

> „Hier ist der Mann, der helfen kann,
> bei dem nie was verdorben.
> Uns wird das Heil durch ihn zuteil.
> Uns macht gerecht der treue Knecht,
> der für uns ist gestorben."

Das darf und soll Vertrauen zu dem ewigen Gott wecken. Die wohl wichtigste Tatsache, die uns in der Bibel, besonders im Neuen Testament, geschildert wird, ist diese: || **Gott behandelt uns als seine Feinde! Ja, das haben Sie jetzt richtig gelesen: Er behandelt uns als seine Feinde, weil wir es unleugbar sind. Die entscheidende Frage aber dabei ist: Wie behandelt Gott seine Feinde?** || Was sagte Jesus, wie wir Feinde behandeln sollen (Lk 6,27-28)? Wir sollen es auf die gleiche Weise tun, wie Gott seine Feinde behandelt:

„… und durch ihn (Christus) das ganze Universum mit sich zu versöhnen. Dadurch, dass Christus am Kreuz sein Blut vergoss, hat Gott Frieden geschaffen. Die Versöhnung durch Christus umfasst alles, was auf der Erde, und alles, was im Himmel ist. Auch ihr seid darin eingeschlossen. Früher lebtet ihr fern von Gott, und eure feindliche Haltung ihm gegenüber zeigte sich an all dem Bösen, was ihr getan habt. Doch jetzt hat Gott euch mit sich versöhnt durch den Tod, den Christus in seinem irdischen Körper auf sich nahm. Denn Gott möchte euch zu Menschen machen, die heilig und ohne irgendeinen Makel vor ihn treten können und gegen die keine Anklage mehr erhoben werden kann“ (Kol 1,19-22; NGÜ).

So behandelt Gott seine Feinde. Ganz anders eben, als wir normalerweise unsere Feinde behandeln. || **Er gibt sich mit dem Bruch zwischen sich und den Menschen und dessen gravierenden negativen Folgen nicht zufrieden. Er will nicht, dass der Mensch unversöhnt bleibt und in seiner Sünde zugrunde geht.** || Gottes Friedensbotschaft heißt: Ihr sollt Leben haben, weil ich Frieden gemacht habe! Leben in der Versöhnung, weil die Waffen niedergelegt wurden und die Schuld gesühnt und der Zorn besänftigt wurde. Deshalb gibt es Hoffnung, wie verfahren auch eine Situation sein mag. So startete der lebendige Gott vor 2000 Jahren die größte Versöhnungsaktion, die je auf dieser Erde stattgefunden hat.

Das bedeutet für uns Menschen: Wir müssen nicht mehr verzweifeln über festgefahrene und zerstrittene Beziehungen. Es gibt einen Weg zueinander. Und das ist der Weg, den Gott in der Ungerechtigkeit und Gewalt dieser Welt gegangen ist. Wir müssen nicht mehr scheitern an verhärteten Fronten, auch wenn die Ausweglosigkeit groß und das Schicksal unentrinnbar scheinen. Da ist einer, der sich Gedanken über unversöhnte Beziehungen gemacht hat. Einer, der alles zum Guten führen will und auch kann. Er zeigt Wege zur Versöhnung auf, egal, wie entzweit die gegnerischen, feindlichen Lager sind. Gott hat den größten Krieg zwischen ihm und der Menschheit auf dieser Erde beendet und in Versöhnung enden lassen. Weil Gott das schaffte, will er einen Weg heraus aus unseren Sackgassen zeigen und Wege zu ihm und zueinander ebnen.

|| **Wo die ewig dauernde Versöhnung zwischen dem Schöpfer und Herrn der Welt und uns Menschen immer besser verstanden wird, kann sich ein Friede entfalten, wie wir ihn bis dahin nicht kannten.** || Gottes Lösung beginnt damit, dass er uns die Aussöhnung mit sich anbietet. Und zwar auf einem Weg, der uns Menschen fremd und unglaublich erscheint. Kein Angebot ist wichtiger und bleibt dringlicher. Möglicherweise haben wir schon alle erlebt, wie wohltuend eine Aussöhnung zwischen Menschen ist, wenn man sich gegenseitig verzeiht und geschehenes Unrecht deutlich angesprochen, aber nicht mehr angerechnet wird. Wie wohltuend wäre es für ein Volk, wenn nach einem brutalen Krieg mit all seinen Schrecken endlich die Waffen schweigen und ein tragbarer Friedensschluss – ohne einseitiges Diktat – von den ehemals Verfeindeten unterzeichnet würde. Das Land könnte aufatmen, wenn man sich aufrichtig, ohne listige Hintergedanken, die Hände reichen würde. Welch eine Entspannung durchzieht eine Seele, wenn man dem anderen ohne böse Absicht begegnet und bei ihm keine heimtückische Attacke vermuten muss!

Weil Gott genau so gehandelt hat, gibt es Hoffnung, auch für verfeindete Parteien. Wenn er in die Mitte genommen und Schuld vor ihm bekannt und abgeladen wird, kann Versöhnung tatsächlich erlebt werden. Die Erfahrung von Vergebung weicht ein Herz auf und stimmt es versöhnlich mit sich und anderen.

d) Der rote Faden der Heilsgeschichte Gottes

In der Bibel gibt es diesen roten Faden der Heilsgeschichte Gottes inmitten der Unheilsgeschichte unserer Welt. Ihn sollten wir beim Lesen der Bibel nie aus den Augen verlieren: Der Mensch, von Gott geschaffen, rebelliert gegen seinen gütigen Schöpfer. Dieser aber nimmt die furchtbare Todesstrafe für unsere Vergehen auf sich und beseitigt die Folgen unseres Aufstandes gegen ihn. || **Er rechnet uns den von uns angezettelten Krieg gegen ihn nicht an. Er verzeiht, er vergibt, er spricht uns frei von allen Kosten unserer Rebellion und des Komplotts gegen ihn.** || Der meuternde Rebell darf als freier Mann den Gerichtsprozess Gottes verlassen. Das ist die Versöhnung, die Gott uns anbietet und durch die er unsere Rückkehr zu ihm möglich macht. Alles, aber auch wirklich alles hat der himmlische Vater in seinem Sohn getan, damit wir nicht in unseren selbstgestrickten Lebensphilosophien gefangen bleiben und „draußen vor der Tür" vor die Hunde gehen.

Seine Versöhnung bagatellisiert die Schuld des Menschen nicht. Das Leiden Jesu und sein Kreuzestod machen deutlich, wie Gott über unsere Empörung gegen ihn denkt. Das war kein einfach entschuldbarer Rechtsbruch, den wir da veranstaltet haben. Es war ein Umsturzversuch der Menschheit, und daraus wurde eine Massenerhebung gegen einen langmütigen und großmütigen Gott. Denn dieser Putsch wiederholt sich seit dem ersten Mal im Garten Eden unzählige Male, jeden Tag, jede Stunde, jeden Moment, weltweit, seit Menschengedenken. Wir stellen uns gegen Gott, wir wissen es besser als er und erklären seine bewahrenden und befreienden Weisungen zu Schnee von gestern.

Wir wollen nicht, dass er unsere Kreise stört und unsere Wege bestimmt. Ein Verbotsschild nach dem anderen stellen wir für ihn auf, der uns mit seinen Weisungen doch zum Leben führen will. Wir verweigern ihm den Zutritt zu unseren Kindern und der ganzen Familie, wo er doch die Hilfe und die Kraft zu einem versöhnenden Neuanfang wäre. In der Gesellschaft und Politik hat er mit seinen Werten und seiner Wahrheit einen schweren Stand und steht weithin auf verlorenem Posten. Wir lassen ihn ständig draußen vor der Tür stehen und bauen Barrikaden ihm gegenüber auf. || **Überall haben wir für den liebenden Gott Schilder angebracht: „Zutritt verboten!" Nicht einen Spalt weit öffnen wir die Tür für ihn.** || Wir erklären seine Worte für langweilig, überholt und heute nicht mehr relevant, und demonstrieren damit frech unsere Überheblichkeit ihm gegenüber.

Doch der barmherzige und gnädige Gott hat sich für uns Menschen entschieden und nicht gegen uns. Unsere unglaubliche Anmaßung, diese freche Arroganz und arrogante Frechheit will Gott uns nun nicht mehr anrechnen. Die Liebe Gottes rechnet das Böse nicht zu. Diese elende Selbstbestimmung und jämmerliche Selbstdarstellung von Menschen, die nur noch sich selbst suchen, konnte ihn nicht davon abhalten, den Himmel zu verlassen und das Kreuz zu wählen. Er gab seine himmlische Herrlichkeit auf und sich selbst am Kreuz für uns hin. Er suchte nicht sein Wohl, sondern das Wohl aller anderen (1Kor 13,5). Seine Liebe vergilt Böses nicht mit Bösem (1Petr 3,9). Unfassbar und beispiellos, aber wahr! Und so lesen wir diese unglaublichen, wohl nie völlig zu erfassenden Worte von Paulus:

> „Gott aber erweist (stellt unter Beweis) *seine* Liebe zu uns darin, dass Christus, als wir noch Sünder waren, für uns gestorben ist … Denn wenn wir, als wir Feinde waren, mit Gott versöhnt wurden durch den Tod seines Sohnes, so werden wir viel mehr, da wir versöhnt sind, durch sein Leben gerettet werden“ (Röm 5,8.10).

|| **Wir wurden durch Jesus zu dem Zeitpunkt mit Gott versöhnt, als wir seine eingeschworenen Feinde waren und nicht einfach nur kleine, niedliche, nicht ganz ernst zu nehmende Sünderlein.** || Eine feindliche Grundhaltung trugen wir gegen Gott im Herzen und achteten ihn in unserem Stolz für Nichts. Genau in diese feindliche Welt sandte Gott seinen Sohn. Nicht erst dann, wenn die Menschheit sich gebessert hätte und Anzeichen der Hoffnung auf Besserung aufkeimen würden. Die vergangenen Zeitalter der Menschheit machten deutlich, dass es utopisch gewesen wäre, darauf zu warten. Weil Gott uns zu gut kennt und weiß, welche Feindschaft sich in unserem Herzen festgesetzt und unser Denken verseucht hat. So lässt er den Propheten Jesaja vorausschauend vom Schicksal des Messias schreiben, wenn er als Versöhner diese Welt betreten wird, und er offenbart damit schonungslos den Herzenszustand einer verlorenen Menschheit:

> „Er war verachtet und von den Menschen verlassen, ein Mann der Schmerzen und mit Leiden vertraut, wie einer, vor dem man das Gesicht verbirgt. Er war verachtet, und wir haben ihn für nichts geachtet“ (Jes 53,3).

|| **Dass Gott in Christus selbst in den unüberbrückbaren Bruch zwischen sich und uns Menschen trat, macht deutlich, dass Gott wirklich bereit ist, alles für unsere Rettung und Versöhnung zu tun.** || Und dieser Weg

zur Versöhnung bestand nicht in einem wohlformulierten Dogma, einer treffenden Analyse und Absichtserklärung, sondern einzig und allein in einer Person, die in menschlicher Gestalt aus Fleisch und Blut erschien. Jesus Christus brachte nicht nur die Versöhnung zwischen Gott und seinen Menschen zustande, sondern er selbst ist die Versöhnung in Person. Er ist Brückenbauer und Brücke zugleich über den unüberwindlichen „Grand Canyon“ unserer Sünde und Schuld, diese abgrundtiefe Schlucht zwischen Gott und dieser Welt. || **Das heißt, alles, was Jesus tat und sagte und wozu er in diese Welt hineingekommen war, zielte auf den einen Punkt: Versöhnung zwischen Gott und Mensch.** || Egal, ob er Kranke heilte oder Sünder in die Rückkehr zu Gott rief, ob er Gebundene aus der Gewalt des Bösen befreite oder am Kreuz für seine Feinde betete und die Gottverlassenheit ertrug. All das waren Aspekte dieser Versöhnung. Er wollte verhärtete Fronten durchlässig machen, unter allen Umständen die Waffen schweigen lassen, den Krieg beenden, für eine Verständigung und Aussöhnung sorgen und einen tragfähigen Frieden herbeiführen.

3.

Ein Blick in das Herz Gottes

Warum wählt Gott einen solchen Weg zur Versöhnung? Warum gerade Versöhnung durch ein Opfer? Ist das nicht grotesk? || **Wir Menschen wollten möglichst schnell weg von ihm, aber er geht uns nach und kann uns nicht loslassen.** || Was hat Gott bewogen, seinen Sohn vom Himmel auf die Erde zu senden, um ihn hinzugeben für uns?

Was bewegt das Herz Gottes, gerade diesen Weg zu gehen? Im Mittelpunkt dieser Überlegungen stehen sein Erbarmen, seine Menschenfreundlichkeit, seine unstillbare Sehnsucht nach uns. Sie trieben ihn vom Himmel auf die Erde. Für viele von uns sind solche Gedanken seit Jahren treue Wegbegleiter. Wir haben den Gedanken der Versöhnung oft gehört – und doch scheint es, dass die Versöhnung selbst nie oder nur oberflächlich verinnerlicht wurde. || **Wir stehen in der Gefahr, dass das Versöhnungswerk zu einer toten Wahrheit verkommt.** || Wir haben uns an die großen Taten Gottes gewöhnt, und das führt zu einer gewissen Gedankenlosigkeit, Langeweile und Verhärtung des Herzens.

Wir staunen über die einseitige Initiative Gottes, sich mit uns Menschen einzulassen, obwohl wir uns so daneben benommen haben. Wir haben nicht nach ihm gefragt. Genau darüber klagt Gott durch den Mund des Propheten Jesaja: „Und da war niemand, der deinen Namen anrief, der sich aufraffte, an dir festzuhalten" (Jes 64,6).

Was hat Gott nun bewogen, das zu bewirken, was selbst den Engeln Gottes rätselhaft und verborgen blieb (1Petr 1,12)? Sie staunen darüber, dass Gott sich gnädig zu denen herabneigte, die ihm über Jahrhunderte und Jahrtausende die kalte Schulter zeigten und frech ihre Gottlosigkeiten gefeiert haben. Warum bleibt ihnen das so unzugänglich? In der Sendung seines Sohnes hat Gott sich ja nicht der gefallenen Engel angenommen, sondern er neigte sich allein uns Menschen erbarmend zu (Hebr 2,16).

Auf diesem wenig spektakulären Weg der Versöhnung setzt Gott sich dem Risiko aus, missverstanden zu werden. In dem schlichten, glanzlosen Auftritt Jesu, dem Verzicht auf königlichen Prunk, bringt Gott seine eigentliche Würde zum Ausdruck. || **Ähnlich wie bei einem Eisberg: Solch ein Koloss hat etwas Majestätisches an sich, wenn er sich lautlos durch das Eismeer fortbewegt. In seiner unaufhaltsamen Bewegung bleibt er mit nur einem Neuntel seiner Größe über der Wasseroberfläche. Der große Rest ist unter Wasser und damit unsichtbar. So war es auch beim Kommen Jesu. Gott selbst, seine Majestät, Macht und Größe blieben weithin verborgen.** || So ist es bis heute geblieben. Gott lässt sie hier und da aufblitzen, wenn er seine heilende und rettende Macht offenbart. Dennoch lehnen die meisten Menschen ihn ab, weil sie vielleicht noch nicht einmal das eine Neuntel von ihm in dieser Welt erkennen, weder in seiner Schöpfung noch in seinem Heil.

a) Unsere große Ausweglosigkeit

Kein Mensch, bis auf den einen, den Mann aus Nazareth, lebt auch nur annähernd so, wie Gott es möchte. Deshalb ergriff Gott die Initiative, uns Menschen den Weg des Friedens zu ermöglichen. Gott sah sehr deutlich, dass er in dem Projekt „Erlösung, Vergebung, Versöhnung" vergeblich eine Voraussetzung dazu bei uns Menschen suchen würde. Wir waren uns weder unserer wirklichen Lage bewusst, noch begehrten die meisten überhaupt eine Lösung für ihre vertrackte Beziehung mit dem Schöpfer. Und wenn in den Menschen eine dumpfe Ahnung aufkam, dass irgendetwas nicht stimmte, dann gingen sie den Weg der Selbsttäuschung oder beteten zu selbst ernannten Göttern, die sie noch tiefer in ihre Ausweglosigkeit stürzten. Daran hat sich bis heute kaum etwas geändert, auch wenn die Götter des Abendlandes heute anders aussehen als die der Antike. Wir waren und sind – auf uns alleine gestellt – wirklich tot und blind für jegliches Empfinden unserer grundsätzlich ausweglosen Situation. Die Macht der verblendenden Sünde ist überwältigend. Sie hat keinen guten Kern in uns übrig gelassen, und unsere Beziehung zu unserem Schöpfer ist nachhaltig gestört. Damit sind wir abgeschnitten von der Quelle des Lebens. Der Literaturnobelpreisträger Ernest Hemingway (1899–1961) fasste seine Verzweiflung in folgende Worte:

> „Ich lebe in einem Vakuum, so einsam wie eine stromlose Radioröhre, und es gibt keine Steckdose, aus der ich Leben bekommen könnte."

Gott weiß um diese Sinnlosigkeit eines Lebens ohne ihn. || **Der Mensch ist in sich selbst verkrümmt (*incurvatus in se ipsium;* Luther). Er kann die Versöhnung nicht erfassen.** || Für eine Aussöhnung mit seinem Schöpfer und Herrn ist ihm der Horizont entschwunden. Er fühlt sich im Recht gegenüber einem Gott, von dem er, wenn überhaupt, nur ein sehr verzerrtes Bild in sich trägt. Er klagt Gott an, wenn in seinem Leben etwas schiefläuft und er sich ungerecht behandelt fühlt. Und er klagt ein gesundes, erfolgreiches Leben bei ihm ein, wenn er sich schon mal mit ihm beschäftigt. Aber dass der Mensch selbst an der prinzipiellen Misere in dieser Welt Schuld trägt und er der Verursacher für das Dilemma ist, dafür fehlt ihm leider die Antenne. Bei anderen Mitmenschen mag er das noch gerne einsehen und ihre Schuld an den Zuständen sehen. Die Reichen, die Mächtigen, die Politiker, sie sitzen bei uns regelmäßig auf der Anklagebank. Aber sich selbst als Mittäter an den vielen Konflikten in seiner kleinen Welt zu sehen, das passt weder in sein Welt- noch in sein Gottesbild. Zur Eigenverantwortung halten wir alle gerne Abstand.

|| **Und genau von diesem Elend des Menschen, seiner endlosen Ausweglosigkeit und Verirrung fühlt Gott sich immer noch angezogen.** || Unbegreiflich, aber nichts desto weniger wahr. Er weiß nur zu gut, dass das Dichten und Trachten des menschlichen Herzens böse ist von Jugend auf (1Mo 8,22). Er weiß, dass wir eine umfassende Erlösung brauchen, die er uns in dem Mann brachte, der zur dafür bestimmten Zeit die Weltbühne betrat.

b) Gottes genialer Plan

Nun ist jedem Bibelleser bekannt, dass die Mutter aller Katastrophen in der Abkehr des Menschen von seinem Schöpfer bestand. Dadurch wurde unsere Gottesebenbildlichkeit nicht aufgehoben, aber sehr stark entstellt. Der Mensch ist weiterhin auf Gott hin geschaffen, auf ihn hin angelegt und kann nur in der Gemeinschaft mit ihm seine Bestimmung und Erfüllung finden. Er besitzt auch noch die Fähigkeit, Gottes Stimme in seinem Herzen zu hören. || **Aber in seiner Gottesebenbildlichkeit hat er auch die Freiheit von Gott bekommen, dieser um ihn werbenden Stimme Gottes eine Abfuhr zu erteilen.** || Die Sünde hat ihn zwar dermaßen in seiner Gesinnung und Lebensgestaltung deformiert, dass ein Außerirdischer wohl nicht auf den Gedanken käme, dass er bei ihm auf einen Abdruck des Schöpfers des Universums trifft. Aber Gott kommt dennoch nicht von ihm, seinem Ebenbild, los.

Wir werden nie begreifen, dass Gott vor Grundlegung der Welt schon einen Rettungsprojekt erdacht hat. Im Glauben kann ich es annehmen und bejahen. Dass Jesus als das stellvertretende Opferlamm vor Grundlegung der Welt ersehen und auserwählt wurde, entzieht sich meinem arg begrenzten Fassungsvermögen (1Petr 1,18-20). Was ich aber persönlich durch die Hilfe seines Geistes glauben und erkennen kann, ist, dass Gott diese Welt nicht losgelassen hat und er sich über mich als eigensinnigen Rebell erbarmt hat und dass er sein erschaffenes Ebenbild nicht seinem selbst gewählten ruinösen Schicksal überlässt.

|| **Warum Gott diesen Weg gewählt hat, wird sich uns in dieser Welt wohl nie ganz erschließen. Aber dieser Vorgang der Versöhnung zeigt uns, dass er mit einer unglaublichen Liebe an seinem Menschen klebt.** || Er kann sein Spiegelbild nicht einfach so in seinem Gedächtnis auslöschen. Unter uns herrscht eine Wegwerfmentalität, die am Ende auch noch das Kostbarste wegwirft. Gott jedoch ist sein Abbild Mensch dermaßen ans Herz gewachsen, weil sein Plan für diese Schöpfung, mit allen Risiken, aus seinem liebenden Herzen hervorkam. Darum sollten unsere Verdrehtheit und Starrköpfigkeit nicht das letzte Wort haben. Er gab sich mit unserer Abkehr von ihm nicht zufrieden. Gott wusste: Wenn der Mensch sich einmal von ihm abwendet, dann werden seine Gedanken dermaßen durcheinander

geraten, dass er nicht mehr aus eigener Überlegung den Rückweg hin zu ihm antreten kann. Dann schaltet sich nämlich der Verblender und Mörder dazwischen, dessen sichere Beute wir dann bleiben (2Kor 4,4). Wenn Gott so wäre wie wir, wenn er sich beleidigt zurückziehen würde, hätte Satan seinen größten Triumph gehabt. Doch Gott ist eben anders. Und das ist unser Glück, unsere Rettung, unsere Hoffnung.

Als sein Ebenbild sind wir Menschen in seinen Augen unendlich wertvoll. Warum? Weil er uns geschaffen hat.

> „Aber jetzt, so spricht der HERR, der dich geschaffen, Jakob, und der dich gebildet hat, Israel: Fürchte dich nicht, denn ich habe dich erlöst! Ich habe dich bei deinem Namen gerufen, du bist mein“ (Jes 43,1).

|| **Was Gott sich als sein Gegenüber schafft, was er bildet und entwirft, hat Wert, der unabhängig ist von jeder Werteskala, die in dieser Welt geführt wird. Sein Ranking folgt anderen Maßstäben. Indem wir seinen Überlegungen, Plänen und Zielen mit uns entsprungen sind, hat Gott uns Menschen in der Schöpfung einen unermesslichen Wert beigelegt.** || Damit ist unser Wert mit allen Schätzen dieser Welt nicht aufzuwiegen. Nichts außer ihm kann uns an Wert überbieten. Und Gott selbst schätzt unseren Wert richtig ein, denn er kennt uns durch und durch. Dabei hat er sich noch nie verschätzt. Später, als er unsere Versöhnung mit sich selbst in Christus startete, da legte er den Wert für uns noch einmal unwiderruflich fest. Gott schätzte uns als unendlich wertvoll ein. Nichts weniger als seinen einzigen Sohn warf er für uns in die Waagschale. Sein Leben, sein Blut sollte der unüberbietbare Kaufpreis sein. Für sein einzigartiges Ebenbild war Gott bereit, sich selbst zu opfern in seinem Sohn. Unser Wert liegt damit für alle Zeit unumstößlich fest.

In der Auflehnung gegen Gott und sein Wort haben wir uns ja an den Gott dieser Welt, Satan, verkauft. || **In diesem Zustand treibt der Teufel sein hinterlistiges Spiel mit uns. Erst zieht er uns in die Sünde und dann klagt er uns unerbittlich wegen ihr an, wenn wir auf seine verlockenden Angebote eingegangen sind.** || Wir können uns nicht mehr als Geschöpfe Gottes sehen, für die er das Kostbarste im Himmel geopfert hat, seinen über alles geliebten Sohn. Jede Sünde entstellt in unseren Augen das Angesicht Gottes. Gottes Liebe und sein versöhnendes Angebot werden undenkbar. Die Selbstverachtung und Ausweglosigkeit gewinnen noch größere Macht über uns. Jede Sünde hat ein zerstörerisches Potenzial in sich, das sich sehr unterschiedlich zeigen kann. Auch darin, dass wir uns nicht mehr als von Gott geliebt ansehen können. So zieht mein Minderwertigkeitsgefühl immer weitere Kreise und wirkt auch zerstörerisch auf meine Umgebung.

Dieser Wert, den wir durch Gottes Meisterhand haben, sollte für uns unverkäuflich sein. Er ist unsere Würde. || **Wir sind gewürdigt, seine Stimme zu hören, mit ihm als gütigem, verständnisvollem Vater zu sprechen, unser Herz vor ihm auszuschütten. Wir sind gewürdigt, unser Leben mit ihm zu teilen, ihn als unseren Herrn anzuerkennen. Wir sind gewürdigt, ihn als unseren guten Regenten in unserem Leben zu erwählen.** || Welch einen Wert und welch eine Würde gab Gott seinem Gegenüber. In dieser Schöpfung war nicht das Geringste von Herabsetzung und Despotismus zu seinem Gegenüber zu spüren und zu sehen. Gott katapultierte den Menschen in die höchste Position innerhalb seiner Schöpfung. Er wollte ihm zeigen, dass er ihn zur Größe erschaffen hat, ohne all den Lärm einer negativen Begleitmusik, die der gefallene Mensch verbreitet, wenn er nach Größe strebt und sie erlangt. Das Bewusstsein unserer Gottesebenbildlichkeit befreit uns davon, in uns selbst unseren Wert und unsere Größe zu suchen.

Was motivierte Gott außerdem, uns mit sich zu versöhnen?

c) Seine aufopfernde Liebe

Durch den inflationären Gebrauch des Wortes „Liebe“ in Predigten und in der allgemeinen christlichen Kommunikation wird diesem Wort viel Gewalt angetan. Es wird zumeist eine unumgängliche Umdeutung und Herabsetzung der Liebe Gottes vorgenommen. Das ist schmerzlich, aber leider Realität. So erleidet das Höchste bei Gott durch den inflationären Gebrauch einen rapiden Werteverfall. Deshalb sollten wir besonders intensiv darüber nachdenken, so oft wir von der Liebe Gottes sprechen, und berücksichtigen, dass sie in der biblischen Offenbarung in Jesus Christus ihren Höhepunkt erreicht.

Wenn das Wort „Liebe“ fällt, dann löst das die unterschiedlichsten Gedankenverbindungen und Emotionen aus, weil jeder die Liebe in seiner eigenen Erfahrung und Deutung versteht. Leider verstehen wir das manchmal am wenigsten, was wir meinen, am besten zu kennen, und in unserer Kommunikation am häufigsten gebrauchen.

Diese Liebe Gottes, mit der er uns Menschen begegnet, kann mit unserem Intellekt in ihrer alle Grenzen sprengenden Dimension nicht erfasst werden. Begreifen wir auch nur einen kleinen Schimmer davon, übersteigt sie schon unser Vorstellungsvermögen. Wir können über Gottes Liebe ein ganzes Leben lang nachdenken und sind am Schluss doch nur einen ganz kleinen Schritt weitergekommen. || **Diese Liebe Gottes ging nicht in die Brüche, als die Menschen jenen kalten, feindseligen Akt starteten, Gott zu misstrauen und ihn aus der Mitte ihres Lebens zu verbannen.** || Denken wir dabei nur an den Mann, der drei Jahre lang an der Seite Jesu lebte. Tag und Nacht erfuhr er seine Fürsorge. Nie hatte er bei ihm Mangel. Jesus schenkte ihm Vollmacht, Kranke zu heilen und Dämonen auszutreiben. Und über die ganzen Jahre hinweg wusste Jesus, dass Judas ein Dieb war. Ab und zu griff Judas in die Kasse und veruntreute Gelder, die andere gespendet hatten. Und Jesus ließ ihn lange gewähren. Warum? Ihm war Judas wichtiger als das Geld. Er gab Judas bis zum Schluss die Chance zur Umkehr. Selbst als dieser ihn mit einem Kuss verriet, versicherte ihm Jesus noch seiner Freundschaft. Jeder Mensch ist Gott wichtiger als irgendwelche materiellen Werte, und mögen sie in schwindelerregende Höhen steigen.

Solche Liebe sprengt unser Wertesystem. Gottes Menschenfreundlichkeit kann hier und da eher Unverständnis als Zutrauen wecken, weil wir solche Qualität von Liebe in unserem Leben noch nie erfahren haben. Deshalb halten wir sie schlicht für unmöglich und können nicht glauben, dass sie uns ganz persönlich gelten soll. || **Als Gott seinen Sohn Jesus Christus in die Welt sandte, beschloss er ein für alle Mal: Ich rechne ihnen ihren ganzen fabrizierten Unrat und unansehnlichen Schmutz nicht mehr zu.** || Gott, dieser glühende Backofen voller Liebe, wollte uns Menschen unbedingt wieder an seinem Herzen spüren und mit seiner Liebe überschütten.

Im Opfer Jesu Christi, in seinem Leiden und Sterben für die Schuld der gesamten Menschheit, zeigt diese Liebe des ewigen Gottes ihr wahres, unverfälschtes Gesicht. || **Gott dokumentiert seine Liebe nicht mit rührseligen Bekenntnissen. Sie wird Fleisch und Blut.** || Und sie lässt sich durch nichts aufhalten, weder durch unsere Selbstgenügsamkeit und Überheblichkeit noch durch unseren Stolz. Sie begibt sich in den Matsch und Schlamm einer sündigen Welt und stirbt am Kreuz den elenden Tod eines Verbrechers. Gerade in diesem Opfer Jesu Christi startet Gott seine Wiedergutmachungsaktion. Wofür? Für den immensen Schaden, den wir angerichtet haben und dessen verheerende Spur sich unübersehbar bis heute durch die gesamte Weltgeschichte zieht. Im stellvertretenden Tod Jesu für unsere Schuld zeigt uns Gott, wie er zu uns steht und was wir ihm wert sind. Und durch diese Liebe, die ihn vom Himmelszelt auf diese von Grausamkeit und roher Gewalt überhäufte Erde trieb, will Gott dem Menschen ein für alle Mal deutlich machen:

„Ich habe dich lieb. Und kein Opfer ist für mich zu groß, um dich aus deiner Hölle in den Himmel zu lieben. Verlass alles, was dich betrogen und in die Irre geführt hat und schenke mir dein Vertrauen! Mein Sohn hat die Folge deiner Sünden, den Tod, erlitten, damit du an meiner Seite leben kannst, schon jetzt und dann für immer und ewig."

Gottes Liebe ist eine Rebellenliebe, sie liebt den Gottlosen, wie Gott schon im Alten Testament bekennt:

> „Meinst du, dass ich Gefallen habe am Tode des Gottlosen, spricht Gott der HERR, und nicht vielmehr daran, dass er sich bekehrt von seinen Wegen und am Leben bleibt" (Hes 18,23)?

Mit diesen werbenden Worten gibt Gott zu erkennen, dass er kein Sündenprotokoll führt. Er möchte gerne und bereitwillig alles auslöschen und für immer vergeben, was sich an Schuld vor ihm angehäuft hat. || **Wir dürfen die *Backspace*-Taste (Löschtaste für geschriebene Worte am Computer) drücken, die Verfehlungen auslöscht, die hinter uns liegen.** || Ja, Gott ermöglicht uns durch seine Vergebung sogar ein *Reset*, um Fehleinstellungen rückgängig zu machen.

Aber diese Vergebung kann nur dann in Kraft treten, wenn wir freiwillig die eigensinnigen, gottfeindlichen Wege verlassen und nicht mehr vor ihm weglaufen. An Jesus zu glauben heißt, sich ihm zuzuwenden, vielleicht anfangs zitternd und voller Zweifel, wenn sich alles in mir noch dagegen sträubt. Aber sich dann von ihm und seiner Menschenfreundlichkeit überwältigen zu lassen und ihm sein Leben zu schenken, sich ihm ganz zur Verfügung zu stellen, das ist das Ziel unserer Versöhnung durch Jesus.

Lassen Sie uns noch einmal etwas genauer hinschauen, was es nun mit dieser Liebe Gottes auf sich hat und wie sie sich offenbarte.

Die Liebe Gottes liebt nicht in einer allgemein menschlichen Art und Weise, wie wir das kennen. Da unterscheidet das Neue Testament zwischen *Agape,* der göttlichen Liebe, und *Eros,* der menschlichen Fähigkeit zu lieben. || **Unsere Liebe von Mensch zu Mensch geht oft auf eine angenehme und freundliche Ausstrahlung des anderen zurück. Sie ist eine Echoliebe.** || Wenn die Chemie untereinander stimmt, dann sind wir auch bereit, unseren Charme sprühen zu lassen, uns dem anderen zuzuwenden und ihm auf liebenswürdige Weise zu begegnen. So kann unsere „Liebe" auch von rein egoistischen Motiven durchsäuert sein. Da geht es uns vielleicht darum, mit unserer Nettigkeit etwas zu erreichen, was uns weiterbringt und Anerkennung in den Augen unseres Gegenübers verschafft.

Gottes aufopfernde Liebe hingegen

- sucht immer das Beste für uns und ist frei von allen egoistischen Motiven.

- Sie kommt auch nicht erst dann zum Einsatz, wenn wir uns anständig und wohlerzogen verhalten. Jesus kam, um hoffnungslos verlorene Sünder und Feinde Gottes zu retten.

- Seine Liebe ist rein und ganz und gar selbstlos. Sie schont nicht sich, sondern uns.

- Sie steht nicht am Ende eines langen Bewährungsprozesses und ist keine Belohnung für diejenigen, die sich mit wechselndem Erfolg und großer Anstrengung um ein anständiges Leben bemühten. So sehr dies Gott auch schätzt, es überwindet nicht den Abgrund zwischen uns und ihm.

- Sie ist keine Anerkennung für besonders herausragende humanitäre Leistungen der Nächstenliebe, so ehrenwert diese auch sein mögen.

- Sie ist auch keine Belohnung für ein verzichtvolles, asketisches Leben.

- Gottes Liebe ist keine Antwort auf die guten Seiten des Menschen und seinen guten Kern, den er zu besitzen meint.

- Sie ist kein Trostpflästerchen für ewig Enttäuschte, das nur Symptome behandelt. Sie packt das Übel an der Wurzel.

- Sie ist keine Echoliebe, kein Widerhall auf eine gute Welt, die nur hier und da vielleicht auch ihre Schattenseiten haben mag.

- Gott liebt eine Welt, die rettungslos in sich selbst verstrickt und abgrundtief im Niedergang gefangen ist. Eine Welt, die auf dem besten Weg ist, sich in die Luft zu jagen und selbst auszulöschen.

- Seine Liebe reißt sich den Sohn vom Herzen, um dieser Welt unauslöschlich ins Stammbuch zu schreiben: Seht genau hin, was ihr mir wert seid! Lasst das alles nicht umsonst für euch geschehen sein.

Diese Liebe, die der Inbegriff seines Charakters und sein tiefstes Wesen ist, machte sich auf zu retten, was nicht mehr zu retten war. Sie packte dort zu, wo wir uns nur ekelnd abgewendet hätten, wenn wir eine solche Reinheit wie Gott besäßen. || **Aber Gottes Herz blutete über unserer Selbstzerstörung. Im Angesicht unserer Ausweglosigkeit war er bereit, alles zu tun, was uns Menschen durchschlagende Hilfe bringen könnte.** ||

Der wohl bekannteste Bibelvers über die Liebe Gottes steht im Johannesevangelium:

> „Denn so sehr hat Gott die Welt geliebt, dass er seinen eingeborenen Sohn gab, damit jeder, der an ihn glaubt, nicht verloren geht, sondern ewiges Leben hat“ (Joh 3,16).

Hier wird ein unauflöslicher Zusammenhang hergestellt. Liebe als das Wesen Gottes, das abgibt, drangibt und hingibt. Das, was Gott nun für die Menschheit hingibt, ist keine Kollekte, keine größere Spende, die ihm nicht wehtut, denn ihm als Schöpfer der Welt steht alles Gold und Silber zur Verfügung. Gott reißt sich den vom Herzen, der ihm am allernächsten steht: seinen über alles geliebten Sohn, mit dem er von Ewigkeiten her in ungetrübter Harmonie steht und lebt. || **Gott opfert das, was ihm am wertvollsten ist und dessen Hingabe ihn am meisten schmerzt.** || Die Sendung seines Sohnes in unsere Welt, um sie mit sich selbst zu versöhnen, wird nun zum Höhepunkt der göttlichen Liebe.

> „Hierin ist die Liebe: nicht dass wir Gott geliebt haben, sondern dass er uns geliebt und seinen Sohn gesandt hat als eine Sühnung für unsere Sünden“ (1Jo 4,10).

In diesem Vers der Bibel wird auch sofort deutlich: || **Gottes Wort kennt nicht den Unterschied oder sogar den Widerspruch von Liebe und Sühnung durch Jesus.** || Sie sieht keinen Widerspruch zwischen dem stellvertretenden Opfer Christi für unsere Schuld und der Liebe Gottes zu seinem Sohn und zu uns. Im Gegenteil! Gerade im Sühnopfer Jesu gipfelt die Liebe Gottes! Das unterstreicht auch der Apostel Paulus in seinem Brief an die Gemeinden in Kleinasien:

„Alles, was ihr tut, soll von der Liebe bestimmt sein. Denn auch Christus hat uns seine Liebe erwiesen und hat sein Leben für uns hingegeben wie eine Opfergabe, deren Duft vom Altar zu Gott aufsteigt und an der er Freude hat“ (Eph 5,2; NGÜ).

Die Liebe Gottes zu den Menschen zeigt sich in der Hingabe des Lebens Christi als Opfer. Von der Liebe Jesu heißt es weiter: „Christus hat die Gemeinde (sein mit seinem Blut erkauftes Volk) geliebt und sich selbst für sie hingegeben“ (Eph 5,25). Auch hier tritt wieder deutlich hervor: Die Liebe Jesu Christi ist in ihrem Wesen und in der Tat eine persönliche, sich selbst aufopfernde und schenkende Liebe.

Vergessen wir zudem nicht, dass ja gerade das Opfer, das Christus zur Sühne für unsere Schuld gebracht hat, die einzigartige Qualifizierung und Voraussetzung dafür war, dass Jesus das Buch mit den sieben Siegeln öffnen durfte:

„Und sie singen ein neues Lied und sagen: Du bist würdig, das Buch zu nehmen und seine Siegel zu öffnen; denn du bist geschlachtet worden und hast durch dein Blut für Gott erkauft aus jedem Stamm und jeder Sprache und jedem Volk und jeder Nation“ (Offb 5,9).

Keiner sonst wurde ja für würdig befunden, weder im Himmel noch auf der Erde oder unter der Erde (Offb 5,3). || **Der einzig Würdige ist derjenige, der sein Leben für uns opferte und uns mit seinem Blut für Gott erkauft und zum ewigen Besitz erworben hat.** || Niemand ist Jesus Christus gleich in seiner Würde, seiner Majestät und seiner Tauglichkeit, die er in seinem Kreuzestod für uns in die Waagschale warf.

Ein weiteres Merkmal dieser Liebe ist, dass sie sich freiwillig schenkt. Ohne jeden Zwang und Druck gibt sie das Beste her. Das Leben seiner Geschöpfe nach dem Sündenfall wurde zutiefst von Misstrauen gegenüber Gott bestimmt. Damit hatten wir menschlich gesehen wenig Attraktives, das Gott hätte anziehen und ihn bereit machen können, sein Höchstes für uns herzugeben. Sein Ziel war jedoch, ihm feindlich gesonnene Menschen in eine persönliche, familiäre Beziehung mit sich selbst zu bringen. Ohne jede menschliche Voraussetzung unsererseits starb Jesus für uns.

Diese Liebe, wie sie uns Gott in Jesus zeigt, ist beständig, verlässlich, nicht launisch und wetterwendisch. Sie wechselt nicht nach der jeweiligen Stimmungslage. || **Gottes Liebe hat Tiefgang, und sie verabscheut jede Oberflächlichkeit. Sie will keine kurzzeitigen Beziehungen, sondern eine feste Bindung, die alles Zeitliche überdauert und in die Ewigkeit mündet.** || Sie hat uns und unser Wohl im Blick, ist berechenbar und entzieht sich jeder Willkür. Auf Gottes Liebe ist wirklich Verlass. Auf sie kann man bauen und in jeder Lage mit ihr rechnen. Sie ist unkündbar und zielt auf eine unzerstörbare, ewige Verbindung mit uns. Das schreibt Gott durch Paulus in das Stammbuch seiner Gemeinde – ein für alle Mal und unüberhörbar:

> „Ich bin ganz sicher, dass nichts uns von seiner Liebe trennen kann: weder Tod noch Leben, weder Engel noch Dämonen noch andere gottfeindliche Mächte, weder Gegenwärtiges noch Zukünftiges, weder Himmel noch Hölle (wörtl.: Hohes noch Tiefes). Nichts in der ganzen Welt kann uns jemals trennen von der Liebe Gottes, die uns verbürgt ist in Jesus Christus, unserem Herrn" (Röm 8,38-39; GNB).

Eine solche uneingeschränkte Zuwendung zu uns Menschen ist auf dem sichersten Fundament aufgebaut: auf Jesus Christus. Er ist der Garant für diese Liebe Gottes. Das erscheint uns oft so fremd, und wir können kaum glauben, dass diese Liebe vorbehaltlos *uns* gilt. || **Gerade dann, wenn wir versagt und uns daneben benommen haben, erscheint es uns unglaubhaft, dass Gott weiterhin zu uns steht.** || So schreibt es der Apostel Johannes in seinem ersten Brief, und er fordert uns darin auf, genau hinzuschauen, welch eine Liebe uns in Jesus Christus geschenkt wurde:

> „Seht welch eine Liebe uns der Vater gegeben hat, dass wir Kinder Gottes heißen sollen! Und wir sind es auch" (1Jo 3,1).

|| **Schaut euch das an, konzentriert euch auf das Wesen dieser Liebe und versucht, sie zu verstehen. Lasst es zu, dass Gott euch liebt. Saugt diese Liebe in euch auf!** || Denn könnten wir nur glauben, dass Gott uns so sehr liebt, wie es die Bibel uns mitteilt, dann verlören die größten und allermeisten Probleme für uns ihre destruktive Macht. Probleme wie der Selbstzweifel, das Urmisstrauen, das Gefühl, dass uns niemand will, die bedrückende Vermutung des Ungeliebt- und Nicht-gewollt-Seins. Denn diese ablehnenden Gefühle kennen wir wahrscheinlich alle: zu meinen, uns schätze niemand. Wir fühlen uns deshalb überflüssig und wertlos, besonders dann, wenn wir entsprechende Erfahrungen mit Menschen gemacht haben. Wir fühlen uns abgewiesen und ausgeschlossen und können deshalb das Gefühl der Abneigung gegen uns nicht überwinden. All diese negativen Gefühle – wodurch auch immer ausgelöst – bekämen durch die uneingeschränkte Liebe Gottes zu uns den Todesstoß. Diese zersetzenden Gedanken würden ihre Kraft verlieren, wenn wir wirklich glauben und spüren könnten: || **An der höchsten Instanz im Universum, die alles beurteilt und bewertet, am wichtigsten und alles entscheidenden Ort für mich, ausgerechnet da bin ich unermesslich geliebt.** || Immer und für alle Zeit. Von meinem himmlischen Vater und seinem Sohn, Jesus Christus, selbst. Das uns Menschen zu vermitteln ist die Hauptaufgabe des Heiligen Geistes.

Wenn Gott die Welt mit sich selbst versöhnen wollte, war eine Liebe nötig, die so unglaublich, so unfassbar für uns erscheint, dass wir sie kaum nachvollziehen und noch weniger in ihrer Tiefe und Höhe erfassen können. Sie verschluckt alles Negative, das mein Leben aufweist. Sie versenkt all mein Schuldig-geworden-Sein für immer. So schreibt es Paulus an die Gemeinde in Ephesus, und er versucht, den Gläubigen diese Liebe Gottes nahezubringen, die er zuvor drei Jahre lang unter ihnen gepredigt und gelebt hat. In seinem Gebet für diese Gemeinde fasst er noch einmal das Wichtigste zusammen:

> „Er (der himmlische Vater) gebe euch nach dem Reichtum seiner Herrlichkeit, mit Kraft gestärkt zu werden durch seinen Geist an dem inneren Menschen; dass der Christus durch den Glauben in euren Herzen wohne und ihr in der Liebe

gewurzelt und gegründet seid, damit ihr imstande seid, mit allen Heiligen völlig zu erfassen, was die Breite und Länge und Höhe und Tiefe ist, und zu erkennen die die Erkenntnis übersteigende Liebe des Christus, damit ihr erfüllt werdet zur ganzen Fülle Gottes“ (Eph 3,16-19).

Das Verwurzeltsein unserer Gefühle und Gedanken in Gottes Liebe zu uns ganz persönlich schlägt neue Kapitel in unserem Leben auf. || **Unsere angemessene Antwort auf das Opfer seines geliebten Sohnes für uns soll zuerst und über allem eines sein: ihn lieben.** || Und das sollten wir dem Vater und seinem geliebten Sohn öfters sagen: „Vater, ich liebe dich von ganzem Herzen! Herr Jesus, nichts liebe ich mehr als dich!“ „Wir lieben, weil er uns zuerst geliebt hat“, schreibt Johannes im hohen Alter (1Jo 4,19). So sind wir als Christen Gefangene seiner Liebe, eingefangen und umfangen durch die Liebe Gottes. Die beste Gefangenschaft, die es jemals gegeben hat! Deshalb kann es nur eine Antwort von uns auf die versöhnende Liebe Gottes geben:

„Denn die Liebe Christi drängt uns, zumal wir überzeugt sind, dass, wenn *einer* für alle gestorben ist, so sind sie alle gestorben. Und er ist darum für *alle* gestorben, damit, die da leben, hinfort nicht sich selbst leben, sondern dem, der für sie gestorben und auferstanden ist“ (2Kor 5,15; LUT).

Als Johann Scheffler das unergründliche Geliebtsein durch Gott begriff, dichtete er 1657 das ergreifende Lied „Ich will dich lieben, meine Stärke“. Darin heißt es in der 2. und 7. Strophe:

„Ich will dich lieben, o mein Leben,
als meinen allerbesten Freund;
ich will dich lieben und erheben,
solange mich dein Glanz bescheint;
ich will dich lieben, Gottes Lamm,
als meinen Bräutigam.

> Ich will dich lieben, meine Krone,
> ich will dich lieben, meinen Gott;
> ich will dich lieben sonder (ohne) Lohne
> auch in der allergrößten Not;
> ich will dich lieben, schönstes Licht,
> bis mir das Herze bricht."

Größeres als Gottes geoffenbarte Liebe im Sohn gibt es nicht. Und es gibt keine stärkere Antwort auf diese Liebe, als Gott zu fürchten, ihn zu lieben, ihm zu vertrauen, ihn anzubeten und ihm zu dienen. Keine Kollekten mehr, die Gott ruhigstellen sollen, damit er uns gewogen bleibt! || **Unsere Antwort muss Gottes und seines Opfers für uns würdig sein.** || Deshalb spielt Jesus, der Versöhner, nicht nur eine wichtige Rolle im Leben. Nein, er ist alles, er hat alles; und deshalb kann es nur diese Erwiderung auf sein Versöhnungsopfer geben: mein Äußerstes, mein Bestes, mein Letztes für ihn, den Höchsten, den König! Die Erhöhung des Sohnes Gottes nach seiner tiefen Erniedrigung und seinem Gehorsam bis zum Tod aus Liebe zum Vater und zu uns ist die angemessene Reaktion Gottes darauf:

> „Darum hat ihn auch Gott erhöht und hat ihm den Namen gegeben, der über alle Namen ist, dass in dem Namen Jesu sich beugen sollen aller derer Knie, die im Himmel und auf Erden und unter der Erde sind, und alle Zungen bekennen sollen, dass Jesus Christus der Herr ist, zur Ehre Gottes, des Vaters" (Phil 2,9-11).

Dafür müssen uns vom Heiligen Geist die Augen des Herzens geöffnet werden. Paulus wusste, wofür er beten musste, was die Gemeinde betrifft: um den Geist der Weisheit und Offenbarung (Eph 1,17-21). Denn unsere größte Not als Christen ist der verschwommene und manchmal auch verworrene Blick, den wir von Jesus, dem Herrn und Heiland und Versöhner, haben.

d) Seine überwältigende Gnade

Eine weitere Ursache dafür, dass Gott die Versöhnung mit denen suchte, die sich gegen ihn auflehnten, ist sein erbarmendes Herz. Jeder Mensch kann einen anderen töten, aber nur ein wahrer König kann seinen Feinden Gnade erweisen.[5] || **Gottes Herz ist von einer Beschaffenheit, einer Haltung erfüllt, die seine tiefste Motivation für sein Handeln offenbart: gnädig zu sein.** || Alles, was wir von Gott empfangen, wird uns ehemaligen Rebellen durch seine Gnade geschenkt. Selbst der Glaube an ihn, den gnädigen Gott, ist eine Gabe Gottes an uns. Allerdings wird das nicht durchgängig im christlichen Spektrum so gesehen.

Wir sind allgemein geneigt, die Gnade nur zwischenmenschlich zu verstehen. Wenn ein Arbeitgeber seinem Angestellten gegenüber wider Erwarten nachsichtig gestimmt ist, dann würde sich Gnade vollziehen. Oder wenn ein Kind in der zu erwartenden Strafe der Eltern Gnade vor Recht erlebt. Gnade würde sich da ereignen, wo einer dem anderen rücksichtsvoll und wohlwollend entgegenkommt. Noch mehr Beispiele könnten angeführt werden. || **Und wer will bestreiten, dass sich der Mensch nach einem gnädigen Gegenüber sehnt und auch Menschen ein gnädiges Verhalten zeigen können?!** || Auf allen Ebenen der Gesellschaft und Politik begegnen wir jedoch vermehrt einer technokratischen, kühlen Atmosphäre. Menschliche Zuwendung ist in einer leistungsorientierten Gesellschaft wenig gefragt. Egal, ob wir uns im Straßenverkehr oder in der eigenen Familie befinden, es wird zunehmend schwer, eine verständnisvolle Reaktion zu bekommen. Dabei lechzen wir geradezu nach einem Gegenüber, das uns wohlgesonnen und freundlich entgegenkommt. Gott sei Dank sind diese positiven menschlichen Züge häufig noch anzutreffen, und jeder atmet auf, wenn ihm Barmherzigkeit auf zwei Beinen begegnet. Dennoch: Wenn die Bibel von der Gnade Gottes

5 Es gibt den Begriff „Gnadenbefugnis". Er bezeichnet das Recht, Gnadenerweise zu erteilen, das heißt, rechtskräftig verhängte Strafen (in Ausnahmefällen auch Maßregeln der Besserung und Sicherung) zu erlassen, umzuwandeln, zu ermäßigen oder auszusetzen. Es wird auch als Begnadigungsrecht oder Gnadenrecht bezeichnet. Die Begnadigung ist meistens die Befugnis von Staatsoberhäuptern, die im Einzelfall Tätern die ihnen strafrechtlich zuerkannte Strafe erlassen.

spricht, dann meint sie immer die Quelle der Gnade, ohne die Gnade zu einer Farce verkommen würde.

Begreifen wir mehr und mehr die Gnade Gottes in Jesus Christus, können wir im Glauben gesunden und Gottes Segnungen empfangen. || **Gottes Gnade ist einfach und setzt ganz tief bei uns Menschen an. Sie ist nicht nur ein dogmatischer Lehrsatz.** || Wir können uns nur schwer vorstellen, warum Gott auf unsere Hilflosigkeit und Bedürftigkeit reagiert. Solch eine Reaktion haben wir im menschlichen Miteinander vielleicht selten oder nie erlebt. Wer kann es sich daher leisten, in einer konkurrierenden, leistungsbezogenen Gesellschaft hilflos und bedürftig aufzutreten?

Die Errettung und Versöhnung, die Erfüllung mit dem Heiligen Geist, die Gemeinschaft mit Gott und jedes Gelingen basieren auf Gottes gnädigem Erbarmen. Ohne sie sind wir nichts, haben wir nichts, können wir nichts vollbringen, was Gottes Wohlgefallen findet. Gottes barmherziges Handeln an uns und für uns hat nichts mit unseren Fähigkeiten, Verdiensten oder Anstrengungen zu tun. So hängt wirklich alles in unserem Leben davon ab, dass die verändernde Macht seiner Gnade in uns vor Anker gehen kann und wir zur Ruhe kommen.

Dass Gott in seiner Person Gnade und Gerechtigkeit ist, bleibt für uns Menschen unbegreiflich und schleierhaft. || **Je mehr Gottes Gerechtigkeit und Heiligkeit und unsere alles umfassende Sündhaftigkeit unverschleiert zu Tage treten, desto weniger können wir verstehen, dass Gott uns liebt und uns gnädig sein will.** || Gott hat nie seine gerechte und richtende Haltung gegenüber allem Unrecht, das in der Welt geschieht, aufgegeben. Seine Heiligkeit fordert bis heute 100 % gerechtes und tadelloses Handeln. Und ohne diese von Gott erwartete Vollkommenheit und Heiligkeit kann kein Mensch vor ihm bestehen. In Gottes Gegenwart gibt es nichts Unheiliges. Wie Papier in der Glut verbrennt, so fühlen wir uns im Bewusstsein seiner Heiligkeit (Nah 1,2-6). Deshalb schrie Jesaja in der Gegenwart Gottes auf: „Wehe mir, ich bin verloren, denn ein Mann mit unreinen Lippen bin ich“ (Jes 6,3-5; ELB). So sind Menschen immer wieder erschaudert im Bewusstsein von Gottes Heiligkeit. Seine Reinheit und Unbestechlichkeit, seine Würde und Macht sind von uns Menschen im sündigen Zustand ohne das Bekenntnis der eigenen Schuld und Unwürdigkeit nicht zu ertragen.

Der dänische Philosoph und Theologe Søren Kierkegaard (1813–1855) sah die Gnade Gottes gerade auch für diejenigen als nötig an, die schon länger in der Nachfolge Jesu sind: „Gerade je fortgeschrittener jemand in der Nachfolge ist, desto mehr wird er entdecken, dass er der Versöhnung und der Gnade bedarf."[6]

Nun aber hat Gott die Zeit der Unwissenheit übersehen, und es ist „die Gnade Gottes erschienen, heilbringend allen Menschen" (Tit 2,11). Sie bringt den Juden und auch allen nichtjüdischen Völkern das entscheidende Heil, eben „allen Menschen". Paulus schrieb damals im 1. Jahrhundert an die Christengemeinde in Rom:

> „Doch jetzt hat Gott – unabhängig vom Gesetz, aber in Übereinstimmung mit den Aussagen des Gesetzes und der Propheten – seine Gerechtigkeit sichtbar werden lassen. Es ist eine Gerechtigkeit, deren Grundlage der Glaube an Jesus Christus ist und die allen zugutekommt, die glauben. Dabei macht es keinen Unterschied, ob jemand Jude oder Nichtjude ist, denn alle haben gesündigt, und in ihrem Leben kommt Gottes Herrlichkeit nicht mehr zum Ausdruck, und dass sie für gerecht erklärt werden, beruht auf seiner Gnade. Es ist sein freies Geschenk aufgrund der Erlösung durch Jesus Christus." (Röm 3,21-24; NGÜ)

Die von Gott geforderte Gerechtigkeit wird nun im Evangelium offenbar und nicht mehr in der Gesetzgebung am Sinai. Ohne dass auch nur ein Mensch eine einzige Forderung Gottes erfüllt hätte, kann er von Gott gerecht gesprochen werden. Der Gott aller Gnade (1Petr 5,10) leitete in Christus den *Wendepunkt* in seiner Beziehung zu uns Menschen ein. Nun beschenkt uns der heilige, gerechte Gott mit einer ewigen, unauflöslichen Beziehung zu ihm. Durch Jesu stellvertretendes Sühnopfer spricht er uns gerecht. || **Das sündlose Leben Jesu überträgt Gott auf mich und rechnet es mir an, obwohl ich so viele Weisungen Gottes übertreten und nie danach gelebt habe.** || Gott in seiner Souveränität spricht mich gerecht. Das unverdiente Geschenk

6 https://www.evangeliums.net/zitate/soeren_aabye_kierkegaard_seite_6.html

meiner Gerechtsprechung wird der ***Schnittpunkt*** für mein Leben, das ich ohne ihn und gegen ihn geführt hatte. Und so wird für viele Menschen das Kreuz Jesu Christi zum ***Sammelpunkt*** aller, die sich von Gott begnadigen lassen. Sie wissen, dass sie nicht aus eigenem Antrieb und eigener Frömmigkeit heraus vor Gott bestehen können.

In Jesus kam die Mensch gewordene Gnade Gottes zu uns (Joh 1,14). Dass Gott Mensch wurde, war ***Höhepunkt*** seines Schaffens für die Menschheit. Höheres als sein gnädiges Vergeben all unserer Schuld kann Gott uns nicht anbieten. || **Er löscht ohne jegliche Gegenleistung unsererseits alles aus, was uns vor ihm anklagt und verdammt.** || Das ist Gott nur möglich, weil Jesus am Kreuz all unsere Sünden gnädig in die Tiefe des Meeres gekippt hat. Im Sterben Jesu für unsere Gottlosigkeit erreicht die Gnade Gottes den absoluten ***Gipfelpunkt***. So darf und soll die Gnade für jeden Menschen zum ***Anfangspunkt*** einer ganz neuen Beziehung zu dem lebendigen Gott werden (Röm 3,24, Eph 2,8f.). Sie ist aber nicht nur der ***Startpunkt*** in eine neue Beziehung zu Gott. Sie darf und soll dann auch der bleibende ***Mittelpunkt*** eines Lebens mit Jesus in dieser Welt sein. An diesem ***Knotenpunkt*** der Begnadigung durch Gott laufen alle Wege und Werke meines Lebens zusammen. Dadurch wird die göttliche Gnade immer mehr zum ***Dreh- und Angelpunkt*** aller Begegnungen mit Gott und Menschen in meinem Leben. Gottes Gnade ist heilend, und ich spüre, wie sie sich nicht zuletzt auch auf die Beziehung zu mir selbst heilsam auswirkt. Sie gibt mir die Sicherheit, die ich brauche, um in dieser Welt nicht unterzugehen.

Sie wird für mich mehr und mehr unentbehrlich. Deshalb möchte ich vermehrt auch keinen Schritt mehr ohne sie weitergehen und kein Wort mehr ohne sie reden. Durch sie empfange ich die stärkenden und schützenden Impulse, wenn ich in das Kreuzfeuer von Kritik gehen muss. || **Bei aller Infragestellung darf ich wissen, dass Gott mir gut ist und bleibt.** || Und wenn ich wieder in alte, destruktive Verhaltensweisen zurückfalle, dann wird sie der ***Brennpunkt*** meiner Sehnsucht nach einem Neuanfang und einer neuen Welt. Nicht zuletzt ist sie der ***Zielpunkt*** meines Lebens. Ich setze meine Hoffnung ganz auf die Gnade, die mir auch dann angeboten wird, wenn Jesus wiederkommt und ich vor ihm stehe und Rechenschaft über mein Leben ablegen werde (1Petr 1,13). Wenn Gott mein Leben in dieser

Welt beendet, dann darf ich darauf hoffen, was Hermann Bezzel (Theologe und Rektor, 1861–1917) einmal so treffend formulierte: „Was an mir ist, hat die Gnade getan. Was an mir noch fehlt, wird die Gnade vollenden.“ Es ist nicht von ungefähr, dass der letzte Vers der Bibel von der Gnade spricht: „Die Gnade des Herrn Jesu sei mit allen“ (Offb 22,21).

Der erste Mensch, von dem die Bibel berichtet, dass er nach der Gnade Gottes suchte, war Noah. Von ihm heißt es: „Er fand Gnade in den Augen des Herrn“ (1Mo 6,8). Das ist deshalb so bemerkenswert, weil die gesamte damalige Welt meinte, auf Gottes Weisungen und sein Erbarmen verzichten zu können. Die Menschen wollten sich weiterhin ungestört und ungehemmt ihrem bösen Treiben widmen und schlugen alle Warnungen Gottes in den Wind. Ernüchternd lesen wir von dem inneren Zustand der Menschheit damals: „Alles, was aus ihrem Herzen kam, ihr ganzes Denken und Planen, war durch und durch böse“ (1Mo 6,5). Doch einer stieg aus diesem Sog des Bösen aus und suchte Gott und fragte ihn, ob er ihm nicht seine Schuld vergeben und ihm gnädig sein könnte.

Das Verhalten Noahs ermutigt bis heute und zeigt sehr deutlich: || **Egal, wie sehr auch die Welt um mich herum in ihren Sünden watet und darin versinkt, egal, wie groß die Mehrheit ist, die auf Gott verzichtet, Gott ist bereit, sich finden zu lassen.** || Jedem, der ihn von ganzem Herzen sucht, will er gnädig begegnen. Gott war die ganze Zeit vor dem Kommen Jesu in diese Welt bereit, Menschen sein gnädiges Angesicht zuzuwenden. Vor und nach Noah suchten und fanden manche den gnädigen Gott, egal, aus welcher Gesellschaftsschicht sie auch kamen: Arme und Reiche, Könige und Sklaven. Er ist immer in seinem Herzen versöhnlich gestimmt, wenn Menschen als Bettler bei ihm anklopfen. Allerdings sollten wir über die Abfahrtszeiten informiert sein und sie nicht verpassen. Solange Gott den „Zug“, der ins Verderben führt, anhält, können wir aussteigen und umsteigen in den „Zug“ der Gnade. Irgendwann aber ist die Umsteigmöglichkeit nicht mehr gegeben! || **Es ist wichtig, dass wir den Zeitpunkt Gottes nicht verpassen.** || Die Bibel berichtet immer wieder davon, dass Gott den Stolzen und Erhabenen widersteht, dass aber dem Demütigen, der zu seiner Schuld vor Gott steht, immer Gnade widerfahren wird (Spr 3,34).

Es gibt nichts Größeres, als Gottes schonende und befreiende Gnade zu erleben. Sie will wie eine schützende Hülle sein, die unser gesamtes Leben umschließt. Denn sie steht nicht nur am Anfang einer Beziehung zu Gott. Sie bleibt auch durch ein ganzes Leben hindurch die aufhelfende, zurechtbringende Macht Gottes. Welch eine Hoffnung für Verängstigte, Ausweglose und Gestrauchelte. || **Gott hat immer genug Gnade. Denn „wo die Sünde mächtig geworden ist, ist die Gnade noch viel mächtiger geworden" (Röm 5,20b; Apg 20,31).** || Und wenn mein Leben zu Ende geht und ich einmal vor Gott Rechenschaft ablegen muss, dann darf ich gewiss sein: Gott verweigert mir seine Gnade nicht. Seine Gnade verbietet jedes Verdammungsurteil über mein Leben. Deshalb sollen wir unsere ganze Hoffnung auch auf die Gnade setzen, die uns erhält und bis wir am Ziel sind, nicht entzogen wird. Wenn unser Leben in Gottes Licht beurteilt wird, in seiner Gerechtigkeit und Wahrheit, dann behält die Gnade das letzte Wort (1Petr 1,13). So ist die Gnade Gottes unser Glück, sie ist der Anfangspunkt, Mittelpunkt und Zielpunkt jedes Menschen, der sich Gott öffnet und für ihn da sein will. Sie wird dann für uns persönlich wirksam, wenn wir uns mit Gott versöhnen lassen (2Kor 5,19-20). Diese unverdiente Behandlung, die uns durch Jesus Christus, dem Versöhner, gewiss ist, bewirkt einen nie endenden Lobpreis in unseren Herzen (Eph 1,6). Oder wie schon vor dreitausend Jahren der König David in dem unvergesslichen Psalm singt, als er ein Resümee über sein Leben zieht:

> „Lobe den HERRN, meine Seele, und was in mir ist, seinen heiligen Namen! Lobe den HERRN, meine Seele, und vergiss nicht, was er dir Gutes getan hat: der dir alle deine Sünde vergibt und heilet alle deine Gebrechen, der dein Leben vom Verderben erlöst, der dich krönet mit Gnade und Barmherzigkeit, der deinen Mund fröhlich macht und du wieder jung wirst wie ein Adler" (Ps 103,1-5).

Und in Psalm 22,4 betont der Psalmdichter, dass Gott dort wohnt, wo ihm Loblieder gesungen werden.

Gnade beendet die Ausweglosigkeit aller unserer religiösen Anstrengungen. Manchmal kommen wir zerknirscht zu Jesus. Wir wissen, dass wir einen konkreten Fehltritt zum wiederholten Male erlebt haben. Gebeutelt stehen wir vor ihm und hoffen – wieder einmal –, dass er uns gnädig anschaut und begegnet. || **Und wir erleben nach aufrichtiger, ungeheuchelter Reue über unsere Sünde, wie gnädig Gott uns ist, wenn wir ihn suchen, gerade auch in Tiefpunkten eines Lebens.** || Dann brauchen wir ihm nicht zu zeigen, dass wir ja gar nicht so schlecht sind, wie wir uns gerade benommen haben. Wir müssen uns bei ihm nicht von der besten Seite präsentieren. Wir wollen nur noch, wie der verlorene Sohn nach seiner Rückkehr zum Vater, die geringste Hilfskraft sein (Lk 15,19). Aber Gott will uns mit Festkleidern und seinem Siegelring beschenken, der uns wieder mit göttlichen Vollmachten ausstattet. Das sah in einer Vision schon der Prophet Sacharja im Alten Testament, als der Hohepriester Joschua mit besudelten Kleidern vor Gott stand und Gott ihm Feierkleider anziehen ließ:

> „Und er ließ mich den Hohenpriester Joschua sehen, der vor dem Engel des HERRN stand; und der Satan stand zu seiner Rechten, um ihn anzuklagen. Und der HERR sprach zum Satan: Der HERR wird dich bedrohen, Satan! Ja, der HERR, der Jerusalem erwählt hat, bedroht dich! Ist dieser nicht ein Holzscheit, das aus dem Feuer herausgerissen ist? Und Joschua war mit schmutzigen Kleidern bekleidet und stand vor dem Engel. Und der Engel antwortete und sprach zu denen, die vor ihm standen: Nehmt ihm die schmutzigen Kleider ab! Und zu ihm sprach er: Siehe, ich habe deine Schuld von dir weggenommen und bekleide dich mit Feierkleidern. Und ich sprach: Man setze einen reinen Kopfbund auf sein Haupt! Und sie setzten den reinen Kopfbund auf sein Haupt und zogen ihm reine Kleider an; und der Engel des HERRN stand dabei" (Sach 3,1-5).

Solche und andere Bibelstellen zeigen den Triumph der Gnade, die immer wieder über dem Vergehen der Menschen aufstrahlt. Sie unterstreichen, dass Gott nicht die geringste Schadenfreude empfindet, wenn Menschen scheitern. Er ist der barmherzige Freund der Menschen, dem man keine größere Freude bereiten kann, als mit seinen Verfehlungen ihn und seine Begnadigung zu suchen.

Wir verstehen nicht, dass unser Rückfall in die Sünde uns eigentlich zur Selbsterkenntnis führen soll. Unser Fallen in Sünde sollte uns eigentlich vermehrt Selbsterkenntnis geben. || **Wir sollten uns der Gefahr der Tretminen bewusst sein. Sie sind dazu da, uns „hochgehen" zu lassen. Jeder Fehltritt treibt uns in die Arme Gottes. Da vergeht unser dominantes Gehabe.** || Wir sind geneigt, durch unser nettes, charmantes Auftreten die charakterlichen Mängel zu verbergen. Luther schrieb aus eigener leidvoller Erfahrung nieder: „Es ist doch unser Tun umsonst, auch in dem besten Leben. Vor dir sich niemand rühmen kann, es muss sich fürchten jedermann und deiner Gnade leben." Das sicherste „Mittel", dem zerstörerischen sündigen Drängen zu entfliehen, ist, ganz dicht bei und unter Jesus und seinen erbarmenden Augen zu bleiben. Der außergewöhnliche und bis heute prägende englische Prediger Charles Haddon Spurgeon meinte einmal:

> „Nachfolger Jesu müssen Menschen der Barmherzigkeit sein, denn sie haben Barmherzigkeit gefunden und Barmherzigkeit hat sie gefunden."

Die Barmherzigkeit Gottes ist souverän und unbestechlich. Sie gängelt nicht und drängelt nicht. Sie leitet und zieht mich sanft mit den Seilen seiner langmütigen und geduldigen Liebe. Hier darf ich ein ganzes Leben lang studieren, wie Gott mich in Jesus behandelt. Das soll mich lehren, selbst mit einer barmherzigen Sichtweise durchs Leben zu gehen und gnädig zu werden. Ich bin mit den Menschen barmherzig. Mit mir zuerst, dann auch mit meinen engsten Vertrauten, meiner Familie und nicht zuletzt mit denen, deren Entscheidungen und deren Person oft von einer gnadenlosen Presse niedergeschrieben werden.

Gnade stimmt nicht ein in den Chor der gnadenlosen Kritiker und derer, die vermeintlich alles richtig machen.

Diese Gnade Gottes erwählte mich, obwohl ich Gottes Feind war (Röm 5,10; 11,5). Weil sie in mein Leben eingriff, kann und will ich sie bejahen und erwählen. Sie hält mich und so kann ich sie festhalten, mit ihr weitergehen und sie weitergeben. Seine Gnade hilft mir auch, meine begrenzte Fähigkeit anzunehmen, aber auch manchmal darüber hinaus zu wachsen und Gott zu bitten, dass er meine Grenzen erweitert.

> „Und Jabez rief den Gott Israels an und sagte: Dass du mich doch segnen und mein Gebiet erweitern mögest und deine Hand mit mir sei und du das Übel von mir fern hieltest, dass kein Schmerz mich treffe! Und Gott ließ kommen, was er erbeten hatte." (1Chr 4,10)

[Dieser erbarmende Gott verstößt mich nicht, wenn ich in alte Verhaltensmuster zurückfalle und ganze Lebensabschnitte in schmerzhaften, persönlichen Niederlagen enden.] Er reicht mir gerade dann seine Hand, wenn ich es nicht verdient habe, wenn ich verwundet und verletzt bin. Gottes Erbarmen mit mir heilt Wunden, auch wenn Narben bleiben werden. Er heilt Erinnerungen bis hin zu Traumata, und er erreicht die tiefsten Schichten des Geistes und der Seele bis ins Unterbewusste. Jesus sagte:

> „*Ich* bin das Licht für die Welt. Wer mir folgt, tappt nicht mehr im Dunkeln, sondern hat das Licht und mit ihm das Leben" (Joh 8,12; NGÜ).

Gottes Milde lockt mich, in sein heilsames Licht zu treten, das mich von allen Illusionen und Fehleinschätzungen befreit. Er will mein Leben mit dem Geist der Wahrheit durchleuchten, immer wieder. Seine Sanftmut gestattet mir, wahr zu werden, aufrichtig mit meinen Fehltritten umzugehen. Negative Festlegungen und Erwartungen sind Gott fremd. Er spricht mich frei von allen bedrückenden

Lasten der Vergangenheit und gibt mir das Recht, noch einmal neu anzufangen. Seine Liebe nagelt mich nicht auf meine Vergangenheit fest. ER legt mich nur auf eines fest: seine alles umfassende Gnade und Wahrheit. Dort vor dem Gekreuzigten treffen sich Gnade und Wahrheit und eröffnen mir einen hellen Raum, wo ich mit der Zeit meine Ängste verlieren und ihnen widerstehen darf. Der gekreuzigte Christus versichert mir, dass Gott zu mir steht, und er lehrt mich, so zu mir zu stehen, wie ich bin. Der Einfluss seiner gnädigen Wahrheit befreit mich davon, meinen nicht erfüllten Wunschbildern hinterherzulaufen und ihnen nachzutrauern.

Weil Gott verspricht, mich zu verschonen, muss ich nicht mehr die Folgen meines Versagens und Scheiterns tragen. || **Die beängstigenden Schatten der Vergangenheit, alle Brüche meines Lebens, aller vermeintliche Unwert dürfen im Meer seiner vergebenden Gnade versenkt werden, immer und immer wieder, so oft es für mich nötig ist, bis ich mich mehr und mehr von Gott angenommen weiß.** || Der Geist Gottes ruft mir immer wieder ins Gedächtnis, dass sich seine Gnade bei mir – ähnlich wie das Wasser – an der tiefsten Stelle sammelt, d. h. an den Stellen in meinem Leben, wo ich unten angekommen bin, mein Versagen mich schwer drückt und ich keinen Ausweg mehr sehe.

Der Trost des Heiligen Geistes erinnert mich, dass Einer für mich ist, beharrlich, unermüdlich, entschlossen. Er hilft mir, wenn ich nur noch seufzen und nicht mehr beten kann (Röm 8,26-27). || **Jede Stunde, jeden Tag, jedes Jahr, bis zum letzten Atemzug darf ich mich auf meinen Tröster verlassen, der Fürsprache vor Gott für mich einlegt.** || Ich darf wegsehen von den ungelösten Fragen meines Lebens, hin auf Jesus, ihn anschauen, der mich nachsichtig und verzeihend ansieht. Das verleiht mir echtes Ansehen. Vergessen wir nie, auch nicht im Älterwerden und ganz am Schluss auf der Zielgeraden des Lebens: Gott ist für mich, und seine Gnade ist immer noch überreich vorhanden wie am ersten Tag! Sie erliegt keinen Verschleißerscheinungen, und Mangel ist ihr fremd:

> „… so ist viel mehr die Gnade Gottes und die Gabe in der Gnade des einen Menschen Jesus Christus gegen die vielen überreich geworden“ (Röm 5,15).

„Davon ist immer mehr vorhanden, als wir jemals erbitten und erdenken können" (Eph 3,20).

|| **Gnade konzentriert sich in dem einen Namen, der über allen Namen der Weltgeschichte steht: Jesus.** || An ihn erinnerten die Verfasser des Neuen Testaments immer wieder und erbaten für die Gemeinden: „Die Gnade unseres Herrn Jesus Christus sei mit euch allen" (Röm 16,20; 2Thes 3,18). Sie wussten damals sehr gut, was Menschen brauchen, die durch ihre Versöhnung mit Gott zur Gemeinde Jesu hinzugetan wurden: das Bewusstsein der Güte Gottes und das Eingehülltsein in ihr, die uns nicht bei uns selbst und anderen stehen bleiben lässt – gerade dann, wenn wir enttäuscht wurden, von uns und nahestehenden Menschen, die uns viel bedeuten. Wie wahr sind die Liedstrophen von John Scriven:

„Welch ein Freund ist unser Jesus … Er hat uns mit Gott versöhnet und vertritt uns im Gebet. Wer mag sagen und ermessen, wie viel Heil verloren geht, wenn wir nicht zu ihm uns wenden und ihn suchen im Gebet … Sind von Freunden wir verlassen, und wir gehen ins Gebet, o, so ist uns Jesus alles, König, Priester und Prophet."

Jesus, und nur Jesus allein, garantiert uns den Zugang zum unendlichen, unausschöpflichen Meer der Begnadigung durch Gott. Sie stellt alles auf den Kopf oder, besser gesagt, auf die Beine (Röm 5,2). Das reicht aus – für alles und alle, die Jesus suchen und finden wollen! || **Gnade hat einen Anfang, ein Ziel und immer eine Mitte: den gekreuzigten, auferstandenen und wiederkommenden Herrn Jesus Christus!** ||

Aber manchmal kann uns Gottes freundliches Angesicht als bedrängten Menschen in einer gefallenen Welt sehr hart und unbegreiflich erscheinen. Wir können blind für seine Güte werden und verzweifeln, weil wir noch nicht das Ende einer dunklen Wegstrecke sehen. Da, wo wir vor den unlösbaren Rätseln des Lebens stehen und abzustürzen drohen, wo der Boden wankt und sich Abgründe des Leids und des Todes auftun. Dann werden Fragen an Gott laut, und manchmal besiegen uns die momentanen Ereignisse, weil wir keinen Sinn darin entdecken können. Da klopfen der Zweifel und das Misstrauen gegenüber Gott immer lauter bei uns an. Anklagende Gedanken gegen Gott rumoren in uns und versuchen, in unserer Situation die Oberhand zu gewinnen. Aber auch diese Wegstrecken kannte Gott im Voraus und begleitet uns darin in seinem Erbarmen, was wir jetzt nicht verstehen und im Blick auf einen gnädigen Gott überhaupt nicht einordnen können. || **Gott setzt sich zu uns in unserer Dunkelheit und Verzweiflung und bleibt bei uns sitzen.** || Unsere Seufzer und unser Schreien, unsere Klagen und Anklagen können ihn nicht von unserer Seite vertreiben. Er sitzt bei uns in unseren Nächten der Ratlosigkeit und des bitteren Verlusts und versichert uns, bei uns zu sein:

„Auch wenn ich wandere im Tal des Todesschattens, fürchte ich kein Unheil, denn du bist bei mir“ (Ps 23,4).

„Gott ist es, der Einsame zu Hause wohnen lässt, Gefangene hinausführt ins Glück“ (Ps 68,7).

„Doch ich bin stets bei dir. Du hast meine rechte Hand gefasst“ (Ps 73,23).

„Ewig will ich ihm meine Gnade bewahren, und mein Bund soll ihm fest bleiben“ (Ps 89,29).

„Die auf den HERRN vertrauen, sind wie der Berg Zion, der nicht wankt, der ewig bleibt“ (Ps 125,1).

Dazu lädt uns Gott ein. Jesus möchte gerne in seiner gnädigen Zuneigung zu uns die Mitte unserer Identität als Christen und der stille, unbeirrbare Antrieb unseres Lebens und Dienstes für ihn werden. Paulus bekannte vor einer Gemeinde, in der ihn manche infrage stellten: „Durch Gottes Gnade bin ich, was ich bin, und seine Gnade an mir ist nicht vergeblich gewesen“ (1Kor 15,10). || **Gnade lenkt**

uns, wenn wir selbst oder andere uns kritisieren, auf das, was Gott für unser Leben und Dienen vorbereitet hat (Eph 2,10). || Das überfordert niemanden und lässt uns gelassen und fröhlich unsere Straße ziehen – bis wir am Ziel, d. h. in seiner Herrlichkeit, sind.

Gnade weckt Freude, von der Luther einmal sagte, dass sie der Doktorhut des Glaubens sei. Und Gnade und Freude haben im Griechischen den gleichen Wortstamm. Zufall? Gewiss nicht! Die Freude an Gott, an seiner Versöhnung mit uns, liegt zutiefst in unserer Begnadigung durch ihn begründet. Und sie ist wetterbeständig und standhaft, in guten wie in schlechten Zeiten. Sie ist kein frommer Anstrich unseres Lebens, der nach einigen Jahren unansehnlich wird und wie Lack abplatzt. Deshalb konnte ein Johann Lindemann am Ausgang des 16. Jahrhunderts, nachdem die Gnade Gottes durch Martin Luther wieder zum Strahlen gekommen war, 1598 dichten:

1. In dir ist Freude in allem Leide, o du süßer Jesu Christ!
Durch dich wir haben himmlische Gaben,
du der wahre Heiland bist;
hilfest von Schanden, rettest von Banden.
Wer dir vertrauet, hat wohl gebauet,
wird ewig bleiben. Halleluja.
Zu deiner Güte steht unser G'müte,
an dir wir kleben im Tod und Leben;
nichts kann uns scheiden. Halleluja.

2. Wenn wir dich haben, kann uns nicht schaden
Teufel, Welt, Sünd oder Tod;
du hast's in Händen, kannst alles wenden,
wie nur heißen mag die Not.
Drum wir dich ehren, dein Lob vermehren
mit hellem Schalle, freuen uns alle
zu dieser Stunde. Halleluja.
Wir jubilieren und triumphieren,
lieben und loben dein Macht dort droben
mit Herz und Munde. Halleluja.

Wir dürfen auf dem Weg zur Ewigkeit darauf vertrauen, dass Gott das Sicherheitsnetz seiner Gnade unter uns ausgespannt hat. Denn es ist und bleibt ein Balanceakt in der Nachfolge Jesu. Wir sollten nie diejenigen abgeklärten Christen sein wollen, die angeblich alles in trockenen Tüchern haben. „Wir alle straucheln oft" (Jak 3,1), ist das nüchterne Bekenntnis des Mannes Jakobus, den man zu seiner Zeit in Jerusalem nur mit dem Beinamen „der Gerechte" kannte, weil er solch ein heiliges, hingegebenes Leben an Jesus führte.

Alles, was mich von Gottes unwiderstehlicher und unbesiegbarer Gnade fernhalten will, ist eine grausame Täuschung, die mein Leben in der Dunkelheit hält. Aber zu seiner Gnade Zuflucht zu nehmen und darin geborgen zu bleiben lässt uns aufatmen und weitergehen. Trotz Ängsten, trotz Zweifel, trotz Misserfolgen, trotz Ablehnung durch andere. || **Stürme kommen und gehen. Die See bleibt rau, aber Jesus ist ein erfahrener Kapitän, der uns sicher in den Hafen der Ewigkeit bringen wird.** || Er bleibt unbeirrbar an Deck, behält den Durchblick auch bei nebliger See und steuert mein Lebensschiff, das immer noch von Wellen hin- und hergeworfen wird, zielgenau in das himmlische Vaterhaus. Darauf darf ich vertrauen, trotz allem. Und manchmal erlebe ich, wie er dem Wind und den Wellen gebietet, das Meer ruhig wird und ich den tiefen Frieden Gottes in vollen Zügen genießen darf.

4.

Warum ist Versöhnung mit Gott so nötig?

Weil Menschen ohne Christus Sünder und Feinde Gottes sind, die alle Herrlichkeit Gottes ein für alle Mal eingebüßt haben, das ist die unmissverständliche Aussage der Heiligen Schrift (Röm 3,10-17.23). Zudem müssen wir uns biblischen Aussagen über Gott stellen und uns fragen lassen, ob wir sie in unverantwortlicher Weise zur Seite geschoben haben. Wenn das geschehen ist – und manche Aussagen von Christen lassen darauf schließen –, dann haben wir uns Gott nach unserer Fasson zurechtgestutzt. Aber dieser Gott erklärt uns in seinem Wort sein Handeln in Christus. Daran wird deutlich, was ihm wichtig und unverzichtbar ist. So gilt der alte Grundsatz für unsere Beziehung zu Gott: „Und worin er an dem Heiligen gesündigt hat, soll er erstatten" (3Mo 5,16). Dahinter zurück wird Gott niemals gehen.

a) Haben wir bestimmte Eigenschaften Gottes vernachlässigt?

Um es vorweg zu sagen: Versöhnung durch ein Sühneopfer ist nicht nötig, wenn Gott *nur* Liebe, Güte, Freundlichkeit und Erbarmen ist. Wenn nur diese Eigenschaften Gottes Geltung hätten, wäre Gott sofort in der Lage, alle Menschen zu sich in den Himmel zu holen. Dann wäre ein sühnendes Opfer für unsere Sünden nicht nötig gewesen. In der Betrachtung des Gottes, wie er uns in der Bibel geoffenbart wird, geht es jedoch um sein ganzes Wesen. Jede harmoniebedürftige Manipulation biblischer Texte führt uns in die Irre und lässt mehr Fragen entstehen, als es scheinbar Antworten liefert.

Wir haben uns Gott passgenau für unsere Lebensweise zugeschnitten. Ich habe den Eindruck, dass wir, wenn wir von der Liebe Gottes reden, einem romantischen Ideal nachlaufen, das dem Wesen der biblischen Agape nicht entspricht. Seine Liebe ist nicht von dieser Welt. So lassen wir die Menschen in ihren Sünden unversöhnt sterben (Joh 8,24), wenn wir nur den Aspekt der Liebe betonen. || **Wenn seine Liebe nicht auch komplementär zu anderen Eigenschaften Gottes gelehrt wird, dann ist das nicht mehr der biblische Gott der Liebe.** || Erst im Gegensatz und in der Ergänzung zu seiner Gerechtigkeit und Heiligkeit heben wir Gottes Liebe ins Rampenlicht. Erst so gewinnt sie ihre einzigartige Tiefe und Höhe, Länge und Breite (Eph 3,17-19). Nie sollten wir den Fehler begehen und Wesenszüge von ihm nicht mehr erwähnen, nur weil sie uns unangenehm und in der Öffentlichkeit als nicht angemessen erscheinen.

Bevor wir im 1. Johannesbrief zweimal lesen: „Gott ist Liebe" (1Jo 4,8.16), steht vorher: „Gott ist Licht" – mit dem Zusatz: „... und in ihm ist gar keine Finsternis" (1Jo 1,5). Hier wird uns Gott in seiner unantastbaren Reinheit, Sündlosigkeit und ethischen Vollkommenheit geschildert. Das beinhaltet auch, dass er niemals mit der Sünde in eine friedliche Koexistenz oder gar in eine Kooperation gehen wird. Im Gegenteil! So können wir schon im Alten Testament bei dem Propheten Nahum lesen, wie Gott über Sünde denkt:

> „Wer kann vor seinem Groll bestehen, wer standhalten bei der Glut seines Zorns? Sein Grimm ergießt sich wie Feuer, die Felsen bersten durch ihn" (Nah 1,6).

Aber, so werden manche fragen, ist solche Furcht einflößende Rede von Gott nicht alttestamentlich und heute damit überholt und bedeutungslos? Sollten wir nicht nach Jahrhunderten, in denen oft und in beängstigenden Variationen mit dem Gericht Gottes gedroht wurde, um Menschen in Untertänigkeit gegenüber der Staatskirche zu halten, endlich den Gott des Gerichts streichen? Ist denn dieser Gott der Rache nicht aus heidnischen Religionen entlehnt und deshalb ein zeitbedingtes Konstrukt von Menschen, die noch nichts von dem Gott der Liebe vernommen haben?

Bevor wir vorschnell mit Ja antworten, sollten wir bedenken, dass der Gott des Alten Testaments der Gleiche wie der Gott des Neuen Testaments ist. So galt schon im Alten Testament auch Gottes Liebe, Gnade und Barmherzigkeit mit denen, die seine

Vergebung und seinen Schutz suchen, was (nur einen Vers weiter) in Nahum 1,7 steht:

> „Gut ist der HERR. Er ist ein Zufluchtsort am Tag der Bedrängnis; und er kennt die, die sich bei ihm bergen."

Oder denken wir an die Worte Davids in den Psalmen:

> „Der da vergibt alle deine Sünde, der da heilt alle deine Krankheiten. Der dein Leben erlöst aus der Grube, der dich krönt mit Gnade und Erbarmen … Barmherzig und gnädig ist der Herr, er gerät nicht schnell in Zorn, sondern ist reich an Gnade" (Ps 103,3-4.8).

Doch Gott ist auch heilig und gerecht. Beides sind unveräußerliche Wesenszüge Gottes. So ist die Gerichtsandrohung Jesu von gleicher Schärfe wie viele Gerichtsworte Gottes im Alten Testament:

> „Und wenn dein Auge dir Anlass zur Sünde gibt, so wirf es weg! Es ist besser für dich, einäugig in das Reich Gottes einzugehen, als mit zwei Augen in die Hölle des Feuers geworfen zu werden, ‚wo ihr Wurm nicht stirbt und das Feuer nicht erlischt'" (Mk 9,47-48).

Und Paulus fügt die nicht unerhebliche Warnung und Verheißung hinzu:

> „Irret euch nicht, Gott lässt sich nicht verspotten! Denn was ein Mensch sät, das wird er auch ernten. Denn wer auf sein Fleisch (seine selbstsüchtige Willkür) sät, wird vom Fleisch Verderben ernten; wer aber auf den Geist sät, wird vom Geist ewiges Leben ernten" (Gal 6,7-8).

|| **Wie schnell sind wir bei der Hand, Gott irgendetwas Widersprüchliches zu unterstellen und seine Liebe in einen Gegensatz zu seiner Gerechtigkeit und Heiligkeit zu stellen!** || Bei Gott selbst gibt es diesen Widerspruch nicht. Gottes Wesen ist vollkommen, bei ihm ist alles Licht, also ohne jeglichen ethischen Makel. Nur beurteilen wir Gottes Handeln sehr schnell aus unserer Sicht und nach unseren menschlichen Maßstäben. Damit ziehen wir ihn auf unser Niveau herab. || **Nie tut Gott etwas, was nicht ihm selbst entspricht, weder wenn er seine Gnade zeigt, noch wenn er sein Gericht offenbart.** || Durch die ganze Bibel hindurch wird deutlich, dass Gottes absolute Reinheit und unbestechliche Gerechtigkeit auch der Maßstab sind, nach denen er das Handeln der Menschen beurteilt. Gott selbst ist der Maßstab für unser Tun und Lassen. Und für alles, was ihm nicht entspricht, bietet er uns seine erlösende und befreiende Vergebung an. Jesus betont: „Gott ist vollkommen“ (Mt 5,48) und: „Niemand ist gut als allein Gott“ (Mt 19,17).

Damit ist jegliches Finstere und Böse im Wesen Gottes ausgeschlossen, egal, um welches Wesensmerkmal Gottes es auch geht. Daran ist besonders dann festzuhalten, wenn wir in der Bibel lesen, dass Gott auch Gericht übt. Seine Gerichte stehen auf einer anderen Ebene als unser egozentrisches Wesen und unsere Handlungsweise, wenn wir uns vorschnell zum Richter und Rächer über andere aufschwingen. Wenn Gott ganz und gar Licht ist und keine Finsternis in ihm wohnt, dann ist auch niemals ein ungerechtes Gericht von ihm ausgegangen.

b) Gottes Heiligkeit

Gott bewohnt ein Licht, zu dem kein sündiger Mensch Zutritt hat (1Tim 6,16). Bei dieser Eigenschaft Gottes geht es u. a. um seine Heiligkeit, die eine völlige Abwesenheit von Sünde voraussetzt. In Jesaja 6,3 wird dieses Wesensmerkmal Gottes dreimal von den Engeln Gottes, den Serafim, ausgerufen: „Heilig, heilig, heilig ist der Herr der Heerscharen (Jahwe Zebaoth).“ || **Keine andere Eigenschaft Gottes außer seiner Heiligkeit wird in der Bibel dreimal hintereinander genannt.** || Hier ist Heiligkeit in dem Sinne gemeint, dass Gott von jedem Profanen, Unheiligen und Unreinen getrennt existiert. Im Propheten Habakuk ist über Gottes Heiligkeit zu lesen: „Du hast zu reine Augen, um Böses mitansehen zu können" (1,13). In der Offenbarung hören wir von den vier lebendigen Wesen noch einmal den dreimaligen Ausruf von der Heiligkeit Gottes, der sich Tag und Nacht ständig wiederholt: „Heilig, heilig, heilig, Herr, Gott, Allmächtiger, der war und der ist und der kommt" (Offb 4,8)! Gottes Heiligkeit ist der tiefste Kern seines Wesens!

Dieser Blick auf die Heiligkeit Gottes erschütterte Jesaja zutiefst, als er den Herrn in einer Vision sah. In diesem Moment musste niemand mehr mit dem Priester und Diener Gottes über seine und des Volkes Sündhaftigkeit und Verlorenheit diskutieren:

> „Im Todesjahr des Königs Usija, da sah ich den Herrn sitzen auf hohem und erhabenem Thron, und die Säume seines Gewandes füllten den Tempel. Seraphim standen über ihm. Jeder von ihnen hatte sechs Flügel: mit zweien bedeckte er sein Gesicht, mit zweien bedeckte er seine Füße, und mit zweien flog er. Und einer rief dem andern zu und sprach: Heilig, heilig, heilig ist der HERR der Heerscharen! Die ganze Erde ist erfüllt mit seiner Herrlichkeit! Da erbebten die Türpfosten in den Schwellen von der Stimme des Rufenden, und das Haus wurde mit Rauch erfüllt. Da sprach ich: Wehe mir, denn ich bin verloren. Denn ein Mann mit unreinen Lippen bin ich, und mitten in einem Volk mit unreinen Lippen wohne ich. Denn meine Augen haben den König, den HERRN der Heerscharen, gesehen" (Jes 6,1-5).

Wer Gott begegnet, erkennt seine tiefe und unausweichliche Verstrickung in die Sünde, die sich besonders im alltäglichen Miteinander zeigt. Was Jesaja jetzt brauchte, waren keine Beruhigungspillen nach dem Motto: „Gott ist gut, und er hat dich lieb; alles wird gut. Du musst das nicht so ernst nehmen, was du gerade gehört hast." Was Jesaja in diesen Momenten unbedingt benötigte, liegt auf der Hand. Und der barmherzige und gnädige Gott stillte sein inneres Bedürfnis nach Sühnung seiner Schuld:

„Da flog einer der Serafim zu mir; und in seiner Hand war eine glühende Kohle, die er mit einer Zange vom Altar genommen hatte. Und er berührte damit meinen Mund und sprach: Siehe, dies hat deine Lippen berührt; so ist deine Schuld gewichen und deine Sünde gesühnt" (Jes 6,6-7).

Jesaja begehrte innerlich zutiefst Entlastung von seiner ganz konkreten Schuld. Und Gott gewährte sie ihm so gerne. Er selbst sühnt seine unreinen Lippen und alles, was sie bis dahin an Schaden angerichtet hatten. || **Gäbe es wohl etwas Schrecklicheres, als dem Menschen die Vergebung seiner Sünden durch das Blut Jesu zu entziehen?** || Die größte Schandtat besteht wohl darin, wenn wir Menschen unsere abgrundtiefe Sündhaftigkeit und die Notwendigkeit der Sühnung für unsere Schuld leugnen und die Grundlage für Vergebung und Versöhnung durch ein verfälschtes Evangelium verdunkeln und leugnen.

Ähnliches muss auch Petrus erkannt haben, als er nach dem großen Wunder des Fischzugs zu den Knien Jesu niederfiel und bekannte: „Herr, gehe von mir weg, denn ich bin ein sündiger Mensch" (Lk 5,8). Innerhalb kürzester Zeit nach dem unerklärlichen Fischzug mitten am Tag wusste Petrus: „Wenn alles in dieser Welt zusammenpasst, dann aber nicht dieser Jesus und ich." || **Jesu Vollmacht über die Natur offenbarte auf geheimnisvolle Weise seine Reinheit und Heiligkeit, was Petrus tief erschütterte. In Jesu vollmächtigem Handeln erkannte er das Wesen des ewigen Gottes, der nun in Menschengestalt vor ihm stand.** || Er sah plötzlich die totale Andersartigkeit Jesu. Das Wunder des Fischzugs ließ Petrus erkennen, dass er ein von Gott getrennter und damit verlorener Sünder war. Er war getroffen von der inneren Erkenntnis: „Vor mir steht der Sündlose, der Reine und Tadellose, der Heilige Gottes", wie er Jesus später nannte (Joh 6,69). „Er ist wie von einem anderen Stern, er ist der, der unantastbar und völlig ohne Schuld ist und nicht zu mir passt – und mich dennoch will. Er liebt und sucht mich, verwirft mich nicht, sondern ruft mich in seine Nachfolge."

Jesu Herrlichkeit und Heiligkeit und seine herabneigende Liebe, sein Erbarmen gegenüber den Menschen stehen keinesfalls in einem

Widerspruch. Wo wir in unserer Logik so gerne eine Gegensätzlichkeit konstruieren wollen, ist es nötig, zuerst Gott und seine Logik zu akzeptieren. Gottes Heiligkeit ist ebenso wenig von Gottes Charakter zu trennen wie seine Liebe. Es sollte uns nachdenklich machen, dass die dritte Person der Gottheit „Heiliger Geist" genannt wird. Gottes Herrschaft besteht durch seine makellose Heiligkeit und reine Liebe. || **Von seiner Heiligkeit wird Gott nie Abstriche machen und sich nie mit weniger als 100 % Sündlosigkeit zufriedengeben.** || Nur wer eine absolute Sündlosigkeit, Heiligkeit und Gerechtigkeit vorweisen kann, wird auch vor ihm bestehen können. Gott schließt kein Bündnis mit der Sünde, aber er stellt sich auf die Seite der Sünder, die er so gerne begnadigt. Noch nie hat Gott sich mit einer Sünde verbündet. So bleibt seine Herrlichkeit klar, ohne jede Eintrübung.

Verstehen wir, warum nur Jesus Christus, der Sündlose, Sünde sühnen konnte? Weil nur er dem Anspruch Gottes von Heiligkeit und Vollkommenheit genügte. Bei jeder anderen Grundlage für die Versöhnung – ohne das Opfer Jesu – würde man sich etwas in die Tasche lügen über Gottes Vorstellung von Sünde und deren Überwindung. Und in der Begnadigung und Rechtfertigung überträgt er die Reinheit und Sündlosigkeit Jesu auf uns und rechnet sie uns zugute!

c) Gottes Gerechtigkeit

Ein weiterer Wesenszug Gottes ist sein absolut gerechtes Wesen und Handeln. Diese Gerechtigkeit ist auch ein Attribut des Herrn Jesus, der sein Volk als Messias erlösen sollte (Jer 23,6). Gerechtigkeit steht für das ausgewogenes Verhältnis von Person zu Person und umfasst alle Lebensgebiete. Gott als Richter der ganzen Erde übt ab und zu in aller Schärfe Gericht, wie bei Sodom und Gomorra (1Mo 18,25). Nach den Worten Jesu sollte uns das nicht dazu verleiten zu denken, dass diese Menschen besonders „gerichtswürdig" gewesen wären (Lk 13,1-5). || **Jeden, so Jesus, wird dasselbe Gericht treffen, wenn er nicht zu Gott umkehrt. In dieser Tätigkeit als Richter mit seiner unparteiischen Rechtsprechung ist Gott vollkommen gerecht (5Mo 10,17; 1Petr 1,17).** || Als das Gericht Gottes über sein erwähltes Volk Israel kam, weil es über Jahrhunderte hinweg Gottes Gebote missachtet hatte, bekannte später der Prophet Daniel im Rückblick auf dieses Ereignis:

> „Und so war der HERR auf das Unglück bedacht und ließ es über uns kommen. Denn der HERR, unser Gott, ist gerecht in allen seinen Taten, die er tut. Aber wir haben nicht auf seine Stimme gehört“ (Dan 9,14).

Die Offenbarung Gottes in seinen gerechten Gerichten wird auch in der Offenbarung aufgezeigt:

> „Und ich sah den Himmel geöffnet, und siehe, ein weißes Pferd, und der darauf saß, heißt Treu und Wahrhaftig, und er richtet und führt Krieg in Gerechtigkeit“ (Offb 19,11).

Hier wird Jesus bei seiner Wiederkunft auf die Erde geschildert, und es wird betont, dass er Krieg in Gerechtigkeit führt. Er ist der Einzige, der gerechte Kriege führen kann, weil er absolut gerecht ist. Alles Säbelgerassel und alle Kriege in dieser Welt strotzen von ungerechter Gewaltanwendung und grausamen Morden. Wenn in der Bibel jedoch von Gottes gerechten Gerichten die Rede ist, wird immer wieder betont, dass seine Gerichte wahrhaftig und gerecht sind (Offb 16,7; 19,2). || **Gottes Gerechtigkeit ist ohne Fehlurteil und selbstherrliche Anmaßung. Er überblickt alles und hat auch Einblick in alle Beweggründe für das Handeln der Menschen.** || So stehen, wie schon oben erwähnt, seine Gerechtigkeit und seine Gerichte nie und nimmer im Gegensatz zu seiner Liebe und Barmherzigkeit.

Solches Denken in Gegensätzen ist der Bibel total fremd, wenn sie von Gottes Charakter spricht. Oder würden wir etwa die drei Massenmörder des 20. Jahrhunderts, Hitler, Stalin und Mao, die Abermillionen von unschuldigen Menschen durch ihr selbstherrliches Regiment auf dem Gewissen haben, ungestraft sein lassen? Das widerspricht schon unserem menschlichen Gerechtigkeitsempfinden, wie viel mehr der Gerechtigkeit Gottes. Diese und viele andere Männer haben grausamste Feldzüge gegen die Menschheit geführt. Alles, jede Tat und jede Untat, wird einmal ungeschminkt offenbar werden. Und dabei wird sich kein Einziger Gottes gerechtem Urteil entziehen können. Opfer und Täter werden einmal von ihm offenbar, und sie bekommen eine gerechte Beurteilung. Gottes unbestechliche Gerechtigkeit wird dabei der einzige Maßstab sein, wenn er „das Verborgene der Finsternis und die Ratschläge der Herzen offenbaren wird“ (1Kor 4,5). **Wer in dieser Welt seine Zuflucht nicht zu dem gnädigen Gott genommen und seine Sünden vor ihm offengelegt und sie bereut hat, den wird Gottes gerechtes Gericht einmal in aller Schärfe treffen.** Der Bericht vom Gericht der Sintflut über die damalige Menschheit, die den ganzen Tag nur Böses tat, steht nicht umsonst in der Bibel. Wer Gott zu einem erbärmlichen Waschlappen degradiert und hochmütig am Gekreuzigten vorübergeht, wird keine Amnestie von ihm erwarten können.

d) Gottes Wahrhaftigkeit

Zu der Grundaussage über Gott, dass er Licht ist, gehört auch sein Wesenszug der Wahrhaftigkeit. Dieser Charakterzug Gottes wird im Alten Testament auch mit „Treue“ übersetzt und meint seine Zuverlässigkeit und Aufrichtigkeit. Gott ist in seiner Wahrhaftigkeit, im Gegensatz zu dem, was in dieser Welt alles als Wahrheit feilgeboten wird, nicht falsch, korrumpierbar und niederträchtig (Röm 3,3-4). Beides, Treue und Wahrhaftigkeit, sind Wesenszüge des Gottes der Bibel, wie sie auch im Wesen Jesu vereinigt sind (Offb 3,14; 19,11).

An dieser Stelle möchte ich zur Verdeutlichung und Konkretisierung Bibelverse zitieren, die prophetisch von dem zukünftigen Reich Christi sprechen. Sie beinhalten sowohl die Seite der Gnade als auch die Seite des Gerichts. In beidem ist Gott treu und wahrhaftig:

> „Und auf ihm wird ruhen der Geist des HERRN, der Geist der Weisheit und des Verstandes, der Geist des Rates und der Kraft, der Geist der Erkenntnis und Furcht des Herrn; und er wird sein Wohlgefallen haben an der Furcht des HERRN. Er wird nicht richten nach dem, was seine Augen sehen, und nicht zurechtweisen nach dem, was seine Ohren hören, sondern er wird die Geringen richten in Gerechtigkeit und die Elenden des Landes zurechtweisen in Geradheit. Und er wird den Gewalttätigen schlagen mit dem Stab seines Mundes und

mit dem Hauch seiner Lippen den Gottlosen töten. Gerechtigkeit wird der Schurz seiner Hüften sein und die Treue der Schurz seiner Lenden" (Jes 11,2-5).

Warum nur sind uns lediglich die ersten Verse in diesem Abschnitt bekannt? Falsche Lehren manifestieren sich gerade darin, dass bestimmte Aussagen aus der Bibel weggelassen werden, weil sie sonst das eigene theologische System sprengen würden.

Diese Eigenschaft Gottes macht zudem deutlich: Gott sagt, was er meint; und er meint, was er sagt. Er steht zu seinem Wort der Bibel. || **Gerade in der Sendung seines Sohnes macht Gott viele Zusagen des Alten Testaments wahr und erweist sich damit als der wahrhaftige Gott, der treu sein Wort erfüllt.** || Die Psalmen kennen diese Treue Gottes zu seinen Verheißungen: „Was Gott zusagt, das hält er gewiss" (Ps 33,4). „Von Geschlecht zu Geschlecht währt deine Treue" (Ps 119,90). Seine Treue hält auch dann an, wenn wir untreu sind (2Tim 2,13).

Diese drei Aussagen, Heiligkeit, Gerechtigkeit und Wahrhaftigkeit, stehen in unauflöslicher Verbindung mit Gott selbst. Sie machen deutlich, dass Gott wegen seiner unantastbaren Lauterkeit auch Anklage gegen Menschen erheben und ein gerechtes Zorngericht über sie ausführen darf, ohne dabei schuldig zu werden. || **Vergessen wir nie: Was nicht unter der Vergebung durch das Blut Jesu steht, wird er einmal unzweideutig zur Sprache bringen.** || Welch ein ungeheures Geschenk und unglaubliches Angebot ist es heute, wenn er uns anbietet, unsere bekannten Sünden zu vergeben, sodass sie nie mehr zur Sprache kommen werden (1Jo 1,9; Jes 43,25; Hebr 10,17).

e) Gottes Unwandelbarkeit

Nicht zuletzt zeigen sich Gottes Eigenschaften und sein Charakter auch in seiner Unwandelbarkeit. Gott ist nicht heute Licht und Liebe, und morgen zeigt er ein ganz anderes Gesicht. Gott ist berechenbar in der Weise, dass seine Charakterzüge immer und ewig Gültigkeit haben und sich alle Menschen danach richten können (1Tim 6,16). Im 4. Mosebuch lesen wir, dass Gott in seinen Worten zuverlässig ist:

„Nicht ein Mensch ist Gott, dass er lüge, noch der Sohn eines Menschen, dass er bereue. Sollte *er* gesprochen haben und es nicht tun, und geredet haben und es nicht aufrechthalten?" (4Mo 23,19 – auf die Tatsache, dass Gott in seinem Gnädigsein auch sein angedrohtes Gericht zurückziehen kann, gehe ich hier nicht ein.)

Und das Neue Testament fügt hinzu: „… von dem Vater der Lichter, bei dem keine Veränderung ist noch eines Wechsels Schatten" (Jak 1,17).

Unser Leben hingegen ist ständig von Wechselwirkungen bestimmt. Wir sind manchmal oberflächlich und launenhaft. Manchmal erfüllt Freude unser Herz und ein anderes Mal tiefe Niedergeschlagenheit. Das ist Gott fremd. Er steht in seiner Eigenheit dagegen wie ein Fels in der Brandung: „Gott der Herr ist ein ewiger Fels" (Jes 26,4). „Nein, ich, der Herr, ich habe mich nicht geändert" (Mal 3,6). || **Gott ist kein unberechenbares oder stummes Schicksal, das den Menschen blind überfällt.** || Ich darf durch Gottes Wort ihn selbst und seinen Willen für mein Leben kennenlernen. Dabei betont die Bibel durchgängig, dass Gott zu seinen Verheißungen steht und sich von uns erbitten lässt. Auch wird uns bezeugt, dass Gott das Übel gereut, das er den Menschen als Strafe für ihre Bosheit zugedacht hat, wenn der Mensch Reue über sein Tun zeigt, wie bei den Einwohnern von Ninive (im Buch Jona; s. a. 2Mo 32,14; Jer 26,13; 42,10; Joe 2,13f.).

f) Gottes Weisheit

In allen Wesenszügen Gottes waltet seine Weisheit. Seine göttliche Weisheit wird aus folgenden Eigenschaften gespeist: seine vollkommene Einsicht in alle Umstände, sein untrügliches Urteilsvermögen in jeder Lage, seine unfehlbaren Entscheidungen. Seine Weisheit ist die richtige Anwendung seiner Allmacht und Allwissenheit. So erkennt der Prophet Daniel:

„Gepriesen sei der Name Gottes von Ewigkeit zu Ewigkeit! Denn Weisheit und Macht, sie sind sein. Er ändert Zeiten und

Fristen, er setzt Könige ab und setzt Könige ein; er gibt den Weisen Weisheit und Erkenntnis den Einsichtigen; er offenbart das Tiefe und das Verborgene; er weiß, was in der Finsternis ist, und bei ihm wohnt das Licht“ (Dan 2,20-22).

Und das Neue Testament betont: In Jesus Christus liegen „… alle Schätze der Weisheit und der Erkenntnis verborgen“ (Kol 2,3), um die wir Gott immer wieder bitten dürfen (Jak 1,5). Dennoch werden wir Gott nie letztlich in all seinem Tun und Lassen, in seinem Heil und seinen Gerichten verstehen (Röm 11,33).

g) Zusammenfassung

Es ging um die Frage: Warum ist für uns Versöhnung so nötig? Einmal, weil wir alle gesündigt haben und dadurch in die Gottesferne ausgewandert sind. Ein Zurück gibt es danach von uns aus nicht mehr. Dann aber ist Versöhnung auch nötig, weil unsere Sünden als Menschen, die zu seinem Ebenbild geschaffen wurden, seine Heiligkeit und Gerechtigkeit in den Schmutz gezogen haben. Gott wurde durch uns Menschen in den Dreck gezogen, und seine Ehre wurde vor Menschen und der unsichtbaren Welt besudelt. || **Gott hatte zwei Möglichkeiten, seine Ehre wiederherzustellen: Entweder tötet er uns alle und wirft uns in die Hölle oder aber er geht einen ganz anderen Weg. Und diesen Weg beschritt Gott, indem er Jesus, seinen Sohn, als den stellvertretenden Sühner sandte.** || Ihn, den reinen, gerechten Gottessohn, machte er für uns zur Sünde (2Kor 5,21), damit wir uns jetzt schon auf den Heimweg ins Vaterhaus machen können und nun von ihm gerecht gesprochen werden, für alles und für immer. „So gibt es nun keine Verdammnis mehr für die, die in Christus Jesus sind“, lautet der Jubelruf des Paulus (Röm 8,1). Mehr gibt es nicht, aber auch nicht weniger. Friedrich von Bodelschwingh (1831–1910) schrieb über das Wunder der Heiligen Nacht: „Das Kind nimmt unser Leben in seine Hände, um es nie wieder loszulassen.“

Christian Gregor (1723–1801) dichtete im 18. Jahrhundert die unvergesslichen und ergreifenden Verse:

1. Ach, mein Herr Jesu, wenn ich dich nicht hätte
und wenn dein Blut nicht für die Sünder redte,
wo sollt ich Ärmster unter den Elenden
mich sonst hinwenden?

2. Ich wüsste nicht, wo ich vor Jammer bliebe;
denn wo ist solch ein Herz wie deins voll Liebe?
Du, du bist meine Zuversicht alleine;
sonst weiß ich keine.

3. Hättst du dich nicht zuerst an mich gehangen,
ich wär von selbst dich wohl nicht suchen gangen;
du suchtest mich und nahmst mich mit Erbarmen
in deine Arme.

4. Nun dank ich dir vom Grunde meiner Seelen,
dass du nach deinem ewigen Erwählen
auch mich zu deiner Kreuzgemeine brachtest
und selig machtest.

Für den aufgeklärten Zeitgeist damals und heute waren und sind solche Aussagen eine Zumutung; für den vor Gott gebeugten Menschen ist es eine Vitaminspritze in höchster Konzentration, ein großer Trost und eine starke Ermutigung in der Nachfolge Jesu.

5

Das Wesen der Versöhnung

Das zu klären ist wesentlich. Welche Bedeutung hatte damals dieses Wort im biblischen Kontext? Was beinhaltete Versöhnung, und wofür sollte Sühnung stattfinden? Wem sollte sie zugutekommen? Und wem wurde das Sühneopfer für die Versöhnung gebracht?

Sehr unterschiedlich lauten die Antworten in der Kirchengeschichte gerade auf diese Frage: Wer zahlt hier eigentlich womit an wen? Wer zahlt, das ist schnell geklärt: Jesus. Womit zahlt er? Das ist auch schnell und eindeutig zu klären: mit seinem Blut und Leben. Aber wem wurde das gezahlt? Dem Menschen, dem Teufel oder Gott selbst?

Nach Origenes, einem bedeutenden Lehrer und Kirchenvater im 3. Jahrhundert nach Christus (185–254), gab Gott dem Teufel das Leben Jesu als Lösegeld, um uns für sich selbst freizukaufen und damit mit Gott zu versöhnen. Aber der Teufel überschätzte bei Weitem seine Fähigkeiten und „verschluckte" sich an dem „Bissen" Christus. Im Opfertod Jesu sah man eine bewusste Täuschung des Teufels durch Gott, was dann als „Teufelsbetrug" in die Kirchengeschichte einging. Der Teufel hätte Christus in menschlicher Gestalt unterschätzt und sich so im Kreuzestod Jesu selbst um seine Macht und seinen Zugriff auf den Menschen gebracht. Angeblich durchschaute er nicht, dass der Tod Jesu der Sühnetod für die Sünden der gesamten Menschheit wurde und damit den Schuldbrief der Menschen vor Gott zerriss. Somit stand Satan zum Schluss mit leeren Händen da. Hätte er geahnt, was in den letzten Stunden vor Jesu Tod am Kreuz geschah, dann hätte er es mit aller Gewalt zu verhindern gesucht.

Wie auch immer der Tod Jesu eingeschätzt wurde und wird: Fest steht, dass Gott dem Teufel nicht das Geringste schuldig ist! Und Gott ist auch uns Menschen nichts schuldig! Letztlich wurden alle Sühneopfer im Alten Testament für die Sünden des Menschen dem Gott dargebracht, der allein Sünden vergeben kann.

> „Er, der doch seinen eigenen Sohn nicht verschont, sondern ihn für uns alle hingegeben hat – wie wird er uns mit ihm nicht auch alles schenken? (Röm 8,32)

Gott war der Empfänger der Sühneopfer. Auf ihn waren sie ausgerichtet. Ihm galten die vielen Tieropfer, die Gott befahl. Diese zahlreichen Opfer, die dort gebracht wurden, konnten ja letztlich keine einzige Sünde für immer sühnen und wegnehmen (Hebr 10,4). Sie wiesen aber auf das eine Opfer hin, das dann zu der Zeit gebracht wurde, als aus Gottes Sicht die Zeit dazu reif war und er seinen Sohn sandte (Gal 4,4-5). || **Das ganze Alte Testament machte deutlich, dass Gottes Heiligkeit und Gerechtigkeit durch die Sünden der Menschen angetastet und besudelt worden war. Und im Opfer Jesu wurden die Sünden gesühnt, und damit wurde die Ehre Gottes wiederhergestellt.** || Durch das Opfer eines unbefleckten Lammes wurde es Gott wieder möglich, ungehindert Gemeinschaft mit dem Opfernden zu haben, der den Bund mit Gott durch die Sünde gebrochen hatte. So brachte Gott in Christus sich selbst das Opfer und „versöhnte in Christus die Welt mit sich selbst“ (2Kor 5,19).

a) Versöhnung als Austausch

Es geht Gott in seinem Wirken für uns Menschen zutiefst um Versöhnung und Frieden. Gott ist ein friedliebender Gott. Die Bedeutung des Wortes „Versöhnung“ könnte auf Deutsch gut mit „Austausch“ wiedergegeben werden. || **Gott war also in Christus und tauschte das Schicksal der Welt mit sich selbst. Jesus tauschte mit uns, die wir wegen unserer Sünde und Schuld zu unserer Hinrichtung unterwegs waren.** || Er stellte sich in den Weg, bot sich als Austausch dem Richter und Scharfrichter an – und der Richter akzeptierte das. Ungeheuerlich und unfassbar, was der Vater und sein Sohn Jesus damit getan haben. So lesen wir schon in den Sprüchen das prophetische Wort, das letztlich auf den Messias hinweist:

> „Rette die, die zum Tode geschleppt werden; und die zur Schlachtung hinwanken, o halte sie zurück" (Spr 24,11).

Da werden unwillkürlich Fragen laut: Wie kann das Jesus für uns tun? Wie kann er sich mit denen, die zur Auspeitschung und Kreuzigung bestimmt sind, austauschen lassen? Wie kann der gerechte Richter Gott solch einer Ungerechtigkeit zustimmen und den einzig Reinen und Gerechten durchbohren und opfern lassen?

> „Doch er war durchbohrt um unserer Vergehen willen, zerschlagen um unserer Sünden willen. Die Strafe lag auf ihm zu unserm Frieden, und durch seine Striemen ist uns Heilung geworden" (Jes 53,5).

Bedenken wir dabei, dass wir mit IHM nicht das Geringste zu tun haben wollten, ihn wegstießen, ihn verwünschten und verhöhnten. Und dennoch bot ER sich unbeirrt als Austausch für uns an. Solch ein Verhalten ist uns fremd und findet außerhalb unserer von Selbstsucht durchzogenen Welt statt. Aber es gab für uns keinen anderen Weg, um wieder zu einer ungetrübten Gemeinschaft mit Gott zurückzufinden.

Wir können uns vielleicht vorstellen, dass sich Eltern für ihr geliebtes Kind aufopfern, das hilflos daliegt und sich nicht helfen kann. Wir hören anerkennend, wie jemand für einen Familienangehörigen eine Niere spendet. || **Für das eigene Fleisch und Blut kann man sich aufopfern, und dafür haben sich manche aufgeopfert. Manche haben sich für Freunde hingegeben. Aber für Fremde, für den eigenen erbitterten Feind, der kein gutes Haar an einem gelassen hat, seine Haut zu Markte tragen, sein unschuldiges Leben opfern? Das geht nicht in unseren Kopf und schon gar nicht in unser Herz.** ||

Wir merken das im tagtäglichen Miteinander: Wie schnell ist unsere Opferbereitschaft aufgebraucht und neigt sich dem Ende zu, wenn sich der andere querstellt und uns anschreit. Wie schnell fahren wir bei der kleinsten Lappalie aus der Haut und rasten aus. Und wir spüren alle, wie wir so schnell die Grenzen unserer Belastbarkeit erreichen. Wenn auch manche in desolaten Umständen jahrelang aushalten. Das aber zieht tiefe Furchen in die Stirn und Kratzer in die Herzenslandschaft.

Im Mittelalter konnten deshalb die Menschen weithin keine Hoffnung in der Tatsache schöpfen, dass Gott ihnen gnädig wäre. Denn über Jahrhunderte galt der Grundsatz, dass nur der Gottes Gnade erwarten kann, der sich auch redlich bemüht und sich anstrengt. Man musste ein gottgeweihtes Leben zu führen, das sich den weltlichen Vergnügungen und sinnlichen Begierden entsagte. Luther litt an diesem Gottesbild unsäglich, sodass er sich selbst und Gott mit seinen unerreichbaren ethischen Forderungen verfluchte. Es wollte ihm einfach nicht gelingen, trotz Selbstkasteiung und einem entsagungsvollen Lebensstil, seine Gottlosigkeit und egoistische Begehrlichkeit auszurotten. Bis langsam die Erkenntnis in ihm wuchs:

> „Daher ist es reiner Wahnsinn, wenn man behauptet, der Mensch könne aus eigenen Kräften Gott über alle Dinge lieben und die gebotenen Werke tun."[7]

Nun, das hat Gott gesehen, was wir nicht vermögen und unter keinen noch so günstigen Umständen fertigbringen: Gott an die erste Stelle zu setzen und ihn von Herzen zu lieben. Wenn Gott so lange mit seinem Tauschangebot gewartet hätte, bis sich endlich die Menschheit zum Besseren gewandelt hätte, dann wären wir nie in den Genuss der Begnadigung durch ihn gekommen. Diese Erkenntnis vermittelt schon das Wort, das Gott nach der Sintflut aussprach und das Jesus noch einmal deutlich bestätigte (Mt 15,19):

---

7 Luther über die scholastischen Theologen wie Wilhelm von Occam (1285–1347) in seiner Vorlesung über den Römerbrief im Sommer 1515. WA 56, 274. Die Scholastik lehrte, dass der Mensch aus seinen eigenen Kräften Gott über alles lieben und die gebotenen Werke tun könne.

„... und der HERR sprach in seinem Herzen: Nicht noch einmal will ich den Erdboden verfluchen um des Menschen willen; denn das Sinnen des menschlichen Herzens ist böse von seiner Jugend an“ (1Mo 8,21; vgl. Mk 7,21-23).

Hier verwundert die Konsequenz Gottes sehr: Er will nicht noch einmal solch ein weltweites Gericht über die Menschen bringen, weil eben alle Überlegungen des menschlichen Herzens von Kindheit an böse sind. || **Gott lässt nicht Gnade walten, weil sich die Menschen endlich gebessert haben, sondern weil sie sich aus der Falle des Sündigen-Müssens aus eigener Kraft nicht befreien können und auch nicht wollen.** || Der Schaden durch die Sünde in uns ist menschlich gesehen irreparabel und durchdringt alle Lebensgebiete. Deshalb ist es Gott selbst, der in dieses unglaubliche Tauschgeschäft einsteigt, das er selbst ersonnen hat.

Wir hätten nie von der unverdienten Vergebung unserer Schuld sprechen können. Nie hätten wir Jesus in dieser Weise anbeten und ihn für sein Opfer rühmen können. Nie und nimmer hätten wir seine Liebe in solch einer tiefen Weise verstanden, wie er sie am Kreuz zeigte. Unmöglich hätten wir von seinem vergossenen Blut sprechen können, das allen Schaden gutgemacht hat. Wir hätten uns auch nie, gereinigt von unserem bösen Gewissen, in die Nähe des heiligen Gottes wagen und ihn als unseren himmlischen Vater ansprechen können. „Denn der HERR, dein Gott, ist ein verzehrendes Feuer, ein eifersüchtiger Gott“ (5Mo 4,24)! Zu keiner Zeit könnten wir „mit wahrhaftigem Herzen und in voller Gewissheit des Glaubens“ (Hebr 10,22) vor ihn treten. Immer hätte der Stachel des Versagens, der Unvollkommenheit und Sündhaftigkeit in uns gebrannt. Niemals wäre für einen, der Aufrichtigkeit liebt, Freimütigkeit vor dem Angesicht Gottes möglich gewesen (Hebr 10,19). Immer hätten diese Menschen mit einem schlechten Gewissen leben müssen. Erst recht unmöglich könnten sie im kommenden Gericht Gottes bestehen, wenn sich seine unbestechlichen Augen auf unsere ich-verseuchte, verdorbene Motivation, die letzten Beweggründe des Herzens, richten.

Hätte er sich nicht im Austausch für uns angeboten, wir wären uns selbst überlassen geblieben. Hätte Gott eingeschnappt und beleidigt auf unsere andauernden Missachtungen und schäbigen Beleidigungen reagiert, wo wären wir heute? || **Was wäre geschehen, hätte er seinen Groll und Zorn über unsere Undankbarkeit und Ungerechtigkeit nicht in Jesus überwunden? Wir müssten in unseren Sünden sterben und unversöhnt vor ihn, den gerechten und heiligen Gott, treten, ohne auf seine Gnade hoffen zu können.** || Keiner wäre da, um für uns ein gutes, nachsichtiges, verzeihendes und versöhnendes Wort einzulegen. Nie hätten wir in diesem „Jüngsten Gericht" bestehen können. Uns wären alle Entschuldigungen für unser Tun und Lassen im Hals stecken geblieben. Das Gleiche gilt für alles unberechtigte und verblendete Anklagen Gottes.

Nie hätten wir IHN als das Lamm Gottes anbeten können, das der Welt Sünde hinweggetragen hat (Joh 1,29). Dahingegeben wären wir in unseren ungesühnten Sünden gestorben, wie Paulus es in Römer 1 von den Stolzen und Satten, den Überheblichen und Unbußfertigen schreibt. || **Ewig verloren, getrennt von Gottes Herrlichkeit, das wäre unser unausweichliches, aber gerechtes ewiges Schicksal.** || Wäre er nicht bereit gewesen, unseren Widerstand gegen ihn mit seiner Liebe und Hingabe zu brechen, wir wären an uns selbst zugrunde gegangen – für immer und ewig.

Jesus hat dem Tauschgeschäft mit JA zugestimmt. Lange bevor wir überhaupt über uns nachdenken konnten, dachte der Vater im Himmel mit seinem Sohn und dem Heiligen Geist über uns nach. Unfassbares lesen wir:

> „Er (das unschuldige, makellose Opferlamm Gottes) ist zwar im Voraus vor Grundlegung der Welt erkannt, aber am Ende der Zeiten geoffenbart worden um euretwillen" (1Petr 1,20).

Das unschätzbare Blut und Leben des Gottessohnes als eines unschuldigen Opferlammes, an dem nicht die geringste Unvollkommenheit, Mangelhaftigkeit oder sonst irgendein Makel war (1Petr 1,19), wurde der Tauschwert für uns. Für uns, an denen nicht eine einzige Stelle gefunden wurde, die nicht durch die Sünde beschmutzt und für Gott entweiht gewesen wäre. || **Das ist wirklich das seltsamste Tauschgeschäft, das je stattgefunden hat. Gott selbst tauscht den**

Heiligen ein für die Unheiligen, den Reinen für die Schmutz- und Schambeladenen. ||

Doch Gott sah mehr als unsere Schande und unseren Schmutz. Er sah hinter die Fassade unserer umfassenden Verunreinigung. Er sah uns, sein ursprüngliches Ebenbild, das er so einzigartig zur herzlichen Gemeinschaft mit ihm geschaffen hatte. Diese Würde, die er uns in seiner Entsprechung als sein Gegenüber beigelegt hatte, war so außergewöhnlich, dass er sich dieses Geschöpf nicht ohne Weiteres für immer entreißen lassen wollte. So unternahm er etwas, um sein geliebtes Kind, sein Spiegelbild, das er mit solch einer hohen Bedeutung ausgestattet hatte, wieder für sich zurückzugewinnen – ohne Drohungen auszustoßen, ohne Gewalt auszuüben, ohne die angedrohte Vernichtung zu vollziehen. Gott wollte keine Zwangsmaßnahmen durchführen, keine Nötigung und Willkür walten lassen. Nicht mit einer knallenden Peitsche erzwungen oder durch gewaltsame Freiheitsberaubung sollte die Rückführung stattfinden.

|| Gott ersann den Plan, der für alle Beteiligten Freiheit in der Entscheidung gewähren sollte. || Darauf legte er den allergrößten Wert. Sowohl für das erwählte Opfer als auch für die hoffnungslos Verlorenen. Es sollte keine machtvolle Unterwerfung durch eine übermächtige Gewalteinwirkung Gottes erfolgen, wozu er ohne Zweifel fähig gewesen wäre. Keine Strenge, keine Erpressung, keine Freiheitsberaubung, kein Diktat. Gott plante die Durchführung eines Tauschgeschäftes, das seiner würdig und zu dem er allein fähig war. Nur Gott selbst konnte sich so etwas „total Verrücktes“ einfallen lassen und leisten.

Damit ging er ein hohes Risiko ein. Denn wenn er sein Tauschangebot in den Rahmen einer unantastbaren Freiheit stellen würde, musste er damit rechnen, dass viele vielleicht nicht darauf eingehen und sein Angebot ablehnen würden. Ja, er musste sogar damit rechnen, dass er wegen eines solchen beispiellosen Tausches viel Hohn und Spott ernten würde, der ihn tief in sein liebendes Herz treffen würde. Die Menschen würden seine Allmacht infrage stellen. Aber Gott blieb bei seinem demütigen Tauschangebot: „Ihr gebt mir euren Schmutz, und ich gebe euch dafür ein neues, reines Herz. Ich nehme euch das schlechte, böse Gewissen, und ich gebe euch dafür Gewissheit in der Vergebung aller Schuld. Ich nehme alle Ängste und Zweifel von euch, und ihr bekommt dafür Zuversicht, Mut und Kühnheit. Ich nehme euren Tod durch die Sünde auf mich, und ihr bekommt dafür von mir ewiges, unzerstörbares Leben. Ich nehme meinen Zorn und meine Todesstrafe für eure unzählbaren Vergehen auf mich und lasse euch straffrei ausgehen. Ich kreide euch eure Straftaten nicht mehr an und mache euch keine Vorwürfe und erteile euch keine Rüge mehr wegen eurer Entgleisungen. Ich verklage euch nicht mehr wegen eurer Abartigkeiten, sondern mich selbst und hebe das verdiente Verdammungsurteil über eurem Leben völlig und ein für alle Mal auf.

Ich schließe einseitig Frieden mit euch und trage euch eure Schandtaten nicht mehr nach. Ich strecke euch die Hand entgegen, und ihr dürft in aller Freiwilligkeit einschlagen. Ich will eure Rettung und nicht euren ewigen Tod. Und dafür tue ich alles, damit bei dieser Aktion nichts schiefgeht. Ich bin der Richter, aber ich bin auch derjenige, der die von mir verhängte Todesstrafe selbst trägt. Mehr an Milde und Rücksicht geht einfach nicht.

Aber ich zwinge euch nicht, mein Tauschangebot anzunehmen. Es bleibt auf der Basis der Freiwilligkeit. Ihr dürft es annehmen und ihr könnt es ablehnen. Für diesen Tausch möchte ich nur das Bekenntnis von euch, wer der Schuldige und wer der Schuldlose ist. Dafür dürft ihr mir danken, mich anbeten und rühmen. Aber alles nur freiwillig und nicht erzwungen."

|| **Die einzige Bedingung, die Gott für diesen Tausch stellt, ist eine klitzekleine Kleinigkeit im Gegensatz zu dem Opfer, das er für unsere „unverzeihlichen" Sünden gebracht hat: „Stehe zu der Schuld, die du auf dich geladen hast.** || Das ist das Einzige, was ich bei meinem Tauschangebot von dir fordere. Akzeptiere die Wirklichkeit. Es geht um das, was du wirklich bist und getan hast. Nimm meine Beurteilung über dich und deine Sünden an. Du musst nur zu dem stehen, was in deinem Leben danebengegangen und falsch gelaufen ist. Bekennst du dich vor mir dazu, dann lösche ich für alle Ewigkeit aus, was dich anklagen könnte."

So bekennt Gott schon über seinem Volk im Alten Testament:

> „Du hast mir … vielmehr Arbeit gemacht mit deinen Sünden, du hast mich ermüdet mit deinen Sünden. Ich, ich bin es, der deine Verbrechen auslöscht um meinetwillen, und deiner Sünden will ich nicht gedenken" (Jes 43,24-25).
>
> „Denke daran, Jakob und Israel, denn du bist mein Knecht. Ich habe dich gebildet, du bist mein Knecht. Israel, du wirst nicht von mir vergessen. Ich habe deine Verbrechen ausgelöscht wie einen Nebel und wie eine Wolke deine Sünden. Kehre um zu mir, denn ich habe dich erlöst!" (Jes 44,21-22).

Und im Neuen Testament lesen wir diese Verse, mit denen Gott uns locken will, unsere Sünden mit Namen zu bekennen:

> „Doch wenn wir unsere Sünden bekennen, erweist Gott sich als treu und gerecht: Er vergibt uns unsere Sünden und reinigt uns von allem Unrecht, das wir begangen haben" (1Jo 1,9; NGÜ).

Der Tausch beinhaltet die restlose Vergebung für das Unrecht, das wir getan haben. || **Das Angebot dieses Gottes ist: „Befreie dich von allen bedrückenden Altlasten, sprich vor mir das aus, was sich als Schuld in deinem Leben angesammelt hat – immer wieder.** || Stelle dich ungeschminkt dazu, ohne etwas Schlechtes beschönigen zu wollen, dann wird das in deinem Leben eine Realität, was ich für dich getan habe und dir anbiete. Sprich vor mir und, wo nötig, auch vor Menschen mit Worten aus, was in meinen Augen Schuld ist. Bereue, was du mir und Menschen und nicht zuletzt dir selbst angetan hast." Dazu rief Petrus damals die Bewohner Jerusalems auf:

> „Tut Buße, und jeder von euch lasse sich taufen auf den Namen Jesu Christi zur Vergebung eurer Sünden! Und ihr werdet die Gabe des Heiligen Geistes empfangen" (Apg 2,38).

„Viele nahmen die Botschaft an, die Petrus ihnen verkündete, und ließen sich taufen. Durch Gottes Wirken wuchs die Gemeinde an diesem Tag um etwa dreitausend Personen“ (Apg 2,41; NGÜ).

„So tut nun Buße und bekehrt euch, dass eure Sünden ausgetilgt werden“ (Apg 3,19).

Oder wie Paulus es sagt:

„Deshalb treten wir im Auftrag von Christus als seine Gesandten auf; Gott selbst ist es, der die Menschen durch uns zur Umkehr ruft. Wir bitten im Namen von Christus: Nehmt die Versöhnung an, die Gott euch anbietet“ (2Kor 5,20; NGÜ).

Wenn wir das tun, treten im selben Moment Gottes Vergebung und Versöhnung als freie Geschenke für uns in Kraft. || **Geschenke aber wollen nach wie vor angenommen sein. Wer sie achtlos und stolz liegen lässt und sie nicht will, der hat sie nicht. Nur das Geschenk, das wir annehmen, gehört uns auch.** || In dem Freiraum seiner Gnade und Liebe können wir ohne Angst vor Bestrafung durch Gott aus unseren dunklen Winkeln, geheimnisvollen Gängen, schmutzigen Vorhöfen und geheimen Bordellen heraustreten, dem Unwesen ein Ende bereiten und ein neues, versöhntes, weil ausgetauschtes Leben beginnen.

Von den Christen in Thessalonich (heute: Thessaloniki) schreibt Paulus später:

„Überall redet man davon, was für eine Wirkung unser Besuch bei euch gehabt hat. Die Leute erzählen, wie ihr euch von den Götzen abgewandt und dem lebendigen und wahren Gott zugewandt habt, um ihm zu dienen und auf seinen Sohn zu warten, der vom Himmel zurückkommen wird – auf Jesus, den er von den Toten auferweckt hat und der uns vor dem kommenden Gericht rettet“ (1Thes 1,9-10; NGÜ).

Es geht ihm in seinem Austausch darum, dass damit die Basis für ein neues Leben gelegt wird. Denn die durch den Tod seines geliebten und gehorsamen Sohnes geschenkte Vergebung eröffnet uns nun die Möglichkeit, ein anderes Leben zu führen. || **Gott transferiert sein heiliges, schuldloses Leben in mich und sieht mich nun so, wie er seinen schuldlosen Sohn ansieht.** || Sein Leben in mir wird nun durch den Umtausch ein kraftvolles Leben mit Zukunftsperspektiven. Das Wissen um diese Tatsache befreit ungemein. Immer wieder. Auch wenn sich diese Realität manchmal verdunkelt und mir als unwirklich erscheint, ist sie dennoch real da. Und wenn ich denke: Das schaffe ich nicht, das ist alles zu viel für mich, das übersteigt meine Denkfähigkeiten und meine Willenskraft? Dann ermutigt Gott mich in seinem Wort, wie er damals Israel ermutigte und zu seinem Volk sprach:

> „Du, den ich ergriffen von den Enden der Erde und von ihren fernsten Gegenden her gerufen habe, zu dem ich sprach: Mein Knecht bist du, ich habe dich erwählt und nicht verworfen – fürchte dich nicht, denn ich bin mit dir! Habe keine Angst, denn ich bin dein Gott! Ich stärke dich, ja, ich helfe dir, ja, ich halte dich mit der Rechten meiner Gerechtigkeit" (Jes 41,9-10).

Nimm das Angebot des Tausches heute an! Du existierst nicht umsonst hier auf dieser Erde. Du bist kein Zufallsprodukt. Du sollst es nicht umsonst gehört oder gelesen haben. Heute darfst du umsonst bei Gott einkaufen – und zwar Gnade für alles Versagen, alles Schuldig-geworden-Sein, für alles, was geschehen ist und nicht mehr rückgängig gemacht werden kann und was nicht mehr gutzumachen ist:

> „Auf, ihr Durstigen, alle, kommt zum Wasser! Und die ihr kein Geld habt, kommt, kauft und esst! Ja, kommt, kauft ohne Geld und ohne Kaufpreis Wein und Milch!" (Jes 55,1)

Der Kauf und der Tausch sind umsonst, weil wir, was unsere Schuld vor Gott angeht, bankrott sind. Wir haben uns bis über beide Ohren verschuldet und wurden total zahlungsunfähig. Nichts können wir Gott anbieten, wenn es um Versöhnung geht. Wiedergutmachung ist bei ihm nicht möglich und nötig, stattdessen geht es um einen Neuanfang. Wir können ihm nur rückhaltlos in tiefer Beschämung unser vielleicht abgebranntes Leben bekennen. || **Wir haben nichts, was auch nur eine Sünde vor ihm rückgängig und ungeschehen machen könnte.** || „Alles, Herr, bist du und hast du für mich getan, was mein Leben auf eine neue Basis stellt." Gott möchte sich mit uns versöhnen, weil er schon längst das dafür erforderliche und grundsolide Fundament gelegt hat. Was beinhaltete dieser Satz von Jesus in der Bergpredigt nicht alles!

> „Meint nicht, dass ich gekommen sei, das Gesetz oder die Propheten aufzulösen; ich bin nicht gekommen, aufzulösen, sondern zu erfüllen" (Mt 5,17).

Mit der Erfüllung des Gesetzes war nicht nur gemeint, dass Jesus alle Gebote Gottes halten würde. Gottes Gesetz enthielt ja nichts Schlechtes, es war „heilig, gerecht und gut" (Röm 7,12). Dieses Wort vom Erfüllen des Gesetzes schloss für Jesus auch noch etwas anderes ein: das Opfer für die unzähligen Übertretungen der göttlichen Gesetze selbst zu bringen. Zur Erfüllung des Gesetzes gehört auch das Opfer für die Sünden derer, die das Gesetz gebrochen hatten. So bezahlte Jesus mit seinem Opfer am Kreuz von Golgatha für die Morde aller Mörder, für die Lügen aller Lügner, für die Ehebrüche aller Ehebrecher, für die Gotteslästerung aller Gotteslästerer usw.

Nur auf diesem schmerzvollen Weg war die Aussöhnung mit Gott möglich, nur so kann heute ein Austausch vollzogen werden. || **Nur durch die unerbittliche Strenge der Forderungen Gottes an uns verstehen wir auch das unsägliche Leiden Jesu und seinen Tod für unsere Schuld.** || Nur die Liebe Gottes konnte solch einen Weg zur Versöhnung ersinnen, ohne selbst daran zugrunde zu gehen.

Gott wollte unbedingt Versöhnung, egal, was es ihn kostete. Und er hat dafür teuer bezahlt, einen Preis, der uns den Atem verschlägt:

„Den, der Sünde nicht kannte, hat er für uns zur Sünde gemacht" (2Kor 5,21). Bewahre uns Gott davor, dass wir uns jemals an diesen Gedanken gewöhnen oder sogar achtlos an ihm vorübergehen.

Ein ehemaliger Feind Christi und der Christen, der in seinem religiösen Wahn am Tod vieler Christen mitgewirkt hatte, war Paulus. In Gottes Augen hatte er wirklich alles verspielt. Später schrieb er als auserwähltes Werkzeug Gottes, an dem die Barmherzigkeit Gottes gegenüber Verirrten und Fanatikern ein Exempel statuierte:

> „Daher, wenn jemand in Christus ist, so ist er eine neue Schöpfung; das Alte ist vergangen, siehe, Neues ist geworden. Alles aber von Gott, der uns mit sich selbst versöhnt hat durch Christus und uns den Dienst der Versöhnung gegeben hat, nämlich, dass Gott in Christus war und die Welt mit sich selbst versöhnte, ihnen ihre Übertretungen nicht zurechnete und in uns das Wort von der Versöhnung gegeben hat. So sind wir nun Gesandte an Christi Statt, indem Gott gleichsam durch uns ermahnt; wir bitten für Christus: Lasst euch versöhnen mit Gott! Den, der Sünde nicht kannte, hat er für uns zur Sünde gemacht, damit wir Gottes Gerechtigkeit würden in ihm" (2Kor 5,17-21).

b) Versöhnung als Wiederherstellung und Wiedervereinigung

Wir Deutschen wissen, welch ein Geschenk der Moment der Wiedervereinigung für alle Beteiligten war und ist. Welch eine unbeschreibliche Freude herrschte in den ersten Monaten, als 1989 nach 40 Jahren Trennung der Stacheldraht und die Mauern zwischen Ost und West niedergerissen und die Selbstschussanlagen an der Grenze abgebaut wurden. Welch ein Freudenjubel brach mitten in der Nacht auf, als nach 27 Jahren die Mauer in Berlin durchlässig wurde und Menschen im Osten Berlins ohne Angst durch den sogenannten „antifaschistischen Schutzwall" an der Grenze gehen konnten, an dem vorher so viele bei dem Versuch, ihn zu überwinden, das Leben verloren hatten. Unmögliches wurde möglich und für alle zugänglich.

Doch mit der Zeit verhallte der Jubel, und Ernüchterung ist eingetreten. Eine kritische Stimmung verbreitet sich. Die Aufhebung des Schießbefehls an der Grenze, die Bespitzelung und Denunziation durch den Machtapparat der Stasi mit 90 000 Mitarbeitern und vielen IMs haben heute kaum noch Gewicht. Das „Nun danket alle Gott" wird nicht mehr gesungen, und man hat sich daran gewöhnt, wie unbeschwert man heute auf der Autobahn die ehemalige Demarkationslinie mit dem Todesstreifen überfahren kann. Nicht wenige in den neuen Bundesländern fühlen sich abgehängt. An vielen ist der wirtschaftliche Aufschwung vorbeigegangen. Resignation und Frustration haben sich breitgemacht. Das lässt manche in extremen politischen Gruppierungen ihre Hoffnung suchen, die einfache Antworten auf äußerst komplexe Fragen geben und damit der harten Wirklichkeit nicht gerecht werden. Die Folgen von Wiedervereinigungen können für die Verlierer manchmal sehr hart sein. Hilflos und orientierungslos suchen sie jemanden, der sich für sie einsetzt – und das nicht selten bei den Falschen.

Versöhnung als Wiederherstellung der Beziehung zu Gott steht auf einem anderen Grund. Hier gibt es keine Gewinner, die einer privilegierten Fraktion, und Verlierer, die einer vergessenen und alleingelassenen Gruppe angehören. || **Gott sucht das Heil aller Menschen in allen Gesellschaftsschichten. Und deshalb sind bei Gott alle gemeint und herzlich willkommen, die sich nach einem Neustart für ihr Leben sehnen.** ||

Hier unterscheidet sich der erste Bund, den Gott mit dem Volk Israel bei der Gesetzgebung am Sinai schloss, von dem zweiten, dem neuen Bund, den Gott mit allen Menschen schließen will. Der Zusammenschluss, den Gott auf Golgatha vollendete, hat eine andere Qualität. Der letztlich wirkungslose Bund vom Sinai (Hebr 8,13) konnte nur die unüberwindbare Trennung zwischen Gott und Mensch bestätigen. Das lag nicht an Gott, sondern an den Menschen, die sich so leicht von Gott entfernen und eigene Wege gehen.

In Jesus wurde jedoch ein neuer, tragfähiger Bund geschlossen, der die Wiederherstellung des ehemaligen vertrauten Umgangs zwischen Mensch und Gott unwiderruflich trotz aller Fehlleistungen gewährleisten sollte. In der Versöhnung durch Jesus stellte Gott das aussichtslos zerbrochene Verhältnis zwischen ihm und uns wieder her. Damit zeigt er uns unwiderruflich, dass ihm diese Beziehung zu uns so wichtig und wertvoll ist. Gott zog sich nicht beleidigt zurück. Er startete eine Beziehungsoffensive, die beispiellos in der

Menschheitsgeschichte werden und bleiben sollte. Er unterscheidet zwischen dem Menschen, dem seine uneingeschränkte Liebe gilt, und dem, was dieser Mensch an Verabscheuungswürdigem getan hat. Den Menschen ist Gott gnädig, seine Sünden aber verdammt er. Er liebt den Sünder trotz seiner vielen Verfehlungen! Damit sind wir oft überfordert, und es ist uns beim besten Willen nur sehr schwer möglich, zwischen Person und Sache zu trennen.

Was Gott nun in Jesus Christus neu begann, ist nicht eine modifizierte Neuauflage des ersten Bundes mit den Forderungen Gottes „du sollst" und „du sollst nicht". || **In Jesus Christus steht die Beziehung zwischen Gott und Mensch nicht mehr auf wackligen Füßen, weil dieser neue Bund von uns Menschen und unserer mangelnden Eignung abgekoppelt wurde. Hier kommt alles von Gott: der Opfernde und das Opfer.** || Der Mensch steht bei diesem Bund auch nicht mehr als einer da, der an guten, aber letztlich unerfüllbaren Ansprüchen scheitern musste. In den knapp 1500 Jahren zwischen Sinai und Golgatha wurde über die Maßen deutlich, wie wenig wir Gottes Anforderungen dauerhaft und bis ins Letzte im Sinne Gottes erfüllen können: nämlich gar nicht. So schreibt es Paulus in den Kapiteln 1–3 des Römerbriefes. Die Gemeinschaft zwischen Gott und Mensch erlebte immer wieder tiefe, nicht mehr zu kittende Risse.

Das wirklich Neue an diesem Bundesschluss, der die Wiedervereinigung Gottes mit uns Menschen garantieren sollte, beruht auf dem Grundsatz: „in *meinem* Blut". Der Initiator und der Herr des Neuen Bundes sind derselbe. Er spendet das Mittel zur Versöhnung selbst: sein Blut. || **Hier im Neuen Bund konnte nichts mehr schiefgehen, weil der Bundesherr auch der Mittler dieser Wiedervereinigung ist.** || Es wurde kein billiger Ersatz, keine Neuauflage für den Sinaibund herbeigezaubert, der das Blut von noch mehr Opfertieren fordern würde. Es kostete den Bundesherrn selbst wirklich alles: sein eigenes Blut und Leben. Die Unterschrift unter diesen Neuen Bund setzte er selbst mit seinem eigenen Blut. Und das macht den Bund unabhängig von menschlichem Versagen und damit unzerstörbar. Er behält seine Gültigkeit für alle Ewigkeiten. Dieser Bund hält allen zersetzenden Einflüssen von außen stand. Kein Mensch, keine Sünde, kein Teufel und kein Tod können mehr an ihm rütteln und ihm seine Gültigkeit rauben. Sein Haltbarkeitsdatum reicht hinein bis in die Ewigkeit und wird nie ablaufen – für jeden, der auf die Wiedergutmachung durch das Opfer Jesu für seine Schuld vertraut. Seine Gültigkeit ist im Blut Jesu ein für alle Mal sichergestellt, mag ein Mensch noch so schuldig, noch so unwürdig, noch so tief gesunken und durch finstere Mächte gefesselt sein.

Und warum tut Gott so etwas Außergewöhnliches? Das konnte nur durch seine einzigartige Zuneigung zu uns ermöglicht werden. Die Bereitschaft für dieses Opfer seines Sohnes, das alles menschliche Denken und Verstehen bei Weitem übersteigt, liegt in seinem Herzen. || **Gott Vater, Sohn und Heiliger Geist wollten nicht ohne diejenigen sein, die sie für alle Ewigkeiten bei sich haben wollten.** || Jesus wollte sein Reich, seine Kraft, seine Herrlichkeit nicht mehr allein für sich haben und darin herrschen. Er wollte die Ewigkeit nicht leben ohne seine vielen Freunde (Joh 15,15). So beantwortete ein Kind die Frage seines Vater, warum Jesus für uns gestorben sei, mit der vielsagenden und tiefgehenden Aussage: „Weil er viele Freunde haben wollte."

Das, was er selbst ist und hat, daran wollte er uns unbedingt beteiligen. Bedingungslos sollte sein Leben unser Leben werden. Dazu musste notwendigerweise auch unser verschuldeter Tod sein stellvertretender Tod werden. Er sah als Ziel seines Opfers uns für immer an seiner Seite, dankbar, anbetend schon heute und dann einmal vor seinem Thron der Herrlichkeit. Für dieses Ziel überwand Gott alle Grenzen, überstieg alle von uns hochgezogenen Mauern. Er ließ sich auf dem Weg zu uns erlösungsbedürftigen Menschen nicht aufhalten und bezwang alle Barrieren und Blockaden.

So riss er auch den Zaun nieder, den er im Gesetz mit seinen Forderungen aufgerichtet hatte, die keiner wirklich erfüllen konnte. Darin zeigte er uns, dass wir Erlösung brauchen und unser sogenannter guter Wille diese nicht bewirken kann. || **In Jesus Christus setzte sich Gottes Rettungsmaschinerie unaufhaltsam in Gang.** || Er ließ keine Bedenken aufkommen, sich keine Fesseln anlegen oder sonst irgendwie beschränken. Nein, er nahm jede Hürde, überstieg jede Mauer, löste alle moralischen und dogmatischen Bremsen und schritt unaufhaltsam voran. Er akzeptierte keine Verbotsschilder, die der Mensch gegenüber Gott aufgestellt hatte, um ihn aus seiner Welt auszuschließen und ihm den Zutritt zu verweigern.

Ein Beispiel soll hier für Millionen von Menschen stehen, die Gott in seiner Liebe für sich gewann: der französische Schriftsteller und Philosoph Fabrice Hadjadj (* 1971). Er stammt aus einer jüdischen Familie und war ein glühender Atheist und Nihilist. Er berichtet: „Zu Hause hatten wir keine Bibel, dafür die Werke von Marx." Durch den Tod seines Vaters kam er zum tieferen Nachdenken über die Existenz des Menschen und entdeckte Jesus Christus als die tiefere Antwort auf seine ungelösten Fragen. Er vertraute sich Gott an. Auf die Frage, warum er diesen Schritt tat und dieses Experiment des Vertrauens auf Gott und seine Zusagen wagte, sagte er: „Weil ich der Mensch war, der Christus am fernsten stand, dessen Bekehrung am unwahrscheinlichsten war, ich war erbittert antiklerikal."[8]

Gottes Zuneigung zu uns und seine Aufopferung für uns waren und sind bis heute mächtiger als jedes hässliche Bollwerk, das der Mensch in seinem Herzen errichtet hatte. || **Am Kreuz von Golgatha realisierte sich die größte Rückholaktion der Menschheit.** || Hier umarmte der Herr und Versöhner seine Geschöpfe und schloss sie in das Angebot seiner Versöhnungstat ein. Dort, im Tod des Menschen- und Gottessohnes, vereinigten sich in Jesus Gottheit und Menschheit und wurden durch sein Opfer miteinander versöhnt. Und das alles auf dem einen Weg der Hingabe des Gottessohnes, seiner Demütigung, seines Opfers und seines Verzichts auf jegliche eigene Gewaltanwendung gegenüber den verlorenen, sündigen Menschen.

Denn Gott kam eben nicht als brutaler Einbrecher, der die Türen zu seiner von ihm geliebten Welt mit Gewalt eintrat. Er sprengte sich nicht rücksichtslos den Weg zu den Herzen der Menschen frei. Seine Spur zu uns war zwar auch von Blut und Tränen gezeichnet, aber eben mit seinem eigenen Blut und mit seinen Tränen, die er weinte, weil wir ihn nicht haben wollten. Seine Rücksicht auf uns in unserer Verbohrtheit und Blindheit ließ ihn keine Rücksicht auf sich nehmen. Er leistete sich einen ganzen, vollen Einsatz, um uns herauszulieben aus unseren selbstgemauerten, dunklen Verließen.

In der Hingabe seines Lebens war seine Liebe auf dem Höhepunkt angelangt. Und dieser Höhepunkt wurde zum Wendepunkt.

---

8 Quelle: https://de.zenit.org/

Gott trug in seiner weltüberwindenden Liebe den Sieg davon und erreichte sein Ziel: eine Wiedervereinigung zwischen ihm und uns. Der Wiedervereinigungsvertrag nach seinen Bedingungen nahm in der Ewigkeit seinen Anfang, wurde sichtbar in der Menschwerdung Gottes in Bethlehem und auf Golgatha von ihm einseitig geschlossen: „Gott versöhnte in Christus die Welt mit sich selbst." So wurde das Werk der Versöhnung und Wiedervereinigung unzerstörbar, weil Jesus dabei keine Gewalt anwendete und er von keinen dunklen Motiven gesteuert wurde. Seine Absicht, uns für Gott freizukaufen, zu erlösen, war rein bis in die Tiefe seines Herzens. Ein großes Verlangen nach uns und eine tiefe Liebe zu uns trieben ihn zum Aufbruch in dieses Himmelfahrtskommando.

Die Liebe Gottes zwingt sich niemanden auf. Sie erpresst nicht, sondern sie gibt frei. Freiheit zum Annehmen und Freiheit zum Ablehnen. || **Gottes Liebe nimmt den Menschen in seiner Gottesebenbildlichkeit ernst. Und zu seinem Ebenbild, seinem Spiegelbild, gehört auch die Fähigkeit, eine freiwillige Antwort auf diese hingebende und sich aufopfernde Liebe zu geben.** || Diese Liebe lockt, macht aber keine leeren Versprechungen, wie bei so manchem verlockenden Angebot von Menschen, auf das wir schon hereingefallen sind. Diese Liebe wirbt um unser Vertrauen. Sie annonciert durch die ganze Bibel hindurch und macht auf sich aufmerksam, um uns zurückzugewinnen. Sie spricht uns gut zu, sie preist sich uns an, aber nicht zum Schleuderpreis. Sie ist keine Ware, die zu Billigpreisen veräußert wird. Sie reklamiert für sich, das Teuerste und Wertvollste zu sein, das ein Mensch je erwerben kann. Diese Liebe gibt es nicht umsonst. Aber sie ist nicht von uns Menschen „bezahlbar". Sie fordert von uns allerdings einen hohen Preis, vielleicht den höchsten: unseren Stolz, unsere dunklen Seiten, unseren Eigenwillen aufzugeben. Das Eingeständnis, dass wir in unserer Verblendung gegen ihn gewütet oder ihn verachtend links liegen gelassen haben. Sie verlangt auch, dass wir unser Versteckspielen und unsere banalen Ausreden aufgeben, unsere Lebenslügen abgeben, unsere Verfehlungen mit Namen angeben. Denn: „Gott widersteht den Hochmütigen, aber den Demütigen schenkt er seine Gnade" (1Petr 5,6). Und seine Versöhnung macht uns „arm": Sie entledigt uns unserer bedrückenden Sündenlast, die er nun trägt, sie raubt uns unsere Hoffnungslosigkeit, denn er gibt uns nun eine lebendige Hoffnung. Sie befreit uns von dem Verdammungsurteil über uns, weil er es auf sich genommen hat – und all das, „damit wir durch seine Armut reich würden“ (2Kor 8,9).

ER hat alles getan, was uns hilft, rettet, heilt. Und wir? Was ist unser Part? Wie können wir an der Versöhnung teilhaben? Wie können wir von dem Wasser trinken, das unseren Lebensdurst für immer stillen wird? Wie können wir das „Brot“ essen, das uns wirklich satt macht? Wie können wir in seinem reinen Licht leben, das alle Dunkelheiten offenbart und entmachtet?

> „Wenn wir aber im Licht wandeln, wie *er* im Licht ist, haben wir Gemeinschaft miteinander, und das Blut Jesu, seines Sohnes, reinigt uns von jeder Sünde. Wenn wir sagen, dass wir keine Sünde haben, betrügen wir uns selbst, und die Wahrheit ist nicht in uns. Wenn wir aber unsere Sünden bekennen, so ist er treu und gerecht, dass er uns die Sünden vergibt und uns von jeder Ungerechtigkeit reinigt“ (1Jo 1,7-9).

Es geht Gott um eine innige Gemeinschaft mit uns, um die Wiedervereinigung zwischen ihm und jedem Einzelnen persönlich. Dazu muss weggenommen werden, was jede echte Gemeinschaft verhindert und zerstört: unsere Vergehen, unsere Laster, unsere Schandtaten.

Keiner soll draußen bleiben in der Nacht der Hoffnungslosigkeit, keiner soll für ewig ausgeschlossen bleiben. Jesus, das Licht der Welt, hat die Dunkelheit durchbrochen und die Nacht der Hoffnungslosigkeit beendet. Als Jesus in diese Welt kam, heißt es von ihm:

> „Das Volk, das in Finsternis saß, hat ein großes Licht gesehen, und denen, die im Land und Schatten des Todes saßen, ist Licht aufgegangen“ (Mt 4,16).

Als der Vater von Johannes dem Täufer tiefer über die Ereignisse nachdachte, erkannte er, welch eine Tragweite der Dienst seines

Sohnes als Wegbereiter für den Retter der Welt, Jesus Christus, haben sollte, nämlich

> „dass wir, gerettet aus der Hand unserer Feinde, ohne Furcht ihm dienen sollen in Heiligkeit und Gerechtigkeit vor ihm alle unsere Tage" (Lk 1,74-75).

Die gute, froh machende Nachricht von Jesus Christus darf und soll wie ein Lauffeuer durch diese Welt gehen und auch die Elenden erreichen, die in ihrer Aussichtslosigkeit und Lethargie dahindämmern:

> „Meine Seele soll sich rühmen des HERRN, dass es die Elenden hören und sich freuen" (Psalm 34,3).

c) Das Geschenk eines neuen Herzens und neuen Geistes in der Wiedergeburt

Die neue Verbindung, die Jesus in seinem Blut mit uns schließt, beinhaltet eine weitere außerordentliche Gabe an uns, nämlich die eines neuen Herzens und neuen Geistes. Im Alten Testament weissagt der Prophet Hesekiel von einer neuen Zeit, die für Gottes Volk anbrechen soll. Aber nicht nur für sein Volk, wie es dann im Neuen Testament deutlich wurde (vgl. Apg 11,18), denn die Segensverheißung an Abraham (1Mo 12,3) galt ja allen Völkern der Erde:

> „Und ich werde reines Wasser auf euch sprengen, und ihr werdet rein sein; von all euren Unreinheiten und von all euren Götzen werde ich euch reinigen. Und ich werde euch ein neues Herz geben und einen neuen Geist in euer Inneres geben; und ich werde das steinerne Herz aus eurem Fleisch wegnehmen und euch ein fleischernes Herz geben. Und ich werde meinen Geist in euer Inneres geben; und ich werde machen, dass ihr in meinen Ordnungen lebt und meine Rechtsbestimmungen bewahrt und tut" (Hes 36,25-27).

„Und ihr werdet an eure bösen Wege denken und an eure Taten, die nicht gut waren, und werdet an euch selbst Ekel empfinden wegen eurer Sünden und wegen eurer Gräuel. Nicht um euretwillen tue ich es, spricht der Herr, HERR, das sollt ihr wissen. Schämt euch und werdet beschämt vor euren Wegen, Haus Israel! So spricht der Herr, HERR: An dem Tag, da ich euch von all euren Sünden reinige, da werde ich die Städte bewohnt sein lassen, und die Trümmerstätten sollen aufgebaut werden" (Hes 36,31-33).

Im Hebräerbrief wird dann dieser Gedanke aufgegriffen, wo es um den Beweis geht, dass der neue Bund in Jesus besser als der alte und nun endlich gültig geworden ist:

„Denn das ist der Bund, den ich schließen will mit dem Haus Israel nach diesen Tagen, spricht der Herr: Ich will mein Gesetz geben in ihren Sinn, und in ihr Herz will ich es schreiben und will ihr Gott sein und sie sollen mein Volk sein" (Hebr 8,10).

Dieser neue Zusammenschluss macht uns zu neuen Dienern seines Geistes (2Kor 3,6). Von diesen Dienern geht Leben aus. Sie wollen nicht Gesetze proklamieren, steile Forderungen und Ansprüche stellen, die sowieso keiner halten kann. Sie reden vielmehr davon, dass alle Forderungen Gottes durch Jesus in uns erfüllt sind:

„... damit die Rechtsforderung des Gesetzes erfüllt wird in uns, die wir nicht nach dem Fleisch, sondern nach dem Geist leben" (Röm 8,4).

Das heißt nichts weniger, als dass Jesus für uns alle Gebote erfüllt hat und seine Erfüllung der Gebote uns gutgeschrieben wird. Fortan sieht mich Gott als jemand an, der so gelebt hat wie Jesus. Das befreit vom Leistungsdruck und führt uns nicht erneut in fromme Zwänge!

Das befreit auch von einem schlechten Gewissen, das manche Christen permanent haben, so, als ob Gott das erneut von ihnen fordert, was nur Jesus erfüllen konnte. Jesus kam, um das Gesetz Gottes ein für alle Mal zu erfüllen, für mich, für uns (Mt 5,17).

|| **Gott wird für die Versöhnung mit sich niemals etwas von mir einfordern, wozu ich nicht fähig bin, nämlich alle Gebote Gottes zu leben, wie es seiner Heiligkeit und Gerechtigkeit entspricht.** || Das hat Jesus für mich übernommen und mich dadurch für immer mit Gott versöhnt. So darf ich Gott nun mit einem guten Gewissen dienen, in der Gewissheit, dass alles, was Gott in seinem Wort befiehlt und von mir verlangt, für mich und in mir vollständig erfüllt ist. Und mit einer befreiten Gesinnung und einem entlasteten Gewissen darf ich meinem Gott entspannt und froh dienen. Ich weiß: Gott ist für mich, weil Jesus alles gut gemacht hat.

Der Hinweis auf die Notwendigkeit einer neuen Geburt durch Jesus an einen der obersten Geistlichen in Israel, den gestandenen Bibelkenner Nikodemus, löste Schockwellen bei ihm aus:

> „Jesus entgegnete: ‚Ich sage dir: Wenn jemand nicht von neuem geboren wird, kann er das Reich Gottes nicht sehen.' – ‚Wie kann ein Mensch, wenn er alt geworden ist, noch einmal geboren werden?', wandte Nikodemus ein. ‚Er kann doch nicht in den Leib seiner Mutter zurückkehren und ein zweites Mal auf die Welt kommen!' Jesus erwiderte: ‚Ich sage dir eins: Wenn jemand nicht aus Wasser und Geist geboren wird, kann er nicht ins Reich Gottes hineinkommen!'" (Joh 3,3-5; NGÜ).

Hier zeigt Jesus den Weg zu einem neuen Leben, einem neuen Herzen und einem neuen Geist auf. Jeder Mensch muss von Neuem geboren werden, egal, wie viel Bibelwissen er hat, welche hohe geistliche Position er einnimmt, in welch gesegneter Tradition er steht. An dieser Forderung hält Jesus unbeirrbar fest.

Dieses Wissen um das Von-Neuem-geboren-Sein gibt mir der Heilige Geist in mein Herz. Ich weiß: Jesus lebt jetzt in mir. Ich bin von Neuem geboren, wiedergeboren. Sein Geist und sein Wort vollziehen eine innere Verwandlung bei mir. Ich kann jetzt glauben, dass

Gott real ist, und ich kann vieles neu einordnen, was mir vorher unverständlich war, mir unsinnig erschien. Worüber ich mich vorher geärgert habe, das wird mir jetzt in einem neuen Licht gezeigt. || **Ich sehe mich und diese Welt als von Gott geliebt, und das schafft neue Fakten, die mir vom Heiligen Geist erschlossen werden. Ohne mich verbiegen zu müssen, kann ich an Jesus glauben, dass er lebt und für meine Schuld starb.** || Auch bezweifle ich nicht mehr, dass er heute gegenwärtig und für mich ist. Dass er mein unsichtbarer Begleiter ist, ja, sogar in mir lebt und dass er mich aufrichtet, wenn ich niedergeschlagen bin. Ich kann glauben, dass Gott mich will, trotz allem, was mir bis dahin begegnet ist. All das Negative, das ich erlebte und vielleicht noch erleben werde, stellt Gottes Liebe zu mir nicht mehr infrage.

Von Neuem geboren zu sein, ein neues Herz von Gott zu bekommen heißt, Neues denken zu können. Es sprengt bisherige Grenzen und eröffnet neue Horizonte. Im Denken setzt Gottes Veränderungsprozess ein, denn wir leben so, wie wir denken. Das neue Herz ist nach biblischen Kategorien der Sitz meines Denkens und Wollens. Beides wird nun geöffnet für die unsichtbare Realität Gottes. Ich nähere mich in seinem Wort seinen Gedanken und Wegweisungen an, die ganz anders sein können als meine eigenen. Ich muss nicht mehr zweifeln an dem, was meine natürlichen Augen nicht wahrnehmen können. Denn auch für den von Neuem Geborenen bleibt Gott unsichtbar (2Kor 5,7.16). || **Allmählich erkennen ich immer mehr, wie in allem Geschehen meines Lebens Gott am Werk ist.** || Aber auch die Umtriebe seines Erzfeindes, des Widersachers, Lügners und Mörders, der seine Fäden zieht, treten deutlicher hervor. Ich sehe anders mit meinen Augen, ich beurteile anders, was in meine Ohren dringt. Ich verarbeite das Wahrgenommene und bringe es mit Gott in Verbindung. Ich fälle andere Entscheidungen als früher, als Jesus noch nicht in mir wohnte.

Das sind einige Auswirkungen davon, wenn Gott mir einen neuen Geist und ein neues Herz schenkt.

6

Der Versöhner, der in kein Schema passt

Die Frage nach dem Versöhner muss unbedingt geklärt werden. Welche Sichtweise wählen wir, wenn wir von Jesus Christus reden? Denn durch welche Brille ich ihn wahrnehme, entscheidet auch darüber, wie ich seine Tat am Kreuz einstufe.

Wählen wir den Blickwinkel der rationalen Distanz? Halten wir uns auf Abstand zu ihm? Rücken wir mit unserer Skepsis so weit wie möglich von ihm ab? Wählen wir den Weg der Freidenker, Agnostiker und Atheisten, die für eine selbstständige und selbstverantwortliche Lebensgestaltung im Sinne der Aufklärung eintreten und jeden religiösen Gottesglauben und alle kirchliche Dogmen ablehnen?

Sehen wir ihn durch die Brille, die bloß das von ihm anerkennt, was durch wissenschaftliche, innerweltliche Kriterien bewiesen ist, z. B. bei der Frage nach der Jungfrauengeburt oder seiner Wunder?

Oder übergehen wir sogar mit Arroganz und Besserwissen die historischen Fakten zu seiner Person, seinem Leben, seinem Sterben? Halten wir uns für intellektuell überlegen und dekonstruieren seine Person in postmoderner Relativierung der Fakten? Wie schätzen wir Jesus ein?

|| **Diese Fragen zu beantworten, wer Jesus ist und wozu er Mensch wurde, ist wohl die wichtigste und dringlichste Aufgabe. Konnte er wirklich die entscheidende Wende zwischen Gott und der Menschheit herbeiführen?** || War das sein Ziel, als er Mensch wurde und in diese Welt kam, diese Welt von ihrem Fluch zu befreien? Bewirkte er tatsächlich mehr, als den Menschen einfach nur Gutes zu tun und ihnen das Gefühl zu vermitteln, dass Gott sie nicht vergessen hat? Wollte er nicht einfach nur solidarisch mit den Ärmsten und Verachteten sein? War es ihm nicht genug, die Hungrigen satt zu

machen, den Blinden das Augenlicht wiederzugeben, den Tauben ihr Ohr zu öffnen und den Stummen die Zunge zu lösen, den Müden und Verzagten neuen Mut zu geben und vom Volk gerne gehört zu werden? Warum nur ging er dann diesen Weg ans Kreuz, vor dem er sich so fürchtete? Warum nur ließ er sein öffentliches Wirken so jäh am Kreuz enden? Er hätte doch noch so viel Gutes tun und vielen Menschen helfen können!

a) Wer war eigentlich dieser Jesus von Nazareth?

Es gab wohl niemanden, der so bescheiden die Weltbühne betrat, sie so verachtet wieder verließ und trotzdem eine solch immense Wirkung erzielte. Jesus wurde in einem unbedeutenden Dorf als Kind einer armen Bäuerin geboren. Er wuchs in einem anderen Dorf auf, wo er bis zu seinem 30. Lebensjahr bei einem Zimmermann arbeitete, seinem Ziehvater. Dann war er drei Jahre lang als Wanderprediger unterwegs. Er schrieb nie ein Buch und übte keinerlei öffentliches Amt aus. Keinen Buchstaben der Bibel, wie wir sie heute vorliegen haben, hat er selbst geschrieben. Er hat keine Familie gegründet und auch kein Haus besessen. Nie sah er eine große Stadt außerhalb seines Vaterlandes und besuchte keine Universität. Nie kam er mehr als zweihundert Kilometer über seine Heimatstadt Nazareth hinaus. Er tat nichts von dem, was man gewöhnlich von einem großen Menschen erwartet. Er verkehrte nicht in den Kreisen der Mächtigen, Reichen und Wichtigen. Er konnte sich auf keine Empfehlung von einflussreichen Menschen berufen, sondern war augenscheinlich ganz auf sich selbst angewiesen.

Er war erst 33, als die Welle der öffentlichen Meinung sich gegen ihn richtete. Seine Freunde liefen fort, und einer von ihnen verriet seinen Aufenthaltsort, damit seine Festnahme ohne großes Aufsehen durchgeführt werden konnte. Er selbst lieferte sich seinen Feinden aus und ertrug einen intriganten Schauprozess, bei dem er zum Tode verurteilt wurde. Zwischen zwei Verbrechern wurde er an ein Kreuz genagelt. Während seines Todeskampfes würfelten seine Henker um sein Gewand, das einzige, was er besaß. Als er tot war, legten sie ihn in ein geliehenes Grab, das ein mitleidiger Freund zur Verfügung stellte.

Zwanzig Jahrhunderte sind inzwischen vergangen, und seit damals ist er nicht mehr aus der Menschheit wegzudenken. Alle Armeen, die je marschiert sind, alle Flotten, die je die Weltmeere befuhren, alle Parlamente, die je zusammentraten, alle Könige, die je regierten, haben zusammengenommen das Leben der Menschen auf dieser Erde nicht so positiv beeinflusst wie dieser Mann aus Nazareth.

Der reformierte Theologe und Kirchenhistoriker Philip Schaff (1819–1893) beschreibt ihn so:

„ER besiegte ohne Geld und Waffen mehr Millionen Menschen als Alexander der Große, Napoleon Bonaparte, Mohammed und die römischen Cäsaren. Ohne Wissenschaft und Gelehrsamkeit warf ER mehr Licht auf göttliche und menschliche Dinge als alle Philosophen und Gelehrten zusammen. Ohne rhetorische Kunstfertigkeit sprach ER Worte des Lebens, wie sie nie vorher oder seither gesprochen wurden. ER erzielte eine Wirkung wie kein anderer Redner oder Dichter. Ohne je selbst eine einzige Zeile zu schreiben, setzte er mehr Federn in Bewegung und lieferte Stoff für mehr Predigten, Reden, Diskussionen, Lehrwerke, Kunstwerke und Lobgesänge als das gesamte Heer großer Männer der Antike und Moderne."

|| Wer war nun dieser Jesus? War er nur ein Mensch und ein bisschen über dem allgemeinen Level angesiedelt? Ein wenig klüger, mutiger, konsequenter und gerechter als andere? War er ein Prophet, außergewöhnlich in Taten und Worten? War er ein großer Wohltäter der Menschen? || Wenn er nur das war, brauchen wir nicht länger über ihn und eine Versöhnung mit Gott durch ihn nachzudenken. Es hat schließlich schon immer leidenschaftliche, kluge, außergewöhnliche und mutige Menschen gegeben, die für ihre Ideen und Ideale gestorben sind. Es hat schon immer Gerechte gegeben, die für das Wohl der Menschen eintraten, aber von korrupten Diktatoren gefoltert, hinter Gitter gebracht und aus dem Weg geräumt wurden.

Was sagten damals die Theologen, die räumlich und zeitlich ganz dicht an ihm dran waren? Was sagten die frommen Pharisäer, die ihr Leben ganz und gar auf Gott ausrichteten? Was sagten diejenigen, die sich in den heiligen Schriften so gut auskannten? Für die allermeisten von ihnen war Jesus ein Gotteslästerer, denn er vergab den Menschen ihre bedrückende Schuldenlast. Als Jesus von bösen Geistern Gequälte befreite, wurde er selbst als besessen von dem Obersten der finsteren Mächte verleumdet (Mt 9,34; 12,24). Als er von seinem Tod und seiner Auferstehung sprach, behaupteten sie, dass er von Dämonen besessen sei (Joh 7,20; 10,20). Die Heilung eines von Geburt an Gelähmten am Sabbat nahmen sie zum Anlass, die Verfolgung von ihm aufzunehmen mit der finalen Absicht, ihn zu töten (Joh 5,16). Als er Gott als seinen Vater bezeugte, der durch ihn wirkte, reichte das zu dem festen Entschluss, ihn zu töten (Joh 5,17). Man fragt sich, warum es solche heftigen Reaktionen auf Jesus und sein Auftreten den Menschen gegenüber gab.

|| **Gehen wir weiter und fragen: Wer ist Jesus aus Sicht der Religionen dieser Welt? Wie wird er dort gesehen?** || Im Buddhismus ist Jesus nur der jüngere Bruder Buddhas. Im Islam ist Jesus einer der fünf größten Propheten. Jesus sei ein Muslim gewesen, ein Palästinenser, wie heute in offiziellen Verlautbarungen von arabischer Seite zu hören ist. Aber er sei weder der Sohn Gottes gewesen noch am Kreuz gestorben. Und weil das nicht der Fall war, könne er auch keine Sünden vergeben.

Wie schätzen die Menschen unserer Zeit Jesus ein? Jesus ist, wenn überhaupt, ein großes Vorbild, das hohe Ideale verfolgte. Jesus kann von vielen ohne weitere Bedenken als ein Religionsstifter und Sozialreformer angesehen werden. Doch für immer mehr Menschen ist Jesus jemand, auf den man in unserer von Konsum gesteuerten Gesellschaft verzichten kann. Er hat für das Leben heute keine Bedeutung mehr und scheint sogar total überflüssig zu sein.

Daneben gibt es andere, die bekennen, dass Jesus für sie alles bedeutet: Liebe, Freude, Frieden und unzerstörbare Hoffnung über den Tod hinaus. Dass er für sie in dem Wort der Bibel erkennbar wird und das Gespräch mit ihm keine Einbildung oder Selbsttäuschung ist. Sie bezeugen, dass Jesus eine erfahrbare Realität ist und er konkret in ihr Leben hineinspricht. Sie erleben durch ihn Entlastung von all ihrer Schuld und Befreiung von Bindungen – so wie die Menschen damals, als Jesus auf der Erde wirkte. Durch eine von Vertrauen gekennzeichnete Beziehung zu Jesus bekommt ihr Leben Halt und Zuversicht.

b) Ist Jesus wirklich wahrhaftiger Gott?

Am Menschsein Jesu hat noch nie jemand Anstoß genommen. Er wurde als Mensch geboren und sah aus wie jeder andere Mensch auch. Er wurde müde, hungrig und durstig, hatte Angst und weinte. || **Aber dass Jesus Gott gewesen sein soll, das weckt heftigen Widerstand, damals und heute. In nicht wenigen Menschen ruft das einen unbändigen Widerwillen hervor.** || Es kann und darf nicht sein, was nicht einleuchtet. Jesu Menschsein: Ja! Jesu Gottsein: Nein, danke! Ist er jedoch nur ein Mensch, dann dürfen wir seine Wunder getrost in das Reich von Legenden versetzen. Dann können wir seine Worte und seinen Anspruch, geäußert z. B. in den „Ich bin"-Worten, ruhig zur Seite schieben und ungeachtet links liegen lassen. Manche meinen sogar, Jesus selbst habe sich auch nur als Mensch verstanden, denn nirgends habe er gesagt, dass er Gottes Sohn sei. Da hat man wohl eine Passage in Johannes 10 überlesen:

> „Mich aber hat der Vater bevollmächtigt und in die Welt gesandt. Wie könnt ihr da behaupten, ich lästere Gott, wenn ich sage, dass ich sein Sohn bin" (Joh 10,36; GNB).

Wenn Jesus sich selbst als Menschensohn bezeichnet, dann tut er das auf dem Hintergrund einer messianischen Prophezeiung aus Daniel 7,13-14. Dort wird von dem Menschensohn gesagt, dass seine Macht ewig ist, sein Reich kein Ende hat, sein Königtum nicht zerstört werden kann und alle Völker, Nationen und Sprachen ihm dienen werden. Daher unterstreicht gerade dieser Titel „Menschensohn" seine Göttlichkeit und damit auch seine Präexistenz. Bevor er als Mensch in diese Welt hineingeboren wurde, lebte er mit dem Vater in völliger Harmonie in der himmlischen Herrlichkeit. Deshalb betete Jesus im sogenannten hohenpriesterlichen Gebet:

> „Und nun verherrliche du, Vater, mich bei dir selbst mit der Herrlichkeit, die ich bei dir hatte, ehe die Welt war" (Joh 17,5)!

Und in einem längeren Streitgespräch mit den Juden, im achten Kapitel des Johannesevangeliums aufgezeichnet, sagt Jesus diesen äußerst herausfordernden Satz: „Ehe Abraham war, bin ich." Damit zeigt er nicht nur seine ewige Existenz an, sondern stellt sich mit dem „bin ich" dem Gott Jahwe gleich (2Mo 3,14).

Ein weiterer Beweis seiner Göttlichkeit ist seine Tätigkeit als Schöpfer der sichtbaren und unsichtbaren Welt. Paulus schreibt dazu im Brief an die Gemeinde in Kolossä:

> „Er ist das Bild des unsichtbaren Gottes, der Erstgeborene aller Schöpfung. Denn in ihm ist alles in den Himmeln und auf der Erde geschaffen worden, das Sichtbare und das Unsichtbare, es seien Throne oder Herrschaften oder Gewalten oder Mächte: Alles ist durch ihn und zu ihm hin geschaffen; und *er* ist vor allem, und alles besteht durch ihn" (Kol 1,15-17).

Jesus ist also nicht nur 33 Jahre lang ein Mensch gewesen, er ist auch der Schöpfer all dessen, was im Himmel und auf der Erde existiert (Joh 1,1-3; Hebr 1,2). Deshalb stellt es für ihn als Herrn der Schöpfung (und damit auch aller physikalischer Gesetze) auch kein Problem dar, auf dem Wasser zu laufen, in verschlossene Räume einzutreten, Brot und Fische zu vermehren, Kranke zu heilen und Tote zum Leben zu erwecken. Besonders in der Schöpfung wird seine Göttlichkeit hervorgehoben:

> „Weil Gott die Welt geschaffen hat, können die Menschen sein unsichtbares Wesen, seine ewige Macht und göttliche Majestät mit ihrem Verstand an seinen Schöpfungswerken wahrnehmen. Sie haben also keine Entschuldigung" (Röm 1,20; GNB).

Andere verweisen darauf, dass Jesus doch nur der Erstgeborene der Schöpfung sei. Damit wird aber seine ewige Gottessohnschaft infrage gestellt, indem er als ein Teil der Schöpfung dargestellt wird. Der Ausdruck „Erstgeborener" ist jedoch ein Ehrentitel. Wenn David z. B. als der jüngste von acht Söhnen in Psalm 89,28 als der

„erstgeborene Sohn" bezeichnet wird, dann hat das nichts mit der Reihenfolge seiner menschlichen Geburt in seiner Stammfamilie zu tun. Die Bezeichnung „Erstgeborener" deutet auf eine Vorrangstellung hin. Er steht als Ranghöchster an erster und führender Stelle. Das soll dieses Wort sagen und nicht Jesus lediglich als Mensch unter Menschen eingrenzen. Als Gott ist ihm nach wie vor alle Vollmacht vom Vater gegeben, im Himmel und auf der Erde (Mt 28,18).

Seine Göttlichkeit stellt Jesus aber noch besonders heraus. || **Als er sich aller äußerer göttlicher Macht und Herrlichkeit entledigte, uns Menschen gleich wurde, unsere Schuld auf sich nahm und sich von uns Sündern behandeln ließ, als ob er der schlimmste Verbrecher gewesen wäre, da zeigte Jesus in einzigartiger Weise sein göttliches Gesicht.** || Aus Liebe zu uns ertrug er die tiefste Erniedrigung und starb wie ein Verbrecher. Stellvertretend litt er am Kreuz für unsere Sünden, um uns den Weg freizumachen zur ewigen Herrlichkeit des Vaters. Das konnte nur ein Gott vollbringen. Diese ungerechtfertigte tiefe Erniedrigung hätte kein Mensch auf sich genommen, selbst wenn er schuldlos wäre. Und es konnte auch deshalb keiner von uns tun, weil wir alle mit dem tödlichen Virus „Sünde" infiziert sind. Ihm allein ist für seinen Versöhnungstod daher auch alle Ehre zu geben. Der Lobpreis des Paulus auf Christus erinnert an sein Mensch- und Gottsein, denn er

> „erniedrigte […] sich selbst und wurde gehorsam bis zum Tod, ja, zum Tod am Kreuz. Darum hat Gott ihn auch hoch erhoben und ihm den Namen verliehen, der über jeden Namen ist, damit in dem Namen Jesu jedes Knie sich beuge, der Himmlischen und Irdischen und Unterirdischen, und jede Zunge bekenne, dass Jesus Christus Herr ist, zur Ehre Gottes, des Vaters" (Phil 2,8-11).

c) Warum konnte nur Jesus uns Menschen mit Gott versöhnen?

Manche ärgern sich sehr über die Aussage Jesu: „Niemand kommt zum Vater als nur durch mich" (Joh 14,6). Warum konnte Jesus so etwas Absolutes sagen? Hatte er jegliches Maß und Ziel verloren? Solch eine Aussage passte weder in die damalige noch in die heutige

Zeit. Damals wurde sie als Gotteslästerung empfunden und heute als intolerant und vermessen. Jesu Worte waren und sind zu jeder Zeit anstößig. Egal, wann er zitiert wird, es erhebt sich Widerspruch. Nicht bei jedem, aber doch bei manchen engagierten Denkern oder Forschern genauso wie bei solchen, die Jesus nicht in ihren Lebensentwurf aufnehmen wollen. Und das ist ganz normal. Es kann eigentlich gar nicht anders sein. Jesu Kommen in diese Welt stürzt die Menschen, denen er begegnet, in eine Krise:

> „Dies aber ist das Gericht (griechisch: *krisis*), dass das Licht in die Welt gekommen ist, und die Menschen haben die Finsternis mehr geliebt als das Licht, denn ihre Werke waren böse. Denn jeder, der Arges tut, hasst das Licht und kommt nicht zu dem Licht, damit seine Werke nicht bloßgestellt werden; wer aber die Wahrheit tut, kommt zu dem Licht, damit seine Werke offenbar werden, dass sie in Gott gewirkt sind" (Joh 3,19-21).

An solchen Worten wird deutlich, dass Jesus als das Licht der Welt, als Entscheidungspunkt für alle Menschen gesehen werden darf. Seine Worte und sein Wirken riefen nicht nur Zustimmung hervor, sondern auch blanken Hass. Jesus bereitete seine Nachfolger sogar darauf vor. Er sagte ihnen, dass ihre Nähe zu ihm und seinen Worten den Widerspruch von Menschen begründet (Mt 10,16-18.22-24; Lk 6,22f.; Joh 15,20). Allerdings sollten wir als seine Boten darauf achten, dass der Widerspruch gegen Jesus nicht aufgrund unserer unfreundlichen, intoleranten und besserwisserischen Art erfolgt, die sich z. B. darin äußert, den anderen immer belehren zu wollen und selbst hoch zu Ross zu sitzen.

Warum aber konnte Jesus uns Menschen mit Gott versöhnen? Warum konnte er solche Aussagen über seine Einmaligkeit machen? Um eine Versöhnung zwischen Gott und der Menschheit herbeiführen zu können, waren bestimmte Voraussetzungen nötig. Sie kennzeichnen das einzigartige Versöhnungswerk, das Himmel und Erde jemals gesehen haben.

Das wird schon im Alten Testament, wenn es um die Versöhnung des Volkes Israel mit seinem Gott geht, besonders herausgestellt. Gottes Anweisung war hier klar und unmissverständlich, wenn es um das Opferlamm für die Sünden des Volkes ging: „ein Lamm ohne Fehler“ (2Mo 12,5).

Deshalb wurde Jesus vom Heiligen Geist gezeugt, um seine Sündlosigkeit zu demonstrieren. In diesem wundersamen Vorgang ging es darum, die Göttlichkeit des Versöhners, in dem keine Sünde zu finden war, zu bezeugen. Allein diese Göttlichkeit des Menschen Jesus Christus zeichnete ihn als das perfekte, sündlose Opferlamm Gottes aus. || **Die Zeugung Jesu war ein Schöpfungsakt Gottes durch sein Wort, ähnlich wie bei der Erschaffung von Himmel und Erde.** || Sie verdeutlicht auch: Gott braucht nicht etwas schon Vorhandenes, um etwas Neues ins Dasein zu rufen. Die Schöpfung Jesu als Mensch durch den Heiligen Geist schuf eine Person, die es so vorher nicht gab. Gott wurde Mensch. Wozu? Um Sünden für immer wegzunehmen. So kann der Apostel Johannes später schreiben:

> „Und ihr wisst, dass er geoffenbart worden ist, damit er die Sünden wegnehme; und Sünde ist nicht in ihm“ (1Jo 3,5).

Jesus war als Menschensohn in das Menschengeschlecht eingereiht. Und er war als Gottessohn ganz Gott. „Unvermischt und ungetrennt“, so konstatierten später die Kirchenväter auf dem Konzil von Chalcedon im Jahre 451 das Wesen Jesu in seiner Göttlichkeit und Menschlichkeit. Dass in Jesus keine Sünde war, war die absolute Voraussetzung, um unsere Sünden ans Kreuz von Golgatha hinaufzutragen (1Petr 2,24) und zu sühnen. Sonst hätte er nie die Worte sagen können:

> „Und er nahm Brot, dankte, brach und gab es ihnen und sprach: Dies ist mein Leib, der für euch gegeben wird. Dies tut zu meinem Gedächtnis! Ebenso auch den Kelch nach dem Mahl und sagte: Dieser Kelch ist der neue Bund in meinem Blut, das für euch vergossen wird“ (Lk 22,20).

Tiere, aber auch Menschen, sind im Todeskreis der Sünde gefangen, sie erfüllen letztlich nicht die Bedingung, die Gott an das Opfer stellte, das Sünden ein für alle Mal sühnen und wegnehmen kann. Nur Gott selbst konnte als Sühner die Weltbühne betreten und sich selbst das Opfer bringen, das für uns Menschen die tragfähige Basis zur Versöhnung darstellt.

Dazu gehörte aber nicht nur, dass keine Sünde in ihm war, dass er eine sündlose Natur besaß, sondern auch, dass Jesus in der Niedrigkeit seiner menschlichen Gestalt zwar in allem versucht wurde (Hebr 4,15), aber als Mensch nie sündigte: „Der keine Sünde getan hat, auch ist kein Trug in seinem Mund gefunden worden" (1Petr 2,22).

Dies stellte er besonders in seinem Leiden und Sterben unter Beweis:

> „Der, geschmäht, nicht wieder schmähte, leidend, nicht drohte, sondern sich dem übergab, der gerecht richtet; der unsere Sünden an seinem Leib selbst an das Holz hinaufgetragen hat, damit wir, den Sünden abgestorben, der Gerechtigkeit leben; durch dessen Striemen ihr geheilt worden seid" (1Petr 2,24).

In uns wohnt die Sünde, und wir stehen in einem Geschlecht des Todes und der Verdammnis. Keiner von uns könnte sagen: „Ich habe nicht gesündigt." Deshalb muss der Eine, der Reine und Schuldlose, sich in das Menschheitsgeschlecht hineinstellen und den Fluch der Sünde tragen, sühnen und brechen. Dafür können wir ihm wohl nie genug danken, weder in dieser noch in der zukünftigen Welt! Er hätte uns sündige Menschen nie von dem „Fluch des Gesetzes" freikaufen können, wäre er selbst in Sünden verstrickt gewesen, die den Fluch der Gottestrennung nach sich zogen:

> „Christus hat uns losgekauft von dem Fluch des Gesetzes, indem er ein Fluch für uns geworden ist – denn es steht geschrieben: ‚Verflucht ist jeder, der am Holz hängt!'" (Gal 3,13).

Herausfordernd konnte er sich vor die strengen und unerbittlichen Gesetzeshüter stellen und sie fragen:

> „Wer von euch überführt mich einer Sünde? Wenn ich die Wahrheit sage, warum glaubt ihr mir nicht?“ (Joh 8,46)

Diese Leute, seine erbitterten Gegner, hätten Jesus nur zu gerne eine Verfehlung nachgewiesen. Aber sie fanden nicht das Geringste an ihm, wofür sie ihn hätten anklagen können. So mussten die Ankläger Jesu falsche Zeugen herbeizitieren, wenn sie ihn einer Sünde anklagen und der Todesstrafe zuführen wollten. Pilatus, der Vertreter Roms, fand im Gerichtsprozess keine Schuld bei Jesus (Lk 23,4.14.22). Es überrascht, dass sogar einer der Verbrecher, der mit Jesus gekreuzigt wurde, erkannte: „… dieser hat nichts Ungeziemendes getan“ (Lk 23,41). Auch der römische Hauptmann, der die Kreuzigung Jesu leitete und bis zu seinem Tod dabeistand, konnte nur bekennen: „Dieser Mensch war gerecht“ (Lk 23,47).

In der Analogie zu diesen Aussagen lesen wir im Hebräerbrief von der Reinheit und Sündlosigkeit Jesu, gerade auch in seinen Versuchungen (Hebr 4,15). Als der einzigartige Hohepriester, der Jesus für seine Erlösten werden sollte, wird die Qualität Jesu für dieses Amt noch einmal herausgestellt:

> „Ein solcher Hoherpriester war genau das, was wir nötig hatten: einer, der durch und durch heilig und ohne jede Schuld ist und an dem Gott nichts auszusetzen hat, einer, der sich grundlegend von uns sündigen Menschen unterscheidet und dessen Platz hoch über dem höchsten Himmel ist“ (Hebr 7,26; NGÜ).

So gibt es weder in den Evangelien noch in den Briefen des Neuen Testaments auch nur den geringsten Hinweis darauf, dass Jesus ein sündiger Mensch wie wir gewesen wäre. Im Gegenteil, dass Jesu Leben ohne jeglichen Fehltritt war, wird im Neuen Testament durchgängig hervorgehoben und deutlich unterstrichen.

d) Der einzig sündlose Mensch wird der Brückenbauer zwischen Gott und uns

Jesus, der Versöhner, sollte nach dem Ratschluss Gottes nicht nur ein göttliches Wesen besitzen, sondern auch die unauffällige, leibliche Gestalt von uns Menschen annehmen. Das machte ihn zu einem von uns. Natürlich geboren, wie jeder andere, ausgestattet mit einem Körper mit all seinen Beschränkungen und Bedürfnissen wie jeder andere Mensch auch. Doch in diesem menschlichen Körper sollte er keine innere Beziehung zur Sünde haben, indem er selbst sündige Gedanken hätte und eine sündige Wesensart besäße. Seine Zeugung durch den Heiligen Geist ist für seine Existenz als sündloser Mensch unverzichtbar. Somit wohnte keine Sünde in ihm – als einzigem Menschen (1Jo 3,5). || **Er hatte einen menschlichen Körper, doch seine persönlichen Wesenszüge und Eigenschaften waren rein von aller Sünde, sodass er niemals sündigte.** || Das machte den Unterschied zu uns Menschen, denen die Sünde so sehr anhaftet, dass sie unlösbar mit uns verbunden ist. Er aber trug keinen Wesenszug, der von der Sünde beeinträchtigt gewesen wäre. In ihm war keine Rebellion gegen den Vater, keine Feindschaft gegen Gott wie bei allen übrigen Menschen (Röm 5,12). So waren seine Gedanken in allem rein. Er handelte ohne versteckte egoistische Absichten. Nie tat er etwas aus niederen Motiven. Nie sprach er ein Wort, das er hätte wieder zurücknehmen müssen, nie durchzog ihn ein Gedanke, für den er sich hätte schämen müssen. Nicht das Geringste in seinem gesamten Leben widersprach dem Willen seines himmlischen Vaters (Joh 5,19.30).

|| **Seine menschlichen Bedürfnisse und Wünsche konnten ihn nie dazu verleiten, zu seinem Gott auf Distanz zu gehen.** || Sein Lebensmotto war: „Ich komme, o Gott, um deinen Willen zu tun“ (Hebr 10,7.9). „Dein (des Vaters) Wille geschehe“, lehrte er deshalb seine Jünger zu beten in dem Gebet, das bis heute die Welt umspannt und auf allen Kontinenten gebetet wird (Mt 6,10). Das lebte Jesus bis zu seinem erschütternden Gebetskampf im Garten Gethsemane, wo sein Schweiß wie Blutstropfen wurde, und bis zu seinem letzten Atemzug am Kreuz (Lk 22,42.44). So konnte er schon, während er wirkte, seine Gegner auffordern, ihm doch nur einen einzigen sündigen Wesenszug nachzuweisen (Joh 8,46). Aber sie mussten passen, wenn auch bestimmt nur widerstrebend.

Diese menschliche Vollkommenheit Jesu, seine Heiligkeit als Messias, wurde schon im Alten Testament in einem Lied des Königs David prophetisch vorhergesagt (Ps 16,10) und im Neuen Testament durch die Apostel bezeugt (Apg 2,25-32; 13,34-37). So verkündete der Engel Gabriel bei der Zeugung Jesu durch den Heiligen Geist der Mutter Maria, dass die Person, die ab jetzt in ihr heranwachse, „heilig“ sein werde (Lk 1,35). Das konnte aber nur auf Jesus zutreffen, weil er vom Heiligen Geist und nicht von Josef gezeugt wurde. Darin liegt auch nach dem biblischen Bericht die Gottessohnschaft Jesu begründet. || **Dass Jesus der „Heilige Gottes“ war (Joh 6,69), impliziert, dass in keinem Moment seines Lebens etwas an ihm auszusetzen gewesen wäre.** || „Die im AT geforderte körperliche Makellosigkeit der Opfertiere findet ihre neutestamentliche Erfüllung in der vollendeten sittlichen Tadellosigkeit des sich selbst hingebenden Erlösers“ (F. Hauck, ThWNT, IV, 386). Paulus unterstreicht in 2. Korinther 5,21, dass Christus „Sünde nicht kannte“, d. h., dass er keine innere Gemeinschaft mit der Sünde unterhielt und sie weder verborgen noch offen auslebte. Der Autor des Hebräerbriefes schrieb dazu:

> „Denn wir haben nicht einen Hohenpriester, der nicht Mitleid haben könnte mit unseren Schwachheiten, sondern der in allem in gleicher Weise wie wir versucht worden ist, doch ohne Sünde“ (Hebr 4,15).

In den vielfältigen Versuchungen tappte Jesus in keine Falle, die ihm Menschen oder Satan stellten.

So müssen wir daran festhalten, was die Verfasser der neutestamentlichen Schriften durchweg berichten, dass Jesus in seinem gesamten Leben ohne jede sündige Verfehlung blieb. Dieses so einzigartige Leben als das makellose Opferlamm war die Voraussetzung dafür, dass er auch der Hohenpriester der Gläubigen ist (Hebr 4,15; 7,25). Die Aufgabe der Priester im Alten Testament war, kurz zusammengefasst, Gott vor den Menschen zu vertreten und den Menschen vor Gott zu vertreten. Sie legten Gottes Weisungen für die Menschen aus, damit sie sich mit ihrem Leben im schützenden Raum Gottes bewegten, und sie opferten Tiere für die schuldig gewordenen

Israeliten, um deren Beziehung zu Gott zu reinigen und zu festigen. Der Hohepriester heißt im Lateinischen: Pontifex Maximus. Direkt übersetzt heißt das: der große Brückenbauer. Im alten Rom nahmen die Kaiser als die Wächter des altrömischen Götterkultes diese Bezeichnung für sich in Anspruch. Später war der Pontifex Maximus der Ranghöchste im Priesterkollegium. Schließlich wurde dieser Begriff für die Päpste in Rom als oberste Bischöfe der Westkirche reklamiert.

Das Wort hat eine schöne Bedeutung für jeden Christen heute: || **Jesus hat mir eine tragfähige Brücke zum Vater gebaut. Sie wird nicht krachend zusammenbrechen, wenn die Menschheit mit ihrer schweren Schuld vor Gott darüber geht.** || Christus hat die Schuld gesühnt und ist damit die Brücke geworden, die uns Menschen den Weg zurück zum Vaterhaus Gottes garantiert. Dort vor Gott werden wir nicht abgewiesen, wie Jesus schon zu Lebzeiten deutlich zusagte: „Wer zu mir kommt, den werde ich nicht hinausstoßen“ (Joh 6,37).

e) Der vom Vater auferweckte Sohn

Seine Auferweckung durch den Vater war das Siegel Gottes auf Jesu sündlosem Leben und die Beglaubigung für seinen Sühnetod. Seine überraschende Auferstehung, mit der keiner seiner Nachfolger rechnete, geschah, wie er es angekündigt hatte. || **Nach den übereinstimmenden Zeugnissen der neutestamentlichen Verfasser stand Jesus nicht im Glauben seiner Nachfolger von den Toten auf, sondern *gegen* ihren Glauben.** || In den Auferstehungsberichten des Neuen Testaments geht es nicht um ein Wunschdenken, das Jesus zum auferstandenen Messias hochstilisierte. Seine Auferstehung wird von Männern und Frauen bezeugt, in denen jegliche Hoffnung darauf erstorben war, dass es nach dem Kreuzestod noch eine Begegnung mit einem lebendigen Jesus geben könnte.

Überall dort, wo sich Gemeinde Jesu durch die Jahrhunderte hindurch bildete, gab es für diesen Glauben auch eine subjektive, nicht wegzudenkende Grundlage: die persönlich erfahrene Vergebung der Sünden durch Jesus Christus. Immer da, wo Menschen Frieden mit Gott fanden, vernahmen sie zumeist in irgendeiner Weise vorher die unglaubliche, wegweisende und erfreuliche Nachricht:

> „Denn ich habe euch vor allem überliefert, was ich auch empfangen habe: dass Christus für unsere Sünden gestorben ist nach den Schriften; und dass er begraben wurde und dass er auferweckt worden ist am dritten Tag nach den Schriften" (1Kor 15,3-4).

Die Mitte des Evangeliums Jesu Christi, dieser Hoffnungsbotschaft, ist durch die Jahrhunderte hindurch das Wort vom Kreuz (1Kor 1,18.23). Ohne diese Mitte bleibt Versöhnung zwischen Gott und Menschen ein Wunschtraum. || **Die Einzigartigkeit und Endgültigkeit Jesu Christi in seinem Gott- und Menschsein begründet seine Fähigkeit und seinen Anspruch, der alleinige Brückenbauer zwischen Gott und Mensch zu sein.** || Und da gibt es niemand neben ihm oder über ihm. Sein himmlischer Vater bekannte sich zu ihm und seinem versöhnenden Tod am Kreuz, als er ihn aus den Toten auferweckte:

> „… der unserer Übertretungen wegen dahingegeben und unserer Rechtfertigung wegen auferweckt worden ist" (Röm 4,25).

|| **Wäre Jesus nicht auferweckt worden, dann wäre unser ganzer Glaube an ihn umsonst, dann gäbe es auch keine Sündenvergebung (1Kor 15,17).** || Dann wären wir noch im unversöhnten Zustand mit Gott. Dann läge noch das Verdammungsurteil Gottes auf uns. Aber Jesus ist auferstanden, er lebt und tritt für uns vor Gott ein, und deshalb ist er der feste und unwandelbare Grund der Zuversicht eines jeden, der zu ihm gehört:

> „Wer wird gegen Gottes Auserwählte Anklage erheben? Gott ist es, der rechtfertigt. Wer ist, der verdamme? Christus Jesus ist es, der gestorben, ja noch mehr, der auferweckt, der auch zur Rechten Gottes ist, der sich auch für uns verwendet" (Röm 8,33-34).

f) Die Namen des Versöhners

Im Namen eines Menschen tritt uns ja seine Wirklichkeit vor Augen und das, was er getan hat. In einem Moment stehen in unseren Gedanken seine Taten vor uns. Denken wir nur daran, welche Wirklichkeit uns vor Augen steht, wenn der Name Adolf Hitler genannt wird. Sofort werden wir an einen selbstherrlichen, krankhaften Despoten erinnert, in dessen Name dieser unsägliche Zweite Weltkrieg begonnen und bis zum bitteren Ende in Gang gehalten wurde. Uns steht das namenlose Elend der Millionen Menschen vor Augen, das dieser Mann durch die angestrebte „Endlösung" in der Judenfrage in den KZs angerichtet hat. Hitler steht für alle Zeiten mit Krieg, Gewalt, Tod, Leid und ungezähltem Elend in Verbindung.

Ganz anders unsere Gedanken, wenn wir an den Mann aus Nazareth denken. Er erinnert uns an seine tiefe Demut, seine die ganze Welt umfassende Barmherzigkeit, seine Gnade und seine Wahrheit, mit der er vom Vater im Himmel auf die Erde gesandt wurde (Joh 1,14; 18,37). Er ist von den Schreibern des Alten und Neuen Testaments mit vielen Titeln bedacht worden. Der Prophet Jesaja beschreibt ihn in einer vorausschauenden Prophetie so:

> „Denn ein Kind ist uns geboren, ein Sohn ist uns gegeben, und die Herrschaft ruht auf seiner Schulter; und man nennt seinen Namen: Ratgeber, starker Gott, Vater der Ewigkeit, Fürst des Friedens" (Jes 9,5).

Dass hier so geschrieben wird, als ob das Kind schon zur Zeit des Propheten im 8. Jahrhundert vor Christus da wäre, ist ein Kennzeichen biblischer Prophetie. Da werden Ereignisse, obwohl sie noch zukünftig sind, in der Vergangenheitsform geschrieben. Ähnlich wie in Jesaja 53, wo von dem Leiden des „Gottesknechtes" berichtet wird, die Jesus später exakt so durchlitt und sich dadurch als dieser Gottesknecht erwies.

Gleich im ersten Kapitel des Neuen Testaments wird sein Name durch die Anweisung eines Engels an Josef, den Verlobten und zukünftigen Ehemann der Maria, festgelegt:

„Und sie (Maria) wird einen Sohn gebären, und du sollst seinen Namen Jesus nennen; denn er wird sein Volk erretten von seinen Sünden" (Mt 1,21).

Der Name Jesus kommt aus dem Hebräischen: Joschua oder Jehoschua. Und dieser Name bedeutet: „Der Herr ist Hilfe, Heil, Rettung." So wurde sein Name Programm: Menschen zu erretten von der versklavenden Macht der Sünde. || **Dieser Jesus war und ist der ewige Gott, der in die Niedrigkeit einer menschlichen Gestalt hineinkam (Joh 1,1-3; 8,58; Phil 2,6-8).** || Er ist auch der Schöpfer der sichtbaren und unsichtbaren Welt (Kol 1,15-16; Hebr 1,3). Die Göttlichkeit Jesu, seine Präexistenz und Gottgleichheit, wird auf keiner Seite der Bibel infrage gestellt:

„Wir wissen aber, dass der Sohn Gottes gekommen ist und uns Verständnis gegeben hat, damit wir den Wahrhaftigen erkennen; und wir sind in dem Wahrhaftigen, in seinem Sohn Jesus Christus. Dieser ist der wahrhaftige Gott und das ewige Leben" (1Jo 5,20).

In Jesus versöhnte Gott die Welt mit sich selbst. Und er hat die Botschaft von der Versöhnung mit einer zielgerichteten Bitte gegeben: „Lasst euch versöhnen mit Gott" (2Kor 5,18-20). Das ist ein Aufruf, an Jesus zu glauben. Denn ohne diesen Glauben bleibt der Mensch im unversöhnten Zustand mit Gott und geht ewig verloren.

Viele weitere Namen wiesen die Verfasser der biblischen Schriften im Neuen Testament Jesus zu, um damit sein göttliches und menschliches Wesen zu beschreiben. Hier nur eine kleine Auswahl: „Anfänger und Vollender des Glaubens", „Brot des Lebens", „die Auferstehung und das Leben", „der gute Hirte", „der Gerechte", „Herr aller Herren", „König aller Könige", „Messias" (Christus), „Mittler", „Hoherpriester", „Urheber ewigen Heils", „das Wort Gottes".

All das ist Jesus – und noch viel mehr. In ihm wohnt die Fülle der Gottheit (Kol 2,3.9). Diese Fülle konzentriert sich in seiner Person und wird offenbar. Für uns! Zu unserer Versöhnung mit Gott, zu unserer Gewissheit, für immer zu ihm gehören zu dürfen!

g) Wie können wir in eine reale und lebendige Verbindung mit Jesus treten?

Wählen wir den Standpunkt des Glaubens und halten die Tatsachenberichte von Jesus für wahr, dann erschließt sich uns eine bis dahin unbekannte Dimension. Dabei ist der Glaube, wie die Bibel ihn aufzeigt, nicht etwa der letzte Ausweg, um alle dunklen, rätselhaften Erklärungen auszuhalten, der immer dann gesucht wird, wenn wissenschaftliche Deutungen nicht mehr ausreichen. || **Der Glaube an Jesus, zu dem die Schriften des Neuen Testaments uns auffordern, stellt niemals eine höhere intellektuelle oder asketische Stufe dar.** || Er ist auch kein Abgehobensein in esoterische Sphären, das sich jeder ernsthaften Kontrolle entzieht. Ebenso wenig ist der Glaube das Ende aller wichtigen denkerischen Auseinandersetzungen! Und der Verstand muss schon gar nicht kapitulieren, wenn einer die Bibel aufschlägt. Wie könnte Gott gegen den Verstand agieren, der doch von ihm geschaffen wurde? Beim Glauben geht es nicht um „Verstand – ja oder nein"! Es geht um eine völlig neue Sichtweise und Größenordnung, die dann auch mein Denken erfasst und es in seinem Erfahrungshorizont um einiges erweitert.

|| **Der Glaube an Jesus nährt sich aus dem Wort Gottes und bekommt dadurch Trittfestigkeit für die Nachfolge Jesu.** || Er findet in der Bibel Antworten auf Fragen, die zum Menschsein gehören, wie die Klärung nach dem Sinn des Lebens, die Lösung der persönlichen Schuldfrage und der Umgang mit unseren Ängsten und Sorgen. || **In diesem Glauben geht es um eine enge, vertrauliche Beziehung zu dem Gott, der mich unendlich liebt.** || Dieser Gott sieht den Menschen als Krone der Schöpfung und als sein Ebenbild und seinen Freund an. Und dort in dem Wort Gottes liest der, der glaubt, das Unbegreifliche, dass Gott den Menschen, der zu seinem Feind wurde, liebt und unbedingt wieder in eine innige Gemeinschaft mit ihm treten will.

Damit wir auf ihn aufmerksam zu werden, beschreitet Gott die unterschiedlichsten Wege in unserem Leben. Gott kommt uns entgegen, damit wir ihn begreifen und verstehen können. Er steigt ein in die Fragen, die wir haben, in das Schwere, das uns unerklärlich ist.

Er kann durch seine Schöpfung und durch unser Gewissen zu uns reden. Auch benutzt Gott Träume und Visionen, um sich Menschen zu offenbaren. Das geschieht besonders in den Teilen der Welt, in der Bibeln verboten sind und Christen im Untergrund leben. Oder auch dort, wo die Sprache noch nicht alphabetisiert ist. Aber all diese Bemühungen Gottes um uns sollen Menschen zu der Offenbarung Jesu Christi in seinem Wort, der Bibel, führen, damit der Glaube dort fest verankert wird. || **Egal wie, es bleibt ein Wunder Gottes, wenn er sich uns mitteilt und zu unserem Herzen spricht.** ||

Im Glauben an Jesus bekenne ich mich nun mit Worten zu ihm, der für meine Schuld gekreuzigt wurde und als der Gekreuzigte von den Toten auferstanden ist:

„Wenn ihr also mit dem Mund bekennt: ‚Jesus ist der Herr', und im Herzen glaubt, dass Gott ihn vom Tod auferweckt hat, werdet ihr gerettet. Wer mit dem Herzen glaubt, wird von Gott als gerecht anerkannt; und wer mit dem Mund bekennt, wird im letzten Gericht gerettet. So steht es ja in den Heiligen Schriften: ‚Wer ihm glaubt und auf ihn vertraut, wird nicht zugrunde gehen'" (Röm 10,9-11; GNB).

Jesus sagt unmissverständlich: „Jeder, der mich vor den Menschen bekennt, den werde ich auch bekennen vor meinem himmlischen Vater" (Mt 10,32). Mehr ist nicht nötig, aber nicht weniger wird von uns verlangt. Wir können uns nicht selbst erlösen, aber wir müssen uns eindeutig zu unserem Erlöser bekennen. Folgendermaßen könnte ein solches Gebet lauten:

„Herr Jesus Christus, ich komme jetzt zu dir. Denn du hast gesagt: ‚Wer zu mir kommt, den werde ich nicht hinausstoßen' (Joh 6,37). Du lässt mich aus deinem Wort wissen: Wie viele dich aufnahmen, denen gabst du das Recht, ein Kind Gottes zu sein (Joh 1,12). So bitte ich dich jetzt, dass du in mein Leben kommst. Ich übergebe mich freiwillig dir. Ich will, dass du der Herr und Retter meines Lebens wirst.

Herr Jesus Christus, du hast mich lieb, du bist für meine Schuld stellvertretend am Kreuz von Golgatha gestorben und hast alles Unrecht vor Gott gesühnt. Reinige mich von aller Sündenschuld, die ich auf mich geladen habe. Denn du verheißt in Deinem Wort: ‚Wenn wir unsere Sünden bekennen, dann bist du treu und gerecht und vergibst uns unsere Schuld und reinigst uns von allem Unrecht' (1Jo 1,9). Ich bitte dich um Vergebung, wo ich mich gegen dich und andere in Gedanken und Worten, in Tat- und Unterlassungssünden schlecht verhalten habe. So bitte ich dich konkret um Vergebung für … (hier nennen Sie konkrete Verfehlungen vor Gott und Menschen, die Ihnen bewusst sind).

Auch sage ich mich jetzt in deinem Namen los von aller Gewalt des Teufels, wo ich ihm mit meinen Sünden gedient habe. Deshalb will ich mit Satan nichts mehr zu tun haben. Mein Herr ist ab heute Jesus, der Sohn Gottes (1Jo 3,8).

Herr Jesus Christus, ich bitte dich, zeige mir, was du mit meinem Leben vorhast. Ich bin offen für deine Wegweisung. Schenke mir eine tiefe Liebe zu dir und gib mir die Bereitschaft, dass ich deinen Willen über meinen Willen stelle."

Gott ist nicht kompliziert und geht auch nicht nach einer Schablone vor. Er sieht zuerst unser Herz mit seiner tiefsten Motivation. Er zensiert nicht unsere Formulierungen. Hauptsache ist: Ich will Jesus Christus, seine Vergebung, seine Versöhnung mit Gott und seine bewahrende Herrschaft für mein Leben. Denn ohne ihn bleibe ich Gott fern und damit in der ewigen Verlorenheit (Joh 3,16-18).

|| **Der Glaube an Jesus Christus als Versöhner wird mehr und mehr zu einer vertraulichen Beziehung zu dem Gott, der mich geliebt, gesucht und nicht aufgegeben hat.** || Es ist der Gott, der für unsere fünf natürlichen Sinne verborgen ist, aber geistlich erfahrbar wird, indem er die Schranken meiner menschlichen Begrenztheit durchbricht. Gott selbst ermöglicht es mir, an ihn und an das zu glauben, was ich nicht sehe (Hebr 11,1). Das Vertrauen auf Jesus, auf seine erwirkte

Versöhnung, ist ohne Weiteres möglich, wenn er mir den Horizont in Bezug auf ihn als Gottessohn und Menschensohn erweitert. Dieses Zutrauen zu ihm ist kein Vorbeimanövrieren an intellektuellen Herausforderungen, kein Totschweigen von Fragen, die jeder Glaubende haben wird und haben darf! Gott kennt ja die tiefe atheistische Ader im Menschen, die es einfach nicht für möglich halten will, dass dieser Gott lebt, mich kennt und mich dazu auch noch „unglaublich" liebt. Diese geschenkte Gemeinschaft mit Jesus ist auch nicht das Ende alles Negativen in meinem Leben. Trotz Gottvertrauen kann ich durch Ängste, Zweifel, Krankheiten und wirtschaftliche Engpässe gehen. Mein von Gott selbst überwundener Zweifel ist keine umfassende Versicherung gegen alles, was meine Lebensqualität einschränkt, sondern die Gewissheit, dass Gott mich auf keiner Wegstrecke alleinlässt.

|| **Dieser Glaube an Jesus Christus, das Vertrauen auf ihn als Herrn und Versöhner, ist aus menschlicher Perspektive heraus nicht nur schwer nachzuvollziehen, sondern unmöglich.** || Müsste ich solch ein Vertrauen auf jemanden, den ich noch nie gesehen habe, aus mir selbst hervorbringen, wäre ich damit total überfordert und würde kläglich dabei scheitern. Ich käme über meine eigenen Vorstellungen und Wünsche, wie ein Gott wohl sein müsste, nicht hinaus. Mal hätte ich einen Glauben an den rettenden Strohhalm, ein anderes Mal würde Gott nur zum Erfüllungsgehilfen meiner Wünsche degradiert. Wäre das die Art von Glaube, zu der uns Gott einlädt, hätte jeder seinen selbstgestrickten Gott, und ein heilloses Durcheinander bräche aus. Unsere persönlichen Vorstellungen prägen noch stark genug die objektiven Mitteilungen im Wort Gottes. Deshalb muss das absolute Sich-Verlassen auf Jesus eine Gabe Gottes sein und bleiben. Etwas, das Gott mir ermöglicht, wenn der Heilige Geist mir aufschließt, wer Jesus ist und für mich sein will, ohne dass ich mich hier verbiegen muss. Ich kann mir dieses Gottvertrauen nicht erarbeiten, und es lässt sich schon gar nicht erzwingen, so wenig, wie sich eine vertrauliche Beziehung unter Menschen ertrotzen und befehlen lässt.

|| **Im Glauben an Jesus Christus geht es um alles oder nichts, weil er selbst, Jesus, alles ist und hat.** || Und er schenkt das Wichtigste: sich selbst und damit ewiges Leben. Er gewährt und beschert uns das, was wir in uns nicht haben: seine Erlösung, seine Weisheit,

seine Gerechtigkeit und seine Heiligkeit (1Kor 1,30). Er schenkt uns, wenn wir zu ihm beten, die Zuversicht, das Vertrauen in Gott und seine Möglichkeiten (1Jo 5,14). Ich kann es auf einmal für möglich halten und erleben, dass Gott mir meine belastende Schuld vergibt und die bedrückende Erinnerung daran Stück für Stück auflöst (Jes 43,25; 44,22). Die durch ihn ermöglichte Verbindung zu ihm befähigt mich, mit ihm zu sprechen wie mit einem Freund, dem ich alles anvertrauen kann, ohne ein Donnerwetter als Antwort zu bekommen (Joh 15,15; Röm 8,14-16). || **Durch das Versöhntsein mit Gott muss ich keine Angst mehr vor ihm und seinem Gericht haben, denn seine Liebe zu mir vertreibt die Angst vor ihm und seinem Urteil über mich (1Jo 4,18).** || Ich darf davon überzeugt sein, dass Gott nicht gegen mich ist, wie Paulus es im achten Kapitel seines Briefes an die Christen des 1. Jahrhunderts in der Hauptstadt Rom schreibt. Lesen Sie diese unglaublichen Zeilen:

> „Was können wir jetzt noch sagen, nachdem wir uns das alles vor Augen gehalten haben? Gott ist *für* uns; wer kann uns da noch etwas anhaben? Er hat ja nicht einmal seinen eigenen Sohn verschont, sondern hat ihn für uns alle hergegeben. Wird uns dann zusammen mit seinem Sohn nicht auch alles andere geschenkt werden? Wer wird es noch wagen, Anklage gegen die zu erheben, die Gott erwählt hat? Gott selbst erklärt sie ja für gerecht. Ist da noch jemand, der sie verurteilen könnte? Jesus Christus ist doch für sie gestorben, mehr noch: Er ist auferweckt worden, und er sitzt an Gottes rechter Seite und tritt für uns ein" (Röm 8,31-34; NGÜ).

Das alles erschließt mir das vom Heiligen Geist gewirkte Vertrauen auf den Herrn Jesus Christus. Jeder darf es für sich in Anspruch nehmen, wenn er glaubt, dass Jesus der Versöhner ist, der ihn ein für alle Mal mit Gott ausgesöhnt hat. Er hat meine Verbindung zu Gott bereinigt und alles ausgebügelt, was anrüchig und anstößig gegen ihn und gegen Menschen gerichtet war. Er hat meine „ausgerenkte" Beziehung zu ihm „eingerenkt", sodass die Begegnung mit ihm schmerzlos verlaufen darf. Erfüllt mit tiefem Vertrauen zu ihm darf ich getröstet meinen Lebensweg weitergehen, auch und gerade dann, wenn ich normalerweise verzweifeln müsste.

Der Heilige Geist schenkt mir in der Lebensverbindung mit Jesus eine tiefe Gewissheit und starke Hoffnung, dass mir unter seiner Führung Jesus alles zum Guten mitwirken lässt (Röm 8,28). || **So gewiss es Tag und Nacht gibt, gibt es auch im Leben eines Menschen, der auf Gott vertraut, neben lichten und leichten Lebensphasen genauso auch Anfechtungen, Zweifel, Tiefschläge und Rückschläge.** || Gerade in solchen Zeiten darf er erleben, dass sein Glaube nicht in die Brüche geht, wenn ihm Dinge aus den Händen gleiten. Gerade dann darf er sich von dem starken und unwandelbar treuen Gott durchtragen lassen. Im Rückblick auf schwere Zeiten darf der Glaubende sehen, dass Jesus immer an seiner Seite war, ihn nie verlassen und ihn gerade in Zeiten der Krankheit und Schwachheit getragen und treu für ihn gesorgt hat.

h) Die Folgen des Unglaubens

Was ist, wenn jemand Gott und seine Gabe, Jesus Christus, ablehnt? Was geschieht mit den Menschen, die bei Gottes Einladung und Mahnung beständig weghören? Bekommen wir bei der Antwort auf diese Frage weiche Knie? Schweigen wir hier lieber aus falsch verstandener Höflichkeit? Verschieben wir die Antwort auf diese Frage auf einen vielleicht gar nicht mehr erlebten zukünftigen Tag? Hoffen wir, dass uns diese Frage niemand stellt, damit wir mit unserer Antwort nicht ins theologische Abseits geschoben werden? Wollen wir an diesem wichtigsten Scheidepunkt die Warnungen der Schrift missachten und einseitig nur das Positive betonen? Ist unsere Religion ein Himmel ohne Hölle, eine Rettung ohne die Möglichkeit des ewigen Verlorengehens?

Gott bleibt uns auch in dieser Frage keine Antwort schuldig, weil er uns unendlich liebt. || **Bleibt der Mensch hartnäckig und unumkehrbar bei dieser ablehnenden Einstellung gegenüber Gott, der ihm in tiefer Liebe versöhnend die Hand reicht, hat das die bitterste Konsequenz, die je einen Menschen treffen kann.** || Dann wird er am Ende seines Lebens mit leeren Händen dastehen, und der ewige Tod, das ewige Getrenntsein von Gott, wird sein unauflösliches, nie mehr zu revidierendes Schicksal sein. So warnt Jesus sehr deutlich:

„Geht hinein durch die enge Pforte! Denn weit ist die Pforte und breit der Weg, der zum Verderben führt, und viele sind, die auf ihm hineingehen. Denn eng ist die Pforte und schmal der Weg, der zum Leben führt, und wenige sind, die ihn finden" (Mt 7,13-14).

Stimmt es wirklich, dass „Gott die Hölle leergeliebt hat", wie es sich die Theologin Christina Brudereck erhofft? Die Bibel sagt, soweit ich sie verstehe, das genaue Gegenteil, wie zum Beispiel in den oben zitierten Worten Jesu. Johannes zeigt in seinem Evangelium sehr deutlich, welche Folge der Glaube und der Nichtglaube für den Menschen haben, wenn er unmissverständlich kundtut:

„Wer an ihn [Jesus] glaubt, wird nicht gerichtet; wer aber nicht glaubt, ist schon gerichtet, weil er nicht geglaubt hat an den Namen des eingeborenen Sohnes Gottes" (Joh 3,18).

Paulus zieht aus der Sünde des Menschen die Konsequenz:

„Denn der Lohn der Sünde ist der Tod, die Gnadengabe Gottes aber ewiges Leben in Christus Jesus, unserem Herrn" (Röm 6,23).

Für ein Leben in der Trennung von Gott und des Verlorengehens (Tod) muss ich mich nicht entscheiden. Da werden wir alle hineingeboren; das Leben ohne Gott ist das Lebenselement des mit Gott Unversöhnten. Wer jedoch im unversöhnten Zustand mit Gott verharrt, kann der Konsequenz, die damit verbunden ist, nicht entrinnen:

„Wer an den Sohn glaubt, hat ewiges Leben; wer aber dem Sohn nicht gehorcht, wird das Leben nicht sehen, sondern der Zorn Gottes bleibt auf ihm" (Joh 3,36).

Die vertrauende Hinwendung zu Jesus, der uns mit Gott versöhnt, ist die einzige Möglichkeit, die einen Menschen davor bewahrt, im ewigen Dunkel zu enden, ohne Hoffnung, getrennt von Gottes Herrlichkeit. So wie Paulus von den Menschen schrieb, bevor sie eine Hinwendung zu Jesus Christus vollzogen:

> „Zu jener Zeit wart ihr ohne Christus, … und ihr hattet keine Hoffnung und wart ohne Gott in der Welt“ (Eph 2,12).

Egal, wie religiös und ethisch vorbildlich die Menschen je lebten (Apg 17,22): Ohne Christus haben sie in den unterschiedlichsten Kulturen und Religionen keine lebendige Hoffnung über den Tod hinaus. Selbst den Menschen, die das Alten Testament sehr gut kannten und zu dem Gott Israels beteten, predigte Paulus die Umkehr zu Jesus, weil der verheißene Messias des Alten Testaments auch für Israel die einzige Hoffnung ist (Apg 23,6; 28,20). Dass es ein „Draußen“, ein „Außerhalb“ der Herrlichkeit Gottes gibt, bezeugen viele Stellen der Bibel, wie z. B. in Matthäus 10,32-33.39; 24,50-51; 25,46. Im letzten Kapitel der Bibel lesen wir:

> „Aber den Feigen und Ungläubigen und mit Gräueln Befleckten und Mördern und Unzüchtigen und Zauberern und Götzendienern und allen Lügnern ist ihr Teil in dem See, der mit Feuer und Schwefel brennt; das ist der zweite Tod“ (Offb 21,8).
>
> „Draußen sind die Hunde und die Zauberer und die Unzüchtigen und die Mörder und die Götzendiener und jeder, der die Lüge liebt und tut“ (Offb 22,15).

Deshalb ist es so wesentlich, dass sich ein Mensch für dieses unüberbietbare Angebot Gottes öffnet und sich von ihm mit der Gabe des Glaubens an Jesus, den Versöhner, beschenken lässt und in ihm dann ein unzerstörbares und nie endendes Leben empfängt. Treue zur Schrift hat Konsequenzen, aber auch die Treue zum jeweiligen Zeitgeist, zur Ich-Verliebtheit und zur Rebellion gegen Gott – bis in Ewigkeit.

i) Die Konsequenz einer Begegnung mit Jesus

Worum geht es, wenn ich die Bibel aufschlage und anfange, zu Gott zu beten? Frage ich dann, warum dieser Jesus damals bei Petrus oder Thomas solch eine Wende im Leben herbeiführen konnte? Denn mit solchen und anderen Fragen fängt oft der Glaube an. Was könnte das heute für mich bedeuten, dass Gott in Jesus Christus einer von uns wurde und uns ganz nahe kommt? Bedenken wir: Beide Standpunkte, der des Glaubens und der des distanzierten Skeptikers, lassen sich nicht miteinander verbinden oder vermischen. Bei der Betrachtung dieses Mannes Jesus von Nazareth und seines Lebenswerkes, wie wir es im Neuen Testament aufgezeichnet finden, muss man eine Konsequenz ziehen. Denn entweder ist Jesus Christus

- der größte Bluff der Weltgeschichte oder der Retter der Menschheit,
- ein religiöser Schwärmer oder Gott selbst,
- eine Täuschung, eine Fata Morgana oder Gottes verändernde Kraft,
- ein gerissener Betrüger oder die befreiende Wahrheit,
- ein Zauberer bzw. Magier oder der verheißene Messias des Alten Testaments,
- ein Teufel, ein Dämon oder der Sohn des lebendigen Gottes,
- ein Hirngespinst oder der vom Tode Auferstandene,
- ein Rauschmittel oder die Hoffnung für alle Hoffnungslosen,
- ein Mensch unter Menschen oder Gottes Retter und Richter aller Menschen.

Ist Jesus nur ein Sohn unter Söhnen, dann brauchen wir ihm keine besondere Aufmerksamkeit zu widmen. Ist er nur einer der vielen Sterblichen in der Reihe des Menschengeschlechts gewesen, dann ist eine Beschäftigung mit ihm nicht zwingend und kann getrost unterlassen werden. Denn dann ist Jesus nur einer von vielen. Wenn er aber der geliebte Sohn des Vaters von Ewigkeit her ist, dann ist Jesus die einzige Hoffnung für alle Menschen. Ist er der einzige Versöhner zwischen Gott und Menschen, dann geht es darum, alle Aufmerksamkeit einzig auf ihn zu richten und das Gespräch mit ihm aufzunehmen. || **Alles, aber auch wirklich alles, hängt dann für uns Menschen daran, ob wir ihn kennen als den, als der er sich bezeichnet:** das einzigartige Licht der Welt, das unverzichtbare Brot des Lebens, die wirkliche Tür zum Leben, der aufopferungsbereite Hirte der Schafe, die hoffnungsvolle Auferstehung und das Leben, der einzige Weg zum Vater und die befreiende, unveräußerliche Wahrheit, der unentbehrliche Weinstock für ein Frucht bringendes, von ihm gesegnetes Leben.

7.

Hindernisse und Stolpersteine auf dem Weg zur Versöhnung der Menschheit

Der Weg Jesu in seinen letzten drei Jahren auf dieser Erde, bevor er in die himmlische Herrlichkeit zurück zu seinem Vater ging, war mit vielen Stolpersteinen gespickt. Mancherlei Fußangeln hatte Satan, der listige Fallensteller, aufgestellt, um Jesus zu Fall zu bringen. || **Das Versöhnungswerk durch Jesus war immer wieder bedroht.** ||

Es fing eigentlich schon mit seiner Geburt an. Er kam, getrieben von der Liebe zu seinen Geschöpfen, aus der Herrlichkeit des Vaters in eine Welt voller Hass und Ichsucht. Als seine Geburt als der König der Juden bekannt wurde (Mt 2,2), reifte bei Herodes dem Großen sehr schnell der Plan zu seiner Ermordung in Bethlehem. Getrieben von seiner krankhaften Machtbesessenheit fing er an, seinen angeblichen Widersacher zu suchen und töten zu lassen. || **Hier griff Gott auf übernatürliche Weise ein und rettete seinem Sohn das Leben.** || Inspiriert durch einen Traum reiste Josef mit seiner jungen Familie nach Ägypten. Der himmlische Vater hielt schützend seine Hand über seinen gerade geborenen Sohn und bewahrte ihn.

Ein nächster Stolperstein auf dem Weg der Versöhnung hatte bei dem nun 30-jährigen Jesus eine ganz andere Dimension: Zu Beginn seines Dienstes, am Ende einer 40-tägigen Fastenzeit, trat der Versucher an ihn heran, der alles daran setzte, um Jesus, den Versöhner, auszuschalten und damit sein Werk zunichtezumachen (Mt 4,1-11; Lk 4,1-13). In heimtückischer Weise näherte er sich Jesus genau in dem Moment, als diesen „hungerte". Vielleicht mag es in diesem Augenblick im Himmel mucksmäuschenstill gewesen sein, und die Engel mögen die Luft angehalten haben. || **Der ganze Himmel sah,**

was auf dem Spiel stand: nicht weniger als die Versöhnung der Welt mit Gott. ||

Wir Menschen sind ja dann am leichtesten die Beute des Feindes, wenn ungestillte Bedürfnisse in uns hochsteigen, uns in Griff nehmen und Gewalt über unseren Willen ausüben wollen. Dann sind wir sehr schnell fremdzusteuern und eine leichte Beute des Angreifers. Aber Jesus hielt stand. In den drei Versuchen, Jesus zu Fall zu bringen, führte der Feind sogar eine wunderbare Bibelstelle über die Bewahrung der Gläubigen durch Gottes Engel ins Feld. || **Obwohl Jesus doch auch ganz und gar Mensch war, parierte er alle Tricks und miesen Verdrehungen des Feindes klar und deutlich.** || Später kann man über die verborgene Absicht Gottes in all den Versuchungen Jesu nachlesen:

> „Denn wir haben nicht einen Hohenpriester, der nicht Mitleid haben könnte mit unseren Schwachheiten, sondern der in allem in gleicher Weise wie wir versucht worden ist, doch ohne Sünde" (Hebr 4,15).

Sich von der Sünde rein halten konnte Jesus aber nur, weil er sich dafür entschieden hatte, den Willen seines himmlischen Vaters über all seine menschlichen Wünsche, Bedürfnisse und Sehnsüchte zu stellen (Hebr 10,7.9). Er war gekommen, zu suchen und zu retten, was verloren ist. || **So hat der Herr Jesus einen Sieg nach dem anderen über den Menschfeind errungen, indem er in allen Versuchungen standhielt.** || Später schrieb Johannes in der Offenbarung über die Überwindung durch Jesus: „Siehe, es hat überwunden der Löwe aus dem Stamm Juda, die Wurzel Davids" (Offb 5,5). Und in der Kraft Jesu, des Überwinders, kann auch jeder, der mit seinem Herzen an Jesus hängt, zu einem Überwinder werden:

> „Und sie haben ihn (Satan, den Verleumder) überwunden wegen des Blutes des Lammes und wegen des Wortes ihres Zeugnisses, und sie haben ihr Leben nicht geliebt bis zum Tod" (Offb 12,11)!

Wir sollten nie vergessen, dass der Urverleumder alles darauf anlegt, dass wir uns nicht im Licht unserer Versöhnung mit Gott sehen, sondern uns als ungeliebt, schmutzig und wertlos betrachten. Denn mit so einer deprimierenden Sichtweise werden wir seinen Versuchungen viel leichter zum Opfer fallen. Sehen wir uns aber aus der Perspektive Gottes als seine geliebten Kinder an, dann wird er sich an uns die Zähne ausbeißen. || **Jemand, der weiß, wie wertvoll er in Gottes Augen ist, lässt sich seine Identität in Christus nicht mehr streitig machen.** || So wusste auch Jesus vor der Versuchung, dass er der geliebte Sohn des Vaters ist (Mt 3,17). In diesem Bewusstsein konnte er den Verlockungen des Teufels widerstehen und dessen Anstiftung zum Ungehorsam gegenüber seinem Vater überwinden. Jesus durchschaute das Blendwerk des Versuchers und ließ sich nicht von ihm ködern.

a) Mehr als ein Eklat

Einen weiteren Stolperstein platzierte der Feind in unmittelbarer Nähe Jesu. Er schlummerte seit Langem in den unverständigen Herzen der Jünger. In extremen Lebenssituationen bricht ja das Urgestein des menschlichen „Dichtens und Trachtens“ im Herzen durch. Das geschieht dann, wenn von Zeit zu Zeit der Lügner und Mörder bestimmte verdrehte Anschauungen aktiviert – im Fall der Jünger geschah dies in Bezug auf das Ziel der Sendung Jesu. || **Manche Äußerungen der Jünger Jesu waren gewiss gut gemeint, aber sie gingen am göttlichen Auftrag Jesu total vorbei.** || So ganz nebenbei startete so der Feind immer wieder seine geschickt getarnten Angriffe auf Jesus und seinen alles entscheidenden Weg zur Versöhnung.

Ein Fallbeispiel sei hier angeführt: Matthäus 16,15-20. Als Jesus anfing, über seine zukünftigen Leiden, seinen Tod und seine Auferstehung zu sprechen, explodierte Petrus geradezu und

> „nahm ihn beiseite und fing an, ihn zu tadeln (= zurechtzuweisen, zu schimpfen, zu drohen), indem er sagte: Gott behüte dich, Herr! Dies wird dir keinesfalls widerfahren“ (Mt 16,22).

Wie heißt es in einer Liedstrophe: „Gut gemeint und schlecht gemacht, oberflächlich ausgedacht, ist so vieles …“ Petrus meinte es gut, im Blick auf Jesus, das jüdische Volk und nicht zuletzt auch auf sich selbst. Seine Reaktion auf die Leidensankündigung Jesu war jedoch nicht nur oberflächlich und egoistisch, sie war satanisch. Jesus sah tiefer, hörte genauer und brachte das, war Petrus sagte, schonungslos auf den Punkt:

> „Er aber wandte sich um und sprach zu Petrus: Geh hinter mich, Satan! Du bist mir ein Ärgernis, denn du sinnst nicht auf das, was Gottes ist, sondern auf das, was der Menschen ist“ (Mt 16,23).

Das war alles andere als lieblich, nett und charmant. Mit diesem Wort riss Jesus den Petrus vermutlich aus seinen politischen Träumen von einem Großreich Israels, für das ihm Jesus wie der geborene König erschien. Aber letztlich wollte Satan den Herrn Jesus durch einen seiner engsten Vertrauten als Versöhner zu Fall bringen. Hier stand wieder einmal alles auf dem Spiel. Da war eine klare Position zu beziehen, denn es ging um das eigentliche Ziel seines Kommens in diese Welt. Diesen Weg konnte der Herr nur durch äußerste Selbstverleugnung bis zum Ende gehen.

Gerne tat Jesus den Menschen etwas Gutes. Gerne heilte er und sprach er mit dem Volk freundlich. Die Sünder wurden vom „Freund der Sünder“ angezogen. Doch jetzt musste eine scharfe Trennlinie zwischen Selbstverwirklichung und Popularität einerseits und Ergebung in den Willen seines Vaters andererseits gezogen werden. || **Jesus ging es bei seinem ersten Kommen in die Welt um Gottes Problem mit der Welt: die Schuldfrage. Die Machtfrage in dieser Welt wird er erst lösen, wenn er seine Herrschaft als König der ganzen Erde antreten wird (Sach 14,9).** || Die Schuldfrage aber musste zuerst und zielgerichtet gelöst werden. Den Weg dazu kannte Jesus, und deshalb war er Mensch geworden. Also musste er dem starken Bedürfnis nach einem politischen Messias widerstehen. Nur kurze Zeit später bekannte er vor Pilatus, dass sein Reich nicht von dieser Welt ist (Joh 18,36). Jesus sah in dem zutiefst menschlichen Ansinnen des

Petrus den Widersacher Gottes, Satan, am Werk und widersprach ihm deshalb vehement. Dass sie kein Verständnis dafür zeigten, war das Beschämende bei den Jüngern im Angesicht des Kreuzes.

Vor der Ausgießung des Heiligen Geistes waren die Jünger Jesu trotz ihrer Entscheidung, ihm nachzufolgen, noch ganz in ihren falschen Vorstellungen vom Reich Gottes gefangen. Das sollte sich bald noch deutlicher zeigen. Denn je näher die Kreuzigung Jesu kam, desto klarer trat auch die Kreuzesfeindschaft bei seinen engsten Nachfolgern zutage. Denn sie wollten ihr Leben nicht lassen, sie wollten es behalten, auch wenn dadurch Jesus verraten werden müsste:

> „Petrus spricht zu ihm: Herr, wohin gehst du? Jesus antwortete ihm: Wohin ich gehe, dorthin kannst du mir jetzt nicht folgen; du wirst mir aber später folgen. Petrus spricht zu ihm: Herr, warum kann ich dir jetzt nicht folgen? Mein Leben will ich für dich lassen. Jesus antwortet: Dein Leben willst du für mich lassen? Wahrlich, wahrlich, ich sage dir, der Hahn wird nicht eher krähen, bis du mich dreimal verleugnet hast" (Joh 13,36-38).

Jesus irrte sich nie, wenn es um die Einschätzung von Menschen ging, denn er wusste, was im Menschen war (Joh 2,25). Und auch unser Herz mit seinen verräterischen Zügen ist ihm nicht verborgen. || **Wie oft habe ich Jesus schon verleugnet! Unzählige Male sind meine Gedanken und meine Zunge zur Sünde und zum Feind übergelaufen.** || Wann? Z. B. wenn ich in Jähzorn geriet, unreinen Gedanken nachhing, ans Geld gefesselt war und der Neid mich plagte. Wenn ich starrsinnig meine eigenen Gedanken verfolgte und umzusetzen versuchte. All das verleugnete Jesus und sein Wesen der Sanftmut, Demut und Reinheit.

Dass es Jesus bei seinen Nachfolgern aushält, unter denen bis heute so viele Rivalitäten ausgefochten werden, bleibt für mich das Unbegreiflichste zwischen Himmel und Erde. Und es ist, je länger und mehr das so ist, umso schwerer zu verstehen, dass er in diesem von der Sünde total verseuchten Körper und Geist wohnen und darin bleiben wird, auch wenn es ganz übel zugeht. Das werde ich mit meiner begrenzten Sichtweise wohl nie verstehen, warum sich Jesus mit mir auf ewig verbunden hat.

Warum nur hängt er an mir und hat sein Herz an mich verloren? Hat er diese ganze Schande, die ich ihm in der Nachfolge Jesu bereitet habe, schon vorher einkalkuliert? Wusste er vielleicht schon von Anfang an davon, als ich mich ihm zuwandte und mich entschloss, ihn mit in mein Leben hineinzunehmen? || **Bis heute redet er mir immer wieder gut zu, doch zu ihm zurückzukehren.** || Ich selbst kann so schlecht gute Worte aussprechen, weil ich fürchte, ich könnte mir eine Blöße geben und von anderen abgelehnt werden. Ich will den Schmerz einer radikalen Abfuhr vermeiden und bleibe lieber auf Distanz – im Gegensatz zu Jesus, der sein Leben gab und bei mir bleibt und es mit mir aushält.

Jesus wurde auf seinem Weg zum Kreuz zunehmend einsamer. Wir haben ihn in seiner Gesinnung und in seinen Wegen nur selten verstanden, bis heute. Denn „wer hat des Herrn Sinn erkannt?", fragt Paulus im Römerbrief (Röm 11,34). Schon der Prophet Jeremia litt als einsamer Rufer inmitten des Volkes Gottes darunter, als er über den Dienst der selbstsüchtigen Hirten und falschen Propheten, die Gottes Volk weiden und führen sollten, ausrief:

> „Denn wer hat im Rat des HERRN gestanden, dass er sein Wort gesehen und gehört hätte? Wer hat auf sein Wort gelauscht und gehört?" (Jer 23,18)

Auf Gott und seine guten Weisungen zu hören und ihm zu dienen erfordert Stille, Selbstzucht und Distanz zu dem eigenen Begehren. Sein zurechtbringendes Wort zu hören und sich davon prägen zu lassen, das ist eine starke Herausforderung. || **Nachfolge Jesu heißt, biblisch denken und leben zu lernen, sich an Jesus zu orientieren und zu fragen, wie er wohl in der betreffenden Situation reagieren würde.** ||

Auch Judas verstand ihn nicht. Als er zu den Füßen Jesu saß, versäumte er es, sein Herz von allen falschen Motiven und seiner Geldgier reinigen zu lassen. Er hing wohl während seiner Nachfolge seinen eigenen Vorstellungen und Plänen nach. In der Stunde der Versuchung lief er deshalb zu den Feinden Jesu über, weil er die Zeit zur Umkehr nicht genutzt hatte. Mit den übelsten Kontrahenten Jesu heckte er einen Plan aus, wie er seinen Herrn, mit dem er drei Jahre zusammengelebt, in dessen Gegenwart er nie Mangel hatte, überliefern könnte (Lk 22,2-6). Nachdem Satan in Judas gefahren war (Joh 13,27), gab es kein Halten mehr. Mit seinem Verrat löste Judas eine große Freude bei den irdischen und überirdischen Feinden Jesu aus. Wozu ein Mensch, dem Jesus so nahe war, nicht alles fähig ist, das führt uns die Geschichte des Judas deutlich vor Augen! Und Jesus? Wie reagierte er auf diesen hässlichen Verrat? Stolperte er über diese Gemeinheit und rächte sich an Judas? Nein, er nannte ihn auch noch nach dem verräterischen Kuss seinen „Freund". Jesus ließ sich nicht von niederen Rachegefühlen gefangen nehmen. Er blieb in souveräner Freiheit einer versöhnlichen inneren Haltung.

Immer wieder wird das Urgestein der Sünde sichtbar. Auch bei allen anderen Jüngern Jesu. || **Mitten beim Abendmahl, wo Jesus seinen engsten Nachfolgern Brot und Wein reichte, brach eine beschämende und respektlose Diskussion unter seinen Schülern auf.** || Es ist schon sehr ernüchternd, wenn wir sehen, worüber seine jahrelangen engsten Begleiter bei der Einsetzung des Abendmahls diskutierten. In etwa 15 Stunden würde ihr Herr am Kreuz hängen. Und was beschäftigte ihre Herzen? „Es entstand aber auch ein Streit unter ihnen, wer von ihnen für den Größten zu halten sei" (Lk 22,24). Hätte der Herr hier nicht seine Sachen packen, weglaufen und sagen sollen: Für so einen Haufen soll ich mein Leben lassen? Für diese Clique soll ich mich auspeitschen und kreuzigen lassen? Sind sie es wirklich wert, dass ich dieses schreckliche Leiden, das mir jetzt bevorsteht, auf mich nehme?

Wir bekommen hier einen tiefen Einblick in das menschliche Herz in seinem unerlösten, egozentrischen Zustand. Wir alle kennen solche Diskussionen sehr gut. Jedes Mal, wenn wir andere herabsetzen, versündigen wir uns. Wir erheben uns über diejenigen, über die wir uns negativ äußern, wir wollen über ihnen stehen, wollen noch etwas besser, klüger und geistlicher sein. Wir wissen besser Bescheid und ziehen zu Felde gegen alle, die an unserem Thron rütteln. Jedes Mal, wenn wir uns an die Großen dieser Welt hängen, auch die evangelikalen, und den Eindruck erwecken, wie nahe sie uns doch stehen, dann geben wir diesem Urtrieb nach, uns selbst größer zu machen, als wir wirklich sind. Und das geschieht eben in tausend Variationen und viel zu oft. Wie armselig und schäbig können wir uns manchmal präsentieren und merken es nicht im Geringsten!

Wenn Jesus wissen will, wie es um uns Menschen bestellt ist, dann braucht er sich nicht bei der Mafia, dem IS, al-Qaida und anderen brutalen Verbrechern oder Terrororganisationen umzuschauen. Er braucht bloß in den engsten Kreis derer zu schauen, die er erwählt hat. || **Ein Blick in seine Gemeinde reicht aus, um klar zu sehen, wie unser menschliches Herz beschaffen ist und was alles aus ihm hervorsprudeln kann.** || Von unserer sündigen Natur her sind wir als Christen beileibe kein edlerer Teil der Menschheit. Mit dieser fleischliche Natur werden wir auch als Christen bis zu unserem Lebensende zu kämpfen haben. Denn „was vom Fleisch geboren ist, bleibt Fleisch" (Joh 3,6). Es sei denn, dass wir, geleitet durch den Heiligen Geist, uns kompromisslos von diesen eigenen schlechten, teuflischen, fleischlichen Antrieben distanzieren. Denn gerade dafür sollte Jesus ja sterben, dass er uns durch seinen Tod die Möglichkeit schuf, „nicht mehr uns selbst zu leben, sondern dem, der für uns gestorben und auferstanden ist" (2Kor 5,15).

Genau an diesen Leuten hängt Jesus, will sie um sich und bei sich haben. Er sehnt sich nach ihnen und wird ihrer nicht überdrüssig. Er liebt sie und ist bereit, sich für sie zu aufzuopfern. || **Was nur bewegt Gott, uns an sein Herz zu ziehen, mit uns in ewiger Gemeinschaft zu leben?** || Hier rühren wir wieder an das tiefe Geheimnis Gottes: seine nicht zu begreifende Liebe und Sehnsucht nach uns Menschen. Wie liebevoll muss doch sein Herz beschaffen sein, dass er sich nicht von uns abschütteln lässt und uns nicht loslässt! Unbegreiflich – seine Großmut und seine Langmut, seine Geduld und Freundlichkeit! Er schreibt uns nicht ab und investiert alles, um uns in seiner Nähe zu haben – für immer.

So überwand Jesus all diese Hindernisse zum Kreuz und opferte sein Leben für die, die jeglicher Spielart der Sünde verfallen waren.

b) Jesus steht einsam unter seinen Jüngern da – bis heute

Warum? Weil wir ihn so wenig verstehen und ihm so unähnlich sind. Wir interpretieren Jesus oft total falsch. Es ist bis heute oft so unter seinen Nachfolgern: „Seine Gedanken sind nicht unsere Gedanken"

(Jes 55,11). So wird selbst seine Wahrheit in seinem guten Wort von uns sehr schnell zur Einseitigkeit, Härte, Rechthaberei, ja, sogar zu Irrlehren missbraucht. Wir wagen es, seine Worte zu zitieren, und es geht uns dabei nur um Selbstdarstellung und Selbstrechtfertigung. Durch solch ein Verhalten seiner Leute steht Jesus oft einsam da und weint über unsere Lieblosigkeit, Härte und Sturheit, so wie er damals über Jerusalem weinte, weil die Menschen sich weigerten, zu Gott umzukehren (Lk 19,41).

|| **Statt Jesus zu vertrauen, leben wir oft in Angst und reden gleichzeitig davon, dass Jesus für alles sorgt und wir unsere Sorgen auf ihn werfen dürfen.** || Aber wir leben Letzteres nicht und grübeln Tag und Nacht darüber, wie wir wohl den nächsten Tag und die nächste Zeit überstehen werden. Vom Vertrauen auf ihn ist da nichts zu sehen. Wie zur Seite gestellt und ausgehebelt muss sich Jesus da unter seinen Angsthasen mit ihren Heidenängsten fühlen. Wir wollen oft Probleme lösen, die allein Jesus lösen kann. Wie lange muss er darauf warten, bis wir wieder mit ihm in Einklang leben und ihm unser Vertrauen schenken?

Jesus wird zuweilen sehr einsam unter uns. Wir sprechen von der Versöhnung durch ihn und haben dennoch ein starres und sprödes Herz gegen manche Mitchristen. Wie missverstanden und einsam muss Jesus sich da in unserer Mitte fühlen! Wie weggedrängt, zur Seite geschoben und ausgebremst wird er sich manchmal in seiner Gemeinde vorkommen! Wir leben weithin in Eigenregie, und Jesus selbst spielt bisweilen nur eine Nebenrolle. Wir haben ihn in unserem Christsein und in der Gemeinde zu einem nett dekorierten Statisten degradiert. Wir hören bestimmt gerne seine guten Worte. Aber sie dringen nicht mehr in die Tiefen unseres Seins vor, das nach Veränderung schreit und eine Erneuerung so dringend nötig hätte. || **Was haben wir nur aus Jesus gemacht: einen einsamen Gott, dessen Herz mit Traurigkeit angefüllt ist, weil wir ihn so missverstehen und auch noch so vieles in seinem Reich zerstören.** || Manchmal sind wir wie Planierraupen unterwegs, die alles plattmachen, was sich ihnen in den Weg stellt, und sprechen dann auch noch hochgestelzt von unserer Arbeit für ihn.

Denken wir daran, wie seine engsten Mitarbeiter, die Tag und Nacht mit ihm zusammenlebten, nicht verstanden haben, dass Jesus auch für Kinder da sein will (Mt 19,14)! Im Kapitel zuvor stellt Jesus ein Kind in ihre Mitte und zeigt den erwachsenen, stolzen Männern, die um die ersten Plätze, die Ehrenplätze, stritten, wie die geistige Beschaffenheit derjenigen sein soll, die ins Himmelreich kommen wollen (Mt 18,1-3). Und in Kapitel 15 desselben Evangeliums wollen die Jünger eine Frau wegschicken, die in ihrer Ausweglosigkeit zu Jesus kommt und ihn um Erbarmen für ihre von dunklen Mächten gequälte Tochter anfleht (Mt 15,23). || **Wir argumentieren, streiten, imponieren, brillieren, schinden mächtig Eindruck im Ringen um die vorderen Plätze.** || Da hat sich in den letzten 2000 Jahren nicht allzu viel geändert bei denen, die mit Jesus gehen. Jesus ist oft sehr einsam in christlichen Familien, im „Gespräch um die Bibel", im Bau seiner Gemeinde!

Als er den Streit der Jünger darüber hört, wer wohl der Größte unter ihnen sei, erzählt er seinen engsten Vertrauten ein Beispiel davon, wie es bei den Herrschern in dieser Welt zugeht: Sie herrschen in selbstherrlicher Weise und unterdrücken die Wehrlosen und Armen. Sie gieren danach, ganz vorne und ganz oben zu stehen, um die Schlagzeilen in den Medien zu bedienen.

> „‚Ihr aber', mahnt Jesus, ‚bei euch soll es nicht so sein. Der Größte unter euch soll sich auf eine Stufe mit dem Geringsten stellen. Wer eine führende Stellung einnimmt, soll ein Diener sein'" (Lk 22,25-26).

Ob Jesus mit solchen Aussagen auf große Gegenliebe gestoßen ist? Damals und heute? Seine Nachfolger, die das verstanden und praktiziert haben, scheinen an einer Hand abzuzählen zu sein. Sie stehen genauso einsam da auf weiter Flur wie Jesus in seiner selbstlosen und dienenden Haltung.

Ein Beispiel: Einer, der das begriffen hatte, war Franz von Assisi. Er wollte nichts für sich beanspruchen. Er wollte ein Diener aller Menschen sein. Doch an seinem Lebensende wurde er von seinen eigenen Ordensleuten abgesetzt, weil seine Prinzipien der Armut und des Machtverzichts nicht durchzuhalten wären, wie sie meinten. Und Jesus? Er war es eigentlich, der in ihrem Streitgespräch über

Hierarchien im Jüngerkreis abgesetzt und wieder einmal weggeschoben wurde. Wie viele Male ist dieser Ruf durch die Menschheit gedrungen: „Weg mit diesem! Gib uns aber den Barabbas los“ (Lk 23,18). Später sagt Petrus zu seinem Volk, das Jesus ans Kreuz schrie:

> „Ihr aber habt den Heiligen und Gerechten verleugnet und gebeten, dass euch ein Mörder geschenkt würde“ (Apg 3,14).

Wie oft geschieht das tagtäglich?! Ja, wer Jesus ablehnt, für den bleibt nur ein Verbrecher übrig. Zwar möchte Jesus in Bezug auf uns das Schlimmste verhindern, aber er lässt uns auch manchmal unsere Saat ernten, um uns irgendwie zur Vernunft, zur Einsicht zu bringen!

c) Jesus bleibt trotzdem unbeirrbar bei uns und für uns

Das Evangelium macht deutlich, dass er für uns ist. Dies kommt besonders in den Einsetzungsworten zur Mahlfeier zum Ausdruck:

> „Und er nahm Brot, dankte, brach und gab es ihnen und sprach: Dies ist mein Leib, der für euch gegeben wird. Dies tut zu meinem Gedächtnis! Ebenso auch den Kelch nach dem Mahl und sagte: Dieser Kelch ist der neue Bund in meinem Blut, das für euch vergossen wird“ (Lk 22,19-20).

Es ist müßig zu fragen, ob das Leiden und Sterben Jesu nötig war und es nicht einen anderen Weg gegeben hätte, um einen neuen, ewigen Bund mit uns zu schließen. Unumstößliche Tatsache ist und bleibt: || **Gott tut nichts Überflüssiges oder Unwichtiges! Und er tut nie etwas, das unter seiner Würde und Ehre angesiedelt ist.** || Das, was er tut, ist unbedingt nötig, und es ist dann auch wirklichkeitsverändernd. Sein totaler Einsatz für uns Menschen sollte nicht vergeblich sein.

Wäre Jesus diesen Weg ans Kreuz *nicht* gegangen, dann hätten wir ihn gehen müssen. Und weil er ihn gegangen ist, müssen wir ihn nicht gehen. Sein Todesweg wendet unseren Todesweg zum Weg des Lebens, der in unbeschreiblicher Herrlichkeit endet. In seinem Weg ans Kreuz ging es um uns, unsere Schuld, unsere

Zahlungsunfähigkeit, unser Unvermögen, etwas zu tun, das unsere Schuld vor Gott sühnen und wegnehmen kann. Er ging diesen Weg, weil er ein Zahlungsmittel hatte, das vor Gott gültig war: sein eigenes schuldloses Leben, sein Leiden und Sterben, sein makelloses Opfer im gewaltsamen Tod auf Golgatha.

Die damals an Jesus handelnden Personen auf seinem Weg nach Golgatha – Judas, Pilatus, die römischen Soldaten, die Pharisäer und Schriftgelehrten und das gesamte schreiende Volk der Juden – luden eine große Schuld auf sich. || **Die unmissverständliche Ablehnung des unschuldig Angeklagten, das Todesurteil und Gericht, das sie über den Gottessohn aussprachen, wogen schwer. Aber es war nur das vordergründig Sichtbare. Dahinter stand noch ein viel schwereres Gericht.** || Sein Weg ans Kreuz macht noch einen anderen Hintergrund deutlich: den schwer lastenden Zorn Gottes über der Menschheit. Darum ging es letztlich. Es ging nicht einfach um die Solidarität Jesu mit allen ungerecht Behandelten, mit den von Despoten Zertretenen, denen man jedes Recht und jede Würde verweigert. Es ging hier um die ewige Dimension des verlorenen Sünders, der unter Gottes Zorn steht. So will uns Jesus ganz verbindlich zusagen:

> „Erst mein ‚für euch' kann euch von eurer Schuldenlast freisprechen, weil ich eure Schuld auf mich nehme und dafür mit meinem Blut und Leben den Preis bezahle, den keiner von euch zahlen konnte. Erst mein Tod ‚für euch' öffnet euch die Tür zum ewigen Leben, die ich selbst bin (Joh 10,9). Erst mein erwirkter Freispruch ‚für euch' lässt das böse Gewissen verstummen (Hebr 10,22) und öffnet euch die Pforten zur ewigen Herrlichkeit Gottes. Erst meine Stellvertretung ‚für euch' schenkt euch das hohe Heilsgut der Freimütigkeit zum Eintritt in das Allerheiligste (Hebr 10,19) und lässt den Zorn Gottes für alle Ewigkeiten über euch verstummen und für immer von euch weichen. Aus euch, den Kindern des Zorns (Eph 2,3), dürfen nun Kinder Gottes und Erben des ewigen Lebens werden (Röm 8,16-17)."

Keiner von uns konnte sich von seiner Schuld vor dem heiligen Gott entlasten und freisprechen. || **Wir waren eingeschlossen im Hochsicherheitstrakt dieser verlorenen Welt, wir lagen in den eisernen Ketten der Sünde, des Teufels und des Todes.** || „Ihr wart tot in euren Übertretungen und Sünden", diagnostiziert Paulus (Eph 2,1-3). Das heißt doch: „Ihr wart gleichgeschaltet mit dem Erzfeind Satan und seinen Dämonen, unfähig, auch nur den geringsten Gedanken einer göttlichen Erlösung zu denken, wie viel weniger, sie zu vollbringen. Ihr wurdet alle mit im todbringenden Strom der Heillosigkeit fortgerissen. Ein rettendes Ufer war für keinen von euch erreichbar. Zu stark war die Strömung, zu stark der Sog der euch lieb gewordenen Sünden, Leidenschaften und Begierden." Bis der Eine kam, der uns aus den todbringenden Fluten rettete und dabei sein Leben in die Waagschale warf und einbüßte.

8.

In welcher Herzenshaltung beschreitet Jesus den Weg zur Versöhnung?

Einen guten Kapitän erkennt man nicht, wenn die See ruhig ist und Windstille herrscht. Aber wenn der Wind auffrischt, das Meer durchwühlt und die Wellen hochschlagen, dann ist das ganze Können des Kapitäns gefragt. So kam Jesus in eine Welt, die von der Unversöhnlichkeit durchwühlt war und bis heute ist. In dieser Situation war wirklich sein ganzes Können als Versöhner gefragt. So war ihm klar, dass er nicht mit den Strategien dieser Welt die „See" beruhigen konnte. Die Stürme waren zu heftig geworden, seichte Beruhigungsversuche hätten die Wogen nicht glätten können. Das Völkermeer brandet seit Jahrtausenden gegeneinander, und die Wellen gegenseitiger Interessen schlagen hoch.

|| **Manche meinen, dass Jesus mit seinem Versöhnungsversuch kläglich gescheitert sei. Nein und nochmals nein! Jesu Leiden und Sterben für uns Menschen war kein Unglück.** || Es wurde nicht von der Willkür der damals Regierenden gesteuert. Die Vorhersagen auf den Knecht Gottes in den Schriften des Alten Testaments sind klar und deutlich. Jesaja prophezeit dem Messias, dass ihm Verachtung und blanker Hohn entgegenschlagen werden. Sein Leiden und Sterben um unserer Sünden willen ist erfüllte Vorhersage Gottes! In seinem ersten Kommen als Messias des Volkes Israel und Retter der Welt erfüllten sich viele der alttestamentlichen Prophezeiungen. Hat nicht der Auferstandene seine Nachfolger, die damals voller Fragezeichen im Blick auf die Ereignisse der letzten Tage waren, unmissverständlich dazu aufgefordert, doch „an alles zu glauben, was die Propheten geredet haben" (Lk 24,25)? Hat er nicht den verwirrten Männern und Frauen, die drei Jahre mit ihm unterwegs gewesen waren, aus

den Büchern Mose, allen Propheten und den Psalmen alles erklärt, was ihn und sein Leiden und Sterben betraf (Lk 24,26-27.44)?! So schreibt es jedenfalls Lukas, der Arzt, in seinem Evangelium:

> „Dann öffnete er ihnen das Verständnis, damit sie die Schriften verständen, und sprach zu ihnen: So steht geschrieben, und so musste der Christus leiden und am dritten Tag auferstehen aus den Toten und in seinem Namen Buße zur Vergebung der Sünden gepredigt werden allen Nationen, anfangend von Jerusalem" (Lk 24,45-47).

Mit der inneren Haltung, mit der Jesus damals in den Tod ging, zeigte er sein Vertrauen darauf, dass sich in ihm die Schrift erfüllen würde, und welche Dimension sein Leiden, Sterben und Auferstehen haben würde. Hier ging es wirklich um das Größte und Wichtigste zwischen Gott und den Menschen.

a) Nur durch Jesus war Versöhnung möglich

Versöhnung mit Gott und Erlösung aus den Machtbereichen der Sünde, des Todes und des Teufels konnte nur Jesus vollbringen. Dazu trat er in den Todesstrom des Verderbers, der die Menschheit im eisernen Griff hielt. Er lebte sein Leben in völliger Ergebenheit gegenüber seinem himmlischen Vater und hielt so allen listigen und mächtigen Kräften stand, die gegen ihn arbeiteten. || **Wir waren diejenigen, die allen Halt verloren und das rettende Ufer der Geborgenheit in Gott leichtfertig verlassen hatten.** || Wir ließen uns in den Aufruhr gegen Gott hineinziehen und verstrickten uns in das todbringende Misstrauen gegenüber unserem liebenden Gott. Das war wahrhaftig ein Meisterwerk des großen Lügners und Fallenstellers, dem wir ins Messer gelaufen sind.

Er, Jesus Christus, hingegen war der einzig Reine unter den Menschen, der nicht unter der Verdammnis und dem Gericht stand. Sein „für euch" konnte er nur als der ganz und gar Unschuldige sprechen, der niemals in Gefangenschaft eines sündigen, gottwidrigen Gedankens geriet. ER war und blieb der gehorsame Sohn, dem der Wille seines himmlischen Vaters über allem stand, gerade auch dann, als ihn hungerte und der Teufel ihm die verlockendsten und vielversprechendsten Angebote machte.

Ich hingegen, ich war und bliebe bis heute ein Gefangener, wenn nicht Jesus in mein Leben getreten wäre. Ich war und bin weit davon entfernt, ein Unschuldiger zu sein. Unfehlbarkeit war und ist mir fremd. Unverdorbenheit hatte ich nie aufzuweisen. || **Ich wäre unter der Todesgewalt der Sünde verkauft geblieben, wenn ER nicht für mich in den Riss getreten und mich aus dem Feuer der sündigen, todbringenden Leidenschaften herausgerissen hätte.** || ER allein ist der Lautere unter den Unlauteren. ER blieb der Freie unter den Angeketteten. ER, und nur ER, ist der Ungebundene unter den Gebundenen und Versklavten. Er war der einzig Unschuldige, der kein Gericht hätte erdulden müssen, und er ließ es nur deshalb zu, damit er uns aus dem Feuer des Gerichts herausreißen konnte. Der Überwinder lebte und starb unter denen, die alle lebendige Hoffnung verloren hatten.

ER ist derjenige, der stehen blieb und sich nicht vom Teufel blenden und gefangen nehmen ließ. Auch unter den größten seelischen und körperlichen Qualen blieb er nahe bei seinem Vater. Satan konnte nichts in ihm und an ihm finden, womit er ihn vor dem Thron Gottes hätte verklagen und ihm seine Machtstellung als Sohn hätte streitig machen können. || **Nie konnte der Listige IHN knebeln und in Ketten legen. ER war und ist der königlich Freie, der sich dann aber um unsertwillen freiwillig gefangen nehmen ließ, um sein Blut und Leben für uns zu opfern.** || ER war das Licht, das die Finsternis nicht überwältigen konnte (Joh 1,5). ER schien als das reine Licht in die Finsternis, um uns aus unseren dunklen und schmutzigen Kerkern herauszulocken. ER stieg herab aus der Herrlichkeit des Vaters, um uns zurück in seine Herrlichkeit zu führen. Und deshalb war er berechtigt, bei der Einsetzung des Abendmahls, als er das Brot nahm und es seinen Jüngern gab, zu sagen:

> „Dies ist mein Leib, der für euch gegeben wird. Dies tut zu meinem Gedächtnis! Ebenso auch den Kelch nach dem Mahl und sagte: Dieser Kelch ist der neue Bund in meinem Blut, das für euch vergossen wird“ (Lk 22,19-20).

Deshalb kann die Gemeinde Jesu heute singen: „Er ist der Erlöser, Jesus, Gottes Sohn. Gottes Lamm, erwählt zu tragen unserer Sünde Lohn."

Warum nur verstehen wir so wenig, wer Jesus ist? Warum ist uns seine Art zu denken so fremd? Warum tummeln wir uns als Christen manchmal lieber auf den Schauplätzen und in den Schmutzlöchern dieser Welt, statt mit ihm zu gehen? Warum nur machen wir uns damit so lächerlich und werden zu einem Trauerspiel für die unsichtbare Welt? Wir kennen Jesus anscheinend nur sehr oberflächlich. Es sollte uns tief erschrecken, dass wir immer wieder so blind für ihn und so blind für uns selbst und so anfällig für Satans List, uns zu Fall zu bringen, sein können.

Eigentlich braucht man sich darüber aber nicht zu wundern, wenn man sieht, wie viele Christen im Schnelldurchgang die Bibel lesen! Die nur kurze Zeit in der wirklichen Stille vor ihm hat zur Folge, dass sein Geist uns nicht wirklich fassen und uns manches erklären kann, was ihm so wichtig ist: Jesus – in seiner Niedrigkeit und Herrlichkeit. || **Wir haben uns den Magen mit so vielen Speisen vom Menüplan dieser Welt verdorben und deshalb keinen Hunger mehr nach Jesus.** || Von Fastfood zu leben soll fett machen, dann werden wir krank, immer kränker und leistungsunfähiger. Und manchmal finden wir dann sogar noch so vermessene Worte wie die der Gemeinde in Laodizea: „Ich bin reich und bin reich geworden und brauche nichts" (Offb 3,17) … Ich brauche doch keine Gebetszeiten mit Geschwistern, kein Bibelstudium, keine Teilnahme am Abendmahl, keine seelsorgerliche Aussprache über Ungeordnetes und Sünde in meinem Leben … Kaum zu glauben, dass die Verblendung eines satten, abgesicherten Lebens in unser Wohlstandsgesellschaft immer noch zu steigern ist!

Manches Mal sind wir so satt von den Nachrichten und Bildern dieser Welt. Dabei bekommt uns die dunkle Faszination des Bösen immer wieder in seine Gewalt. Dadurch bin ich gewiss informiert. Aber bin ich auch im Bilde über Jesus? Bin ich über ihn informiert, über seine Einsamkeit und seine Sehnsucht nach mir? Vergessen und verschmähen wir nicht zu oft die Größe, die uns Jesus beimisst?

> „Und er sprach zu ihnen: Mit Sehnsucht habe ich mich gesehnt, dieses Passahmahl mit euch zu essen, ehe ich leide" (Lk 22,15).

|| **Dass sich Jesus nach mir sehnt, bestimmt meine Größe. Das macht mich satt, ohne davon überdrüssig zu werden.** || Jesus selbst kann man nie überdrüssig werden, weil er uns wirkliches Leben und Überfluss geben will. Von ihm will ich immer mehr haben, wenn ich ihn und seine Gegenwart einmal geschmeckt habe. Auch dass er mich unverdient lobt, ist unbegreiflich: „Ihr aber seid es, die mit mir ausgeharrt haben in meinen Versuchungen" (Lk 22,28). Damit bekennt er sich zu mir. Das verschafft mir einen Stellenwert, den ich mir niemals erarbeiten kann. Da senkt sich die Ewigkeit in mein Herz. Und wenn er dann auch noch seinen Jüngern eine Autorität und Vollmacht verheißt, klingt das alles unglaublich:

> „Ich verordne euch, wie mein Vater mir verordnet hat, ein Reich, dass ihr esst und trinkt an meinem Tisch in meinem Reich und auf Thronen sitzt, die zwölf Stämme Israels zu richten" (Lk 22,29-30).

Ja, das ist Jesus! Im Angesicht ihres größten Versagens, das in einigen Stunden stattfinden wird, indem sie ihn verlassen und verraten werden, macht ihnen Jesus solche Zusagen. Er wusste ja schon darum, dass er zum Schluss alleine dastehen und der leicht manipulierbaren, wetterwendischen Menschenmenge ausgeliefert sein würde.

|| **Das, was Jesus über uns sagt und was er uns in seiner unbegreiflichen Freundlichkeit zusagt, das macht uns groß.** || Er weiß um seine Größe; er kann anderen, die es nicht verdient haben, seine Größe beimessen. Seine Einsamkeit unter uns hindert ihn nicht daran, in Güte und Freundlichkeit trotzdem bei uns zu bleiben. Er ist oft der Fremde unter uns, manchmal sogar in seiner Gemeinde der Ausgestoßene, wenn wir wieder in alte, sündige Verhaltensmuster zurückfallen. Das Herz Jesu ist von anderer Qualität, weil die Sünde nicht in ihm wohnt und er in seinem irdischen Leben jeder Versuchung Satans, sich außerhalb des väterlichen Willens zu begeben und die

eigene Größe zu suchen, widerstand. Das hat uns die Versuchungsgeschichte Jesu gezeigt (Mt 4,1-11; Lk 4,1-13).

So blieb er in der Mitte seiner Jünger, obwohl ihr Feilschen um die ersten Plätze unerträglich für ihn gewesen sein muss. Er blieb in ihrer Mitte, bis zum Schluss, als er den letzten Weg zum Kreuz alleine gehen musste. „Ich aber bin in eurer Mitte wie der Dienende" (Lk 22,27). Daran hielt er bis zum Ende fest.

b) Jesus kam von „unten" her

Um zu ermessen, wer Jesus war, hilft es, sich seine Existenz vor seiner Menschwerdung in Erinnerung zu rufen. Jesus kam von oben, von seiner himmlischen Herrlichkeit her, in der er einst als Schöpfer und Gott die sichtbaren und unsichtbaren Welten ins Dasein gerufen hatte. Dort war er der ewige Sohn, zusammen mit seinem Vater und dem Heiligen Geist. Diese Herrlichkeit verließ Jesus freiwillig. „Er war in göttlicher Gestalt und hielt es nicht für einen Raub, Gott gleich zu sein." So beschreibt Paulus im Philipperbrief die ewige Existenz Jesu. || **Bevor es Raum und Zeit und ein Universum gab, bevor Gott die Geschichte der Erde beginnen ließ, war Jesus Gott gleich.** || Paulus bestätigte damit die Worte Jesu, als er vor den Juden bezeugte: „Bevor Abraham war, bin ich" (Joh 8,58). In seiner Präexistenz ist er Gott von Ewigkeit her (Joh 1,1-3), ist er das Alpha und das Omega, ohne Anfang ohne Ende (Offb 1,8). In der himmlischen Herrlichkeit hatte er bis zu seiner Menschwerdung mit dem Vater Hoheitsgewalt über die gesamte Schöpfung, im Sichtbaren und Unsichtbaren (Kol 1,16). Ihm sind damit auch die Engelwelten unterstellt. Er ist der Erbe aller Dinge, dessen Wesen Gottes einzigartige Herrlichkeit war.

Unzweifelhaft äußert sich der Schreiber des Hebräerbriefes zu der Göttlichkeit Jesu:

> „Er ist das vollkommene Abbild von Gottes Herrlichkeit, der unverfälschte Ausdruck seines Wesens. Durch die Kraft seines Wortes trägt er das ganze Universum. Und nachdem er das Opfer gebracht hat, das von den Sünden reinigt, hat er den Ehrenplatz im Himmel eingenommen, den Platz an der rechten Seite Gottes, der höchsten Majestät" (Hebr 1,3; NGÜ).

Dann legte er seine göttlichen Privilegien ab und kam als Mensch auf diese Erde, um uns dort als Armer und Rechtloser mit Gott zu versöhnen. || **Alles, was ihn als Gott groß und furchterregend sein ließ, legte er ab, als er in diese Welt kam.** || Ansonsten hätte auch auf ihn zugetroffen, was Gott im Alten Testament über sich offenbarte. Der unversöhnte Mensch wäre bei seiner Lichterscheinung sofort tot gewesen (2Mo 33,20). So ließ er seine Herrlichkeit, seinen Glanz, seine Macht zurück, um als der Niedrigste das zu tun, wozu keiner von uns fähig war: die Welt mit Gott zu versöhnen. || **Er wählte nicht den Weg „von oben" in seiner unbegrenzten, gewaltigen Macht als Gott.** || Er verzichtete auf den Einsatz seiner Überlegenheit und den der riesigen Engel-Legionen, die gewiss freudig für den Sohn Gottes in die Bresche gesprungen wären. Er wählte die Schlichtheit, die Unscheinbarkeit, die Armut, das, was in dieser Welt gar keinen Eindruck macht. Er nahm eine Gestalt an, die weder Bewunderung noch bedrückende Angst auslöste.

> „Er schoss auf vor ihm ein Reis und wie eine Wurzel aus dürrem Erdreich. Er hatte keine Gestalt und Hoheit. Wir sahen ihn, aber da war keine Gestalt, die uns gefallen hätte" (Jes 53,2; LUT).

Ohne Krone, ohne Hofstaat, ohne einen prachtvollen Regierungssitz, ohne Schutztruppen, ohne kriegerische Armeen – auf all das verzichtete der Gottessohn, der alle Vollmachten für die himmlische und irdische Welt besaß und nach seiner Auferstehung wieder zurückerhielt (Mt 28,18).

|| **Jesus ging nicht den Weg „von oben herab". Niemand sollte ihm einmal vorwerfen können: „Du hast deine göttliche Macht brutal ausgespielt, wie das eben in dieser Welt gang und gäbe ist.** || Wir konnten gar nicht anders angesichts deiner erdrückenden Übermacht, als uns dir zu unterwerfen. Du hast uns erbarmungslos in die Knie gezwungen und rücksichtslos deine Überlegenheit gegenüber uns eingesetzt." Sein Versöhnungswerk sollte eine andere Begleitmusik haben. Aus seinem armen Menschenleben heraus sollte das Größte vollzogen werden, das die gewaltige Schöpfung von Himmel und

Erde noch bei Weitem übersteigen sollte. Keiner der Menschen sollte je sagen können: „Du weißt ja nicht, wie es ist, wenn man öffentlich entehrt, gequält und gemartert wird." Stattdessen ließ er es zu, dass ihm selbst keine Demütigung und Entwürdigung erspart blieb bis zum Schluss, als man ihn in aller Öffentlichkeit nackt und bloß an ein Kreuz hängte.

In seinen Werken hätte man ihn als Gott erkennen können. Er sprach Worte, die noch nie ein Mensch gesprochen hatte, er heilte unheilbar Kranke, er befreite Menschen aus den Klauen starker Mächte der Finsternis. Er ging so gnädig und barmherzig mit gefallenen Menschen um, die sich selbst nicht mehr helfen konnten. Aber er sprach auch sehr deutliche Worte, wenn es darum ging, die Wahrheit Gottes zu bezeugen.

Je mehr sich sein Leben aber auf seine eigentliche Mission zuspitzte, umso mehr wurde er verkannt und verhöhnt. Durch sein Leben und Handeln erschien er vielen als ein Verrückter, ein von finsteren Mächten Besessener. So sahen es zeitweise sogar seine engsten Verwandten. Für die geistliche Elite seiner Zeit stand jedoch unrevidierbar das Urteil fest: Dieser Mann muss weg, weil er ein Gotteslästerer ist. Dann folterte und kreuzigte man ihn. Als einer, der sich angeblich der Gotteslästerung schuldig gemacht hatte, wurde er vor den Toren Jerusalems an ein Kreuz genagelt und beißendem öffentlichem Spott ausgesetzt.

|| **Jesus ging jedoch bewusst den Weg der Schmach und Herabsetzung und wich ihm nicht aus. Es war die einzige Möglichkeit, um uns den Himmel nahezubringen.** || Er war reich, aber er wählte den Weg der kärglichen Armut und fehlenden Absicherung, damit wir reich in Gott würden (2Kor 8,9). Reich an Vergebung, reich an Gnade, reich an Versöhnung, reich an Frieden, reich an Freude in und an ihm. Es sollte sich ihm niemand anschließen des Geldes und des Wohlstandes wegen, mit dem seine Nachfolger angeblich rechnen konnten. Es ging ihm in seiner Versöhnung zwischen Gott und Mensch nicht um irdische Segnungen, sondern um die geistlichen Segnungen, die krisensicher alles Irdische überdauern werden (Eph 1,3).

|| **Was für ein Gott! Er gab alles preis in seiner Erniedrigung.** || Nur um uns ganz nahe zu kommen und uns den Weg zurück zu Gott in seine Herrlichkeit zu ebnen. Was für ein Mensch! Sanftmütig und

von Herzen demütig! Um anderen zu helfen, war er unterwegs. Nur mit unserem Heil im Blick lebte und starb er. Wege der Gewalt wären nicht seine Wege gewesen.

c) Dienend

Der Versöhner ist der Schöpfer und zugleich der Diener der Menschheit. Das zu begreifen, ist uns Menschen nur schwer möglich, wenn wir bedenken, welch eine Machtfülle Jesus Christus als Gott hat, die ihm als uneingeschränktem Herrn zur Verfügung stand und steht. || **Dienen findet man in dieser Welt weithin im Kontext von Armut und Ohnmacht. Menschen, oft auf der untersten sozialen Stufe angekommen, werden als Diener gebraucht und missbraucht.** || Sie leben meist unter menschenunwürdigen Bedinungen. Aber nicht freiwillig. Sie werden gezwungen, in Elend und Armut zu leben und ihr Brot zu erwerben. Ihr Dienst ist geprägt von Ausbeutung und ehrloser Behandlung. Sich vorzustellen, dass ein Milliardär oder ein souveräner Herrscher freiwillig für die besten Jahre seines Lebens mit diesen Verachteten tauschen würde, gehört in das Reich der Phantasie. Sie lassen sich vielleicht einmal für einige Momente in solche Armutsviertel führen, halten eine kurze Rede, lassen sich von Fotografen werbewirksam ablichten und verschwinden dann bald wieder in einer Luxuskarosse, um im exklusiven 5-Sterne-Hotel abzusteigen.

In Jesus betritt der Gott die Bühne der Welt, dem alles in dieser Welt gehört. Himmel und Erde sind sein. Und wie erscheint er? Schlicht, bescheiden, arm, besitzlos, hilfsbedürftig, ohne jeden Anspruch auf eine entsprechende Behandlung als König der Könige, der er ja in Wahrheit ist. Er macht sich auf zu uns mit einer Gesinnung, die nur dienend helfen will – und zwar allen Menschen. Egal, wie sie zu ihm stehen, er will ihnen helfen. || **Er scheut sich nicht, zu denen hinzugehen, die ansteckend krank, verachtet und isoliert sind. Aber auch zu den materiell und geistlich Reichen geht er.** || Als Diener passte er sich nicht den konventionellen Vorstellungen seiner Zeit an. Der Dienst in Demut verträgt keine althergebrachten patriarchalischen oder matriarchalischen Vorstellungen. Er war in seinem Dienst auch kein politischer Revolutionär. Auch jegliche Showeffekte in seinen öffentlichen Auftritten waren ihm fremd, als er Menschen heilte oder von versklavenden Mächten befreite. Er brauchte keine

Öffentlichkeitsreferenten und Manager, die ihn geschickt vermarkteten. Die Kunde von seinem aufrichtigen Dienst mit einer sanftmütigen Herzenshaltung verbreitete sich wie ein Lauffeuer. Tausende kamen zu ihm, ließen zu Hause alles stehen und liegen. Er war in der Mitte der Menschen mit all ihren Problemen und ihrer Not angekommen – als der Dienende:

> „Denn wer ist größer, der zu Tisch Liegende oder der Dienende? Nicht der zu Tisch Liegende? Ich aber bin in eurer Mitte wie der Dienende" (Lk 22,27).

Doch als er sein Angesicht nach dreijährigem Dienst nach Jerusalem richtete und dort eintraf, um uns den größten Dienst zu tun, da kippte die Stimmung innerhalb weniger Tage. || **Aus dem Gefeierten wurde ein Verachteter. „Ans Kreuz mit ihm", schrie der Mob.** || „Die Folgen für unsere ablehnende Haltung gegenüber diesem Gotteslästerer tragen wir gerne mit unseren Kindern" (Mt 27,22-26). So besiegelte der Höhepunkt seines Dienstes als Verachteter und Gekreuzigter für viele sein Scheitern. Aber Jesu Auferstehung aus den Toten bestätigte: Dieser Dienst, den der gekreuzigte Jesus uns auf Golgatha tat, versöhnt uns mit dem ewigen Gott. Wir können aufatmen! Er hat vollbracht, was uns aus unserer elenden Unversöhnlichkeit herausführt. || **Auf vieles mögen wir vielleicht verzichten können, aber niemals auf den versöhnenden Dienst am Kreuz, den Jesus uns tat.** || Ohne Jesu dienende Herzenshaltung in tiefster Demut wären wir in unserer Gottesferne und damit für immer ohne Hoffnung geblieben. Durch Jesu Dienst aber haben wir wirklich eine berechtigte Hoffnung über dieses Leben hinaus. Das Ziel unseres Lebens endet nicht im Nirwana, im Nichts, und auch nicht in der Auflösung unserer Existenz. Das Ziel unseres Lebens heißt Jesus. Wir sind Teilhaber seiner Herrlichkeit. Und das alles, weil Jesus uns diente und sich davon nicht abbringen ließ. Er wusste, was wir wirklich nötig haben und wie Versöhnung gelingt.

d) Sehend – in vollem Bewusstsein dessen, was vor ihm lag
Zu Beginn von Johannes 13 lesen wir von Jesus:

> „Vor dem Passahfest aber, als Jesus wusste, dass seine Stunde gekommen war, aus dieser Welt zu dem Vater hinzugehen – da er die Seinen, die in der Welt waren, geliebt hatte, liebte er sie bis ans Ende" (Joh 13,1).

Wenn man weiß, dass man vor einem schweren Weg steht, der einen zum Schluss das Leben kosten wird, dann überlegt man verzweifelt, ob es nicht doch noch einen anderen Weg geben könnte, einen Ausweg. Der Selbsterhaltungstrieb, der stärkste Antrieb in unserem Leben, erhält in uns den Willen zum Weiterleben und zum Überleben, egal, wie aussichtslos die jeweilige Situation auch für uns sein mag. Nur wenn dieser Wille zum Leben gebrochen ist, gibt sich der Mensch, gezwungen von Ausweglosigkeit, Verzweiflung und Hoffnungslosigkeit, auf und akzeptiert gezwungenermaßen das Ende seiner Existenz.

|| **Jesus durchlitt als Mensch diese Spannung zwischen Selbsterhaltungstrieb und dem Willen des Vaters für ihn, als Sühneopfer für die Sünden der Menschen in den Tod zu gehen – mit all seinen schrecklichen Begleiterscheinungen.** || In der Erwartung der Schmähungen, der Geißelung, der Dornenkrone, der grausamen Kreuzigung und nicht zuletzt der Gottverlassenheit am Kreuz war in Gethsemane seine Seele in Angst und betrübt bis zum Tod:

> „Und er nahm den Petrus und die zwei Söhne des Zebedäus mit und fing an, betrübt und geängstigt zu werden. Dann spricht er zu ihnen: Meine Seele ist sehr betrübt, bis zum Tod. Bleibt hier und wacht mit mir!" (Mt 26,37-38).

Im Brief an die Hebräer lesen wir über das Leben Jesu und seine letzten Stunden, die über das Heil der Menschen entscheiden sollten:

> „Als Christus hier auf der Erde war – ein Mensch von Fleisch und Blut –, hat er mit lautem Schreien und unter Tränen gebetet und zu dem gefleht, der ihn aus der Gewalt des Todes befreien konnte, und weil er sich seinem Willen in Ehrfurcht unterstellte, wurde sein Gebet erhört“ (Hebr 5,7; NGÜ).

Jesus ging nicht galant oder in stoischer Gelassenheit den Weg zu unserer Versöhnung mit Gott in einen leidvollen Tod. Er sah und wusste, welch ein schwerer Weg in den nächsten Stunden vor ihm lag. Er machte ihn sich nicht leichter und angenehmer. Es gab auch keine Abkürzung, diesen schmerzlichen und schmachvollen Weg zu gehen. So

> „lernte er, obwohl er Sohn war, an dem, was er litt, den Gehorsam; und ist er allen, die ihm gehorchen, der Urheber ewigen Heils geworden“ (Hebr 5,8-9).

Das Besondere am Tod Jesu ist, dass er nicht davor weglief, obwohl er hätte weglaufen können, ohne irgendwelche negativen Konsequenzen befürchten zu müssen. Für ihn selbst hätte sich dadurch nichts geändert, er wäre anstatt nach Golgatha wieder zurück in den Himmel gegangen. || **Er wäre der Sohn Gottes geblieben, er wäre weiterhin im Himmel mit allen Ehren und großer Herrlichkeit als Gott ausgestattet gewesen. Dennoch wählte er mit vollem Bewusstsein diesen schweren Weg, den Weg des Todes.** || Als Unschuldiger, als Wohltäter, als der Allergeringste. Er wusste, dass es hier absolut keine andere Möglichkeit gab, um uns Menschen wieder zurück an Gottes Herz zu führen, in die ewig versöhnte Gemeinschaft mit ihm, in eine nie endende Dankbarkeit und Anbetung. Für uns musste er sterben und sühnen.

Und so ließ er sein Leben nach dem bestimmten Ratschluss und nach Vorkenntnis Gottes (Apg 2,23). Der Lohn dieses bewussten Weges war, dass er der Urheber ewigen Heils wurde für alle, die ihm glauben, dass er am Kreuz von Golgatha sein Leben stellvertretend für uns opferte. Das, was er getan hat, hat er für uns getan. So wurde alle unsere Schuld nicht mehr uns zugerechnet, sondern ihm. Damit hat er auch alle Anklagen gegen uns dem Satan für immer aus der Hand geschlagen. So kann Paulus siegesgewiss, ja, triumphierend schreiben:

> „Müssen wir denn nun noch damit rechnen, verurteilt zu werden? Nein, für die, die mit Jesus Christus verbunden sind, gibt es keine Verurteilung mehr" (Röm 8,1; NGÜ).

e) Liebend – an seine Jünger denkend

Bevor Jesus nach Gethsemane hinausging, feierte er mit seinen engsten Vertrauten noch das Passahmahl und setzte dann das Abendmahl ein. Im Lukasevangelium wird dieses Ereignis mit den Worten Jesu eingeleitet:

> „Mit Sehnsucht habe ich mich gesehnt, dieses Passahmahl mit euch zu essen, ehe ich leide" (Lk 22,15).

Bis zum letzten Atemzug galt seine Liebe und Fürsorge seinen Freunden, wie er sie nannte, denjenigen, die ihn nie erwählt hätten, aber denen er sich zuwandte und sie zu sich rief, dass sie bei ihm sein sollten, für immer und ewig. Es war die erwählende Liebe, die den Ratschluss Gottes von Ewigkeit her bestimmte: Ich will euch, und ich stelle mich auf eure Seite, damit ihr nicht alleine seid, wenn Gott sein Gerichtsurteil über euch ausspricht. || **Ich werde alle Verdammung, allen Fluch, alles Gericht auf mich ziehen, damit ihr verschont bleibt und als freie Leute den Gerichtssaal Gottes verlassen könnt.** || Warum? Weil ich euch so sehr liebe, weil ich euch das Herz meines Vaters zeigen möchte. Gott ist für euch, in allem und trotz allem, was euch belastet. Und das zeige ich euch in meinem Leidens- und Sterbensweg. – So gebietet er denjenigen, die ihn gefangen nehmen, seine Freunde zu verschonen:

„Jesus antwortete (bei seiner Gefangennahme in Gethsemane): Ich habe euch gesagt, dass ich es bin. Wenn ihr nun mich sucht, so lasst diese gehen“ (Joh 18,8)!

Das zeigt exemplarisch: Jesus schonte nicht sich, sondern seine Freunde. Es ging ihm um uns Menschen. Nicht wir sollten leiden und gekreuzigt werden, sondern er gab sich als das Opferlamm Gottes, das die Sünden der Welt hinwegtragen sollte (Joh 1,29).

Es ist wie das grausame Sterben eines Soldaten an der Front im fremden Land. Seine letzten Gedanken gelten seiner Frau und seinen Kindern, seinen Eltern und Freunden. So trug der Herr bis zuletzt seine Auserwählten und Geliebten im Herzen. An sie dachte er, für sie litt er, für sie starb er.

Nun, was du Herr erduldet, ist alles meine Last.
Ich hab es selbst verschuldet, was du getragen hast.
Schau her, hier steh ich Armer, der Zorn verdienet hat.
Gib mir, o mein Erbarmer, den Anblick deiner Gnad.
(Paul Gerhardt, 4. Strophe des Liedes: *O Haupt voll Blut und Wunden)*

Und er gab uns den Anblick seiner Gnade. Er schaute auf uns in seinem Erbarmen. Aus tiefster und reinster Liebe litt er für uns und starb er für uns:

Liebe, die für mich gelitten und gestorben in der Zeit;
Liebe, die mir hat erstritten ew'ge Lust und Seligkeit:
Liebe, dir ergeb ich mich, Dein zu bleiben ewiglich.
(3. Strophe des Liedes von Johann Scheffler, 1624–1677, *Liebe, die du mich zum Bilde)*

Jesus wusste: Wenn nicht er in den Riss trat, dann würden sie alle in den ewigen Abgrund des Verderbens gezogen. Auch der Hinweis in Bezug auf seine Nachfolger gegenüber seinen Folterknechten, die ihn gefangen nahmen, „lasst diese gehen" (Joh 18,8), zeigt, wie er sich schützend vor seine Leute stellte, obwohl sie ihn kurze Zeit später alleinließen.

Und so dachte er auch noch in den wenigen Minuten vor seinem letzten Atemzug fürsorglich an seine Mutter Maria und Johannes, den Apostel, die ihm ganz besonders nahe standen (Joh 19,25-27).

f) Auf seinen himmlischen Vater ausgerichtet

Der Vater begleitete seinen Sohn in dieser Welt auf Schritt und Tritt. Ständig war er bei ihm, umgab ihn, allerdings unsichtbar. Ab und zu trat er aus seiner Verborgenheit heraus und bestätigte deutlich vernehmbar vor den Menschen: „Dieser ist mein geliebter Sohn, an dem ich Wohlgefallen gefunden haben. Ihn hört!" (Mt 3,17; 17,5).

|| **Das Außergewöhnliche und Besondere an dem irdischen Leben und Wirken Jesu ist seine totale Ausrichtung auf seinen himmlischen Vater.** || Der väterliche Wille war sein ständiger Orientierungspunkt und das, was ihm Kraft gab (Joh 4,34). So hat sich der Sohn ganz an die Vorgaben des Vaters für sein Leben in dieser Welt gebunden. Dies ging so weit, dass Jesus von sich sagt:

> „Wahrlich, wahrlich, ich sage euch: Der Sohn kann nichts von sich selbst tun, außer was er den Vater tun sieht; denn was *der* tut, das tut ebenso auch der Sohn" (Joh 5,19).

Egal, ob es um seine vielen Wunder ging oder um die Berufung seines engsten Mitarbeiterkreises: Der Sohn konnte nur das tun, wofür sein himmlischer Vater ihm „grünes Licht" gab. In den Jahren seiner öffentlichen Wirksamkeit wurde nie die Not sein letzter Auftraggeber, sondern es blieb sein Vater, der ihm den Weg wies, was er an diesem und jenem Tag tun oder auch lassen sollte. So wich Jesus einmal den Pharisäern aus, weil sie beratschlagten, ihn zu töten (Mt 12,14-15). Die Stunde seiner finalen Konfrontation mit den Pharisäern, die zu seinem Tod führen würde, war noch nicht da. Ein anderes Mal musste Jesus durch Samaria gehen, wo aus Angst vor Verunreinigung kein frommer Jude hinging (Joh 4,4). Er aber, unter der Führung des Vaters, wich keiner Herausforderung aus, wenn der Vater sie eingeplant hatte.

Dazu ging Jesus häufig für sich allein an einen einsamen Ort oder auf einen Berg, um im Gebet die stärkende und Orientierung gebende Gemeinschaft mit dem Vater zu haben:

> „Und frühmorgens, als es noch sehr dunkel war, stand er auf und ging hinaus und ging fort an einen einsamen Ort und betete dort" (Mk 1,35).
>
> „Und als er die Volksmengen entlassen hatte, stieg er für sich allein auf den Berg, um zu beten. Als es aber Abend geworden, war er dort allein" (Mt 14,23).

Durch nichts in der Welt ließ er sich davon ablenken und abbringen. Die Gemeinschaft mit dem Vater stand in allem an erster Stelle. So blieb es bis zu seiner schwersten Stunde, vor der er so gerne verschont geblieben wäre (Mt 26,39). Jesu totale Abhängigkeit, seine Unterordnung, ja, sein Gebundensein an den Willen des Vaters, zeigt sich überaus deutlich auch auf seinem immer dorniger werdenden Weg hin zum Kreuz und zuletzt sogar am Kreuz. || **Er verlor nie aus dem Blick, wozu er in diese Welt gekommen war und was von Anfang die alles bestimmende Größe sein sollte: „Ich bin gekommen, o Gott, um deinen Willen zu tun" (Hebr 10,7).** ||

In den Stunden vor seiner Verhaftung, Geißelung und Kreuzigung erlebten drei seiner engsten Mitarbeiter, wie Jesus in einem mit Olivenbäumen bestückten Garten im Gebet mit seinem Vater sprach. Dabei betete Jesus in seiner Angst vor dem, was jetzt auf ihn zukommen würde, immer heftiger, sodass sein Schweiß wie Blutstropfen von seinem Gesicht tropfte (Lk 22,44). Dabei traf er die Entscheidung, die ihm nicht leichtfiel:

> „Vater, wenn du willst, nimm diesen Kelch von mir weg – doch nicht mein Wille, sondern der deine geschehe" (Lk 22,42)!

|| **Nur ein Satz, aber dieser Satz entschied über das Schicksal der ganzen Menschheit.** || Und diesen Satz sprach Jesus zu seinem Vater, um dessen Ehre aufzurichten, unser Heil zu bewirken und den Sieg über den Teufel und seine Werke herzustellen. Für ewig!

Wie er immer und überall zu seinem Vater gebetet hatte, so auch in der tiefsten Not und Verzweiflung am Kreuz, wo er sein Leben mit Bitten und starkem Geschrei unter Tränen seinen Gott opferte (Hebr 5,7).

h) Nicht gereizt, sondern gefasst, freundlich, helfend und schweigend

Eine Szene verdeutlicht, wie menschenfreundlich Jesus in Erwartung seines schlimmen Leidensweges reagierte. Petrus hieb einem Mann ein Ohr ab, der zu denen gehörte, die Jesus gefangen nehmen wollten. Und was tat der Herr? Er tat diesem Mann mit Namen Malchus Gutes und heilte sein Ohr. Welch eine Majestät strahlt Jesus hier aus! Man spürt seine tiefe Geborgenheit in der Hand seines Vaters. So schreibt der Prophet Jesaja vorausschauend:

> „Er wurde misshandelt, aber *er* beugte sich und tat seinen Mund nicht auf wie das Lamm, das zur Schlachtung geführt wird, und wie ein Schaf, das stumm ist vor seinen Scherern; und er tat seinen Mund nicht auf“ (Jes 53,7).

Wenn man an den Disput der Jünger beim Passahmahl denkt, wer unter ihnen wohl der Größte sei, und wie großmütig und freundlich der Herr darauf reagierte, dann sieht man, dass er sehr gefasst war und für seine Nachfolger das Beste suchte. || **Das konnte er nur sein, weil er seinen himmlischen Vater stets vor Augen hatte.** || Er lebte vor ihm und für ihn und opferte seinen Leib zur Sühne für die Verschuldung, in der die gesamte Menschheit gegenüber dem heiligen Gott stand. Versöhnend sprach er die Worte zu seinem Vater:

> „Vater, vergib ihnen [denen, die ihn gepeinigt und gekreuzigt hatten; *vom Autor hinzugefügt]*, denn sie wissen nicht, was sie tun" (Lk 23,34).

Solche Worte konnte Jesus nur sprechen, weil er den Willen seines Vaters und unsere einzige Möglichkeit, zurück zu ihm zu kommen, über seine eigenen Gefühle und Bedürfnisse stellte.

g) Leidend und schreiend

Als Mensch mit gleichen Schmerzempfindungen wie wir durchlitt Jesus die letzten Stunden vor seinem Tod am Kreuz. Im Hebräerbrief lesen wir die starken Worte:

> „Als Christus hier auf der Erde war – ein Mensch von Fleisch und Blut –, hat er mit lautem Schreien und unter Tränen gebetet und zu dem gefleht, der ihn aus der Gewalt des Todes befreien konnte, und weil er sich seinem Willen in Ehrfurcht unterstellte, wurde sein Gebet erhört" (Hebr 5,7; NGÜ).

Solch einen Gott kennt keine andere Religion. Ein leidender oder schreiender Gott, das wäre aus menschlicher Sicht ein absolutes Zeichen von Schwäche. Götter müssen souverän und mächtig auftreten, sie dürfen sich nicht in solch einer menschlichen Schwäche zeigen. Das wäre einer Gottheit absolut unwürdig. Doch Jesus stieg in die tiefste Verachtung hinab, in die jämmerlichste Gestalt; er ließ seinen Leib foltern und peinigen. So schrieb der Prophet Jesaja vorausschauend von seinen Leiden:

> „Er war verachtet und von den Menschen verlassen, ein Mann der Schmerzen und mit Leiden vertraut, wie einer, vor dem man das Gesicht verbirgt. Er war verachtet, und wir haben ihn nicht geachtet" (Jes 53,3).

Angesichts seiner stellvertretenden Leiden am Kreuz betete Jesus laut rufend, als er starb:

> „Vater, in deine Hände übergebe ich meinen Geist!" (Lk 23,46).

9

Die Versöhnung steht im großen Kontext des Todes und der Auferstehung Jesu

Ohne Tod und Auferstehung Jesu gibt es keine Möglichkeit zur Versöhnung zwischen Gott und Menschen. Die Schreiber des Neuen Testaments machen durchgehend deutlich, dass Jesu Leiden und Sterben die unumstößliche Basis für die Versöhnung ist. Und das ist ohne Alternative! Um jedoch die ganze Fülle dessen verständlich zu machen, was durch den Tod Jesu am Kreuz und seine leibliche Auferstehung geschehen ist, gebrauchen sie verschiedene Worte und Begriffe aus der griechischen Alltagssprache und der Geschichte Israels. Damit erklären sie, wie grundlegend und einzigartig Jesu Tod und Auferstehung für die Beziehung zwischen der Gottheit und der Menschheit sind. Die verschiedenen Worte, die der Heilige Geist bei der Abfassung der neutestamentlichen Bücher wählte, wollen die gesamte Bandbreite der Bedeutung von Jesu Sterben und Auferstehen herausstellen und verdeutlichen.

Dabei wird klar: Die Auswirkungen davon sind so umfassend, weil Gott wirklich alles berücksichtigt hat, was bei der Zerstörung durch die Sünde des Menschen angerichtet wurde. || **Seine Weisheit, seine Umsicht hat nichts übersehen, was der Mensch unbedingt benötigt, um in eine friedvolle Beziehung mit Gott einzutreten.** || So stellen die einzelnen Verfasser der Bibel die Person und das Werk Jesu in der gesamten Menschheit als einzigartig da. || **Der Mensch und Sohn Gottes Jesus Christus ist in der gesamten Menschheit ohne jede Parallele.** || Er trat dem Unheil dieser Welt entgegen und stellte sich ihm in den Weg, um das Größte zu wirken: Heil und Heilung für uns Menschen. Er schuf Frieden und eine unzerstörbare Hoffnung, die alles überbietet, was die Welt jemals gesehen und gehört hat.

Was bedeuten nun Jesu Sterben am Kreuz und seine Auferstehung für uns Menschen? Im Folgenden sollen die Wirkungen von Jesu Sühnopfer kurz skizziert werden.

a) Rechtfertigung des zu Recht Angeklagten

Dieser Ausdruck kommt aus der Rechtsprechung. Er bezeichnet den Vorgang, in dem der Angeklagte in einem Gerichtsprozess durch den Richter freigesprochen wird. Im Brief an die Römer überträgt Paulus den Begriff der Rechtfertigung auf die Beziehung zwischen Gott und den Menschen, die ihm bewusst ihr Leben unterstellen: „Wer wird gegen Gottes Auserwählte Anklage erheben? Gott ist es, der rechtfertigt" (Röm 8,33). Wer eine lebendige Beziehung zu Gott hat, wird von seiner Schuld freigesprochen. Rechtfertigung ist ein Geschenk, das Gott jedem macht, der an ihn glaubt und auf Jesus und seine Hingabe im Opfer am Kreuz für unsere Sünden vertraut:

„Da wir nun gerechtfertigt worden sind aus Glauben, so haben wir Frieden mit Gott durch unseren Herrn Jesus Christus" (Röm 5,1).

Diese Rechtfertigung spricht den Menschen für Zeit und Ewigkeit frei von aller Verdammnis. So dichtet Paul Gerhardt in seinem Lied „Ist Gott für mich, so trete" in der 5. Strophe:

Nichts, nichts kann mich verdammen,
nichts nimmt mir meinen Mut;
die Höll und ihre Flammen löscht meines Heilands Blut.
Kein Urteil mich erschrecket, kein Unheil mich betrübt,
weil mich mit Flügeln decket mein Heiland, der mich liebt.

Unser aller Gerichtsprozess vor einem gerechten und heiligen Gott hat ein gutes Ende genommen. Wir dürfen als freie Menschen ausgehen und leben – wenn wir uns vor Gott als Schuldige bekennen und sein Urteil akzeptieren. Obwohl ich das Todesurteil verdient hätte, spricht mich Gott gerecht. Unglaublich, was er da mir zugut tut.

Eigentlich eine schreiende Ungerechtigkeit. Doch er konnte das tun, ohne seine hohen ethischen Ansprüche an mich herunterzuschrauben, weil mein Verteidiger für mich gesprochen hat. Allein sein Eintreten für mich erlaubte es dem Richter, mich als freien Menschen ziehen zu lassen. Ohne den Fürsprecher wäre mir das Todesurteil sicher gewesen.

> „Meine Kinder, ich schreibe euch dies, damit ihr nicht sündigt; und wenn jemand sündigt – wir haben einen Beistand (= Fürsprecher, Verteidiger) bei dem Vater: Jesus Christus, den Gerechten. Und er ist die Sühnung für unsere Sünden, nicht allein aber für die unseren, sondern auch für die ganze Welt." (1Jo 2,1-2)

In unserem Gerichtsprozess vor Gott gilt allein das, was Jesus zu unserer Verteidigung vorbringt. || **Er zeigt dem Vater seine Wunden, die auf seinen stellvertretenden Tod für uns hinweisen.** ||Alles andere wäre für Gott kein Argument dafür, uns freizusprechen! Denn alles Gute, das ein Mensch tun kann, kann ihn vor Gott nicht als makellos gerecht erklären. Dazu sind wir zu sehr in unsere Ungerechtigkeit und Untugenden verstrickt, die gerade dann an die Oberfläche treten, wenn wir Gott gefallen wollen.

Wie elementar sind doch die Worte, die Paulus im Römerbrief geschrieben hat. Das ist keine Bettlektüre kurz vor dem Einschlafen. Sie fordern unsere ganze Konzentration. Denn diese Sätze offenbaren das ganze befreiende Evangelium. Ein Tipp: Lesen Sie sie langsam und immer wieder, bis Freude, Erleichterung und die Gewissheit in Ihr Leben einzieht – darüber, dass Gott Ihnen gut ist. Und vergessen Sie nicht, ihm immer wieder dafür zu danken:

> „Alle sind schuldig geworden und haben die Herrlichkeit verloren, in der Gott den Menschen ursprünglich geschaffen hatte. Ganz unverdient, aus reiner Gnade, lässt Gott sie vor seinem Urteil als gerecht bestehen – aufgrund der Erlösung, die durch Jesus Christus geschehen ist. Ihn hat Gott als Sühnezeichen aufgerichtet vor aller Welt. Sein Blut, das am

> Kreuz vergossen wurde, hat die Schuld getilgt – und das wird wirksam für alle, die es im Glauben annehmen. Damit hat Gott seine Gerechtigkeit unter Beweis gestellt, nachdem er früher die Verfehlungen der Menschen ungestraft hingehen ließ, in der Zeit seiner Geduld. Ja, jetzt in unserer Zeit erweist Gott seine Gerechtigkeit als Treue zu sich selbst und zu seinen Menschen: Er verschafft seinem Rechtsanspruch Geltung und schafft selber die von den Menschen schuldig gebliebene Gerechtigkeit, und das für alle, die einzig und allein auf das vertrauen, was er durch Jesus getan hat" (Röm 3,23-26; GNB).

Gott ist gerecht und spricht jeden gerecht, der sein Vertrauen einzig und allein auf das setzt, was Gott in Jesus für ihn getan hat. Wer das glauben kann, der kann aufatmen und leben. Er lässt sich damit aus der hoffnungslosen Todesspirale befreien, die ihn verdammt, weil er es einfach nicht fertigbringt, so zu leben, wie Gott es fordert. || **Alle Selbstverdammung durch das eigene Gewissen darf ein für alle Mal ein Ende haben, weil Gott mich in Jesus gerecht gesprochen hat.** || Das muss immer wieder geglaubt werden, gerade dann, wenn wir uns wieder einmal von Gott entfernt und gegen seinen Willen gehandelt haben. In allem sollten wir auch bedenken, dass manche unserer Taten, die von uns als gut angesehen werden, in Wirklichkeit durchsäuert sind von der Sucht danach, von anderen geehrt zu werden (Joh 5,44). Und dafür brauchen wir genauso Vergebung unserer Schuld. Einzig und allein, weil Gott unserem Leben die Gerechtigkeit Christi hinzufügt und anrechnet, sind wir als Glaubende gerecht vor Gott. Bedenken wir, was Paulus über sein Leben schrieb, als er es nicht wagte, auch nur ein Gebot Gottes zu übertreten:

> „Gemessen an dem, was das Gesetz vorschreibt, stand ich vor Gott ohne Tadel da. Aber dies alles, was mir früher als Vorteil erschien, habe ich durch Christus als Nachteil erkannt. Ich betrachte überhaupt alles als Verlust im Vergleich mit dem überwältigenden Gewinn, dass ich Jesus Christus als meinen Herrn kenne. Durch ihn hat für mich alles andere seinen Wert

verloren, ja, ich halte es für bloßen Dreck. Nur noch Christus besitzt für mich einen Wert. Zu ihm möchte ich um jeden Preis gehören. Deshalb will ich nicht mehr durch mein eigenes Tun vor Gott als gerecht bestehen. Ich suche nicht meine eigene Gerechtigkeit, die aus der Befolgung des Gesetzes kommt, sondern die Gerechtigkeit, die von Gott kommt und denen geschenkt wird, die glauben. Ich möchte vor Gott als gerecht bestehen, indem ich mich in vertrauendem Glauben auf das verlasse, was er durch Christus für mich getan hat" (Phil 3,6-9; GNB).

Dem ist nichts hinzuzufügen!

b) Erlösung des versklavten Menschen

Der Begriff Erlösung stammt aus der Welt des Sklavenhandels. Ein Sklave hatte nur zwei Möglichkeiten, in die Freiheit zu kommen. Entweder kaufte er sich selbst frei, was nahezu aussichtslos war, weil Sklaven keinen oder nur geringen persönlichen Besitz hatten. Oder aber er bekam die Freiheit von seinem rechtmäßigen Besitzer geschenkt.

Zunächst wurde der Sklave für einen festgesetzten Preis von seinem neuen Herrn auf dem Sklavenmarkt gekauft. Bei seiner Freilassung erhielt er von seinem Gebieter ein Dokument, das seine ordnungsgemäße Entlassung bescheinigte, und damit war er frei. Jesus erklärt folgendermaßen, weshalb er als Mensch unter Menschen lebt:

„Der Sohn des Menschen ist nicht gekommen, um bedient zu werden, sondern um zu dienen und sein Leben zu geben als Lösegeld für viele" (Mt 20,28).

Jesus Christus bezahlte am Kreuz unseren „Loskaufpreis" mit seinem Leben. Damit kaufte er uns aus dem bestehenden Rechtsverhältnis frei. So verloren die alten, destruktiven Mächte, die Sünde, der Satan und der Tod, ihren rechtmäßigen Machtanspruch auf unser Leben. || **Wer erkennt und annimmt, was Jesus für ihn getan hat, kann seinen alten Dienstherren die Stirn bieten, den Sklavendienst beenden und**

sie verlassen. || Alle alten Ansprüche auf ein Anrecht an uns durch unsere Sünden sind durch den Kaufpreis des Blutes Jesu ausgelöscht, für immer! Wenn wir uns darauf berufen, muss das Satan, der Verkläger und Sklaventreiber, der Feind Gottes, akzeptieren. Und das wird immer und immer wieder nötig sein.

Aus Dank und Liebe stellt jeder, der das begriffen hat, Gott sein Leben freiwillig zur Verfügung. Dabei ist er gerne ein „Sklave Jesu Christi", für den Nachfolger Jesu ein Ehrentitel. Denn solch einen Herrn wie Jesus zu haben, der mein Diener wurde, um mich für Gott freizukaufen, das ist schon aller Ehren wert. Wo gibt es einen Dienstherrn in dieser Welt, der so mit seinen „Angestellten" und „Arbeitern" umgeht, wie Jesus Christus es getan hat?

> „Denn *einer* ist Gott, und *einer* ist Mittler zwischen Gott und den Menschen, der Mensch Christus Jesus, der sich selbst als Lösegeld für alle gab" (1Tim 2,5-6).

c) Vergebung für die hoffnungslos Verschuldeten

Entschuldung ist dort nötig, wo es in einer Beziehung Schulden gibt. Im Alten Testament gibt es eine Weisung Gottes, die den Schuldenerlass innerhalb des Volkes Israel regelt. Sämtliche aufgelaufenen Schulden, die jemand hat, müssen alle sieben bzw. alle fünfzig Jahre erlassen werden. So gab es durch das Erlassjahr für die hoffnungslos Überschuldeten immer wieder die Möglichkeit zu einem Neuanfang. Ein Schuldenschnitt, der die gesamte Gesellschaft umfasste und in dem auch hebräische Sklaven freigelassen wurden. Das ermöglichte einen Neuanfang in Genesung und Würde. Ohne solch einen Schuldenschnitt hätte es vielleicht das von aller Welt bestaunte Wirtschaftswunder im Westen Deutschlands, der BRD, nie gegeben. Im „Londoner Schuldenabkommen" vom Februar 1953 wurde der jungen Nachkriegsrepublik die Hälfte ihrer Auslandsschulden, die sich insgesamt auf knapp 30 Mrd. DM beliefen, erlassen. So konnte das Land wieder auf die Beine kommen und wurde vor dem Ausbluten bewahrt. Die andere Hälfte durfte nur aus Überschüssen beglichen werden.

Schulden gab und gibt es aber nicht nur in zwischenmenschlichen Beziehungen, sondern auch und besonders in der Beziehung zu Gott. Durch die Sünden, die der Mensch begeht, ist er vor Gott schuldig geworden und steht bei Gott „in der Kreide". Der stellvertretende Tod Jesu am Kreuz tilgt nun alle Schulden, die er bei Gott hat und selbst nicht begleichen kann. Genau das formuliert Paulus in seinem Brief an die Epheser:

> „Durch dessen Blut sind wir erlöst: Unsere ganze Schuld ist uns vergeben. So zeigte Gott uns den Reichtum seiner Gnade" (Eph 1,7; GNB).

Tod und Auferstehung Jesu sind die Garantie dafür, dass es für uns einen umfassenden Erlass aller Schuld gibt, der in Gottes Augen für Zeit und Ewigkeit gültig ist. Daran kann kein Mensch, keine Institution (auch keine christliche), keine Macht der Welt rütteln oder dies etwa rückgängig machen. Schuld vergibt Gott direkt, ohne jede menschliche Zwischeninstanz. Es gibt nur einen einzigen Mittler: Jesus Christus (1Tim 2,5). Deshalb kann jeder Mensch in dieser Welt an jedem Ort direkt zu Gott kommen und um Vergebung seiner Schuld bitten. Was für ein außergewöhnliches, großartiges und einzigartiges Angebot Gottes für alle, die unter ihrer Schuld leiden und von ihr erdrückt werden! || **Egal, wie hoch unser Schuldenberg ist, der sich vielleicht über Jahrzehnte angehäuft hat, die Vergebung durch Jesus verschluckt ihn restlos.** || Dieser Schuldenschnitt Gottes ist das, was Menschen wirklich brauchen. Ich darf den Platz der Anschuldigung verlassen, weil Jesus ihn für mich eingenommen hat. Mein Schuldschein ist zerrissen (Kol 2,14).

Das gibt trotz Erfahrungen des Scheiterns einen hoffnungsfrohen Ausblick für die Zukunft! Es gilt immer noch das Bekenntnis des Propheten Daniel: „Bei dem Herrn, unserem Gott, ist das Erbarmen und die Vergebung" (Dan 9,9). Selbstzufriedenheit und Selbstgerechtigkeit haben deshalb keinen Platz mehr in uns und unter uns. Was für ein Vorrecht ist es für den Entschuldeten, die Worte Davids zu verstehen und zu glauben:

> „… der dir alle deine Sünde vergibt und heilet alle deine Gebrechen, der dein Leben vom Verderben erlöst, der dich krönet mit Gnade und Barmherzigkeit“ (Ps 103,3-4; LUT 1545).

d) Kindschaft für den von Gott Getrennten

Dieser Begriff der Kindschaft gehört in den Bereich des Familienrechts und umschreibt die Adoption. Ein Fremder wird in den Stand des Sohnes und rechtmäßigen Erben erhoben. Im Neuen Testament wird allerdings die Bedeutung noch weiter gefasst. Wenn ein Mensch Jesus als Herrn und Retter in sein Leben aufnimmt, vollzieht sich mehr als eine Adoption. Durch die vom Heiligen Geist bewirkte nochmalige Geburt, die Wiedergeburt, wird er rechtmäßig in die Familie Gottes hineingeboren. || **So wie ein Baby in eine menschliche Familie hineingeboren wird, wird jemand, der Jesus in sein Leben aufnimmt, in Gottes Familie, die Gemeinde Jesu, hineingeboren.** || Er ist damit auch erbberechtigt und darf Gott seinen lieben Vater nennen. Das bedeutet das Wort „Abba“ (Ausdruck für die kindliche, herzliche Beziehung zum Vater), das Paulus im Römerbrief gebraucht:

> „Der Geist, den Gott euch gegeben hat, ist ja nicht ein Sklavengeist, sodass ihr wie früher in Angst leben müsstet. Es ist der Geist, den ihr als seine Söhne und Töchter habt. Von diesem Geist erfüllt rufen wir zu Gott: ‚Abba! Vater!‘ So macht sein Geist uns im Innersten gewiss, dass wir Kinder Gottes sind. Wenn wir aber Kinder sind, dann sind wir auch Erben, und das heißt: wir bekommen teil am unvergänglichen Leben des Vaters, genauso wie Christus und zusammen mit ihm. Wie wir mit Christus leiden, sollen wir auch seine Herrlichkeit mit ihm teilen“ (Röm 8,15-17; GNB).

Gott als „Vater“ ansprechen zu dürfen, sein rechtmäßiges Kind zu sein, dazu sind wir berechtigt, wenn wir Jesus als Herrn und Gott annehmen und ihn als unseren Retter bekennen:

> „All denen jedoch, die ihn aufnahmen und an seinen Namen glaubten, gab er das Recht, Gottes Kinder zu werden“ (Joh 1,12).

Dieses Erbrecht beinhaltet, dass wir einmal voll und ganz in die himmlische Herrlichkeit aufgenommen werden und Jesus in seinem Wesen – nicht in seiner Stellung – gleich sein werden (1Jo 3,2).

e) Unsere Antwort auf das Opfer Christi: Dank und Hingabe an Gott
Wenn wir Gott heute Opfer bringen, dann nicht mehr, um unser oftmals schlechtes Gewissen zu beruhigen oder Gott die Vergebung unserer Schuld abzuringen. Wir opfern ihm aus Dankbarkeit unser Leben und stellen seine Sache an die erste Stelle (Mt 6,33). „Dankbare Lieder sind Weihrauch und Widder“ heißt es in der 3. Strophe des Liedes „Die güldne Sonne“. Unsere Lobopfer heute sind „Lippen, die seinen Namen bekennen“ (Hebr 13,15). Wenn wir Gott opfern, dann so, wie Paulus es an die Christen in Rom schreibt:

> „Ich ermahne euch nun, Brüder, durch die Erbarmungen Gottes, eure Leiber darzustellen als ein lebendiges, heiliges, Gott wohlgefälliges Opfer, was euer vernünftiger Gottesdienst ist. Und seid nicht gleichförmig dieser Welt, sondern werdet verwandelt durch die Erneuerung des Sinnes, dass ihr prüfen mögt, was der Wille Gottes ist: das Gute und Wohlgefällige und Vollkommene“ (Röm 12,1-2).

Zu dem allen motiviert uns das Erbarmen Gottes mit uns zahlungsunfähigen Schuldnern. Was die einen zutiefst und empört ablehnen, ist für andere der Grund einer nie endenden Anbetung Gottes und der Hingabe an ihn mit einer lebenslangen Einsatzbereitschaft.

In einer Zusammenfassung möchte ich noch einmal das Unbegreifliche herausstellen, wer Jesus ist und was er für uns tat. Sie zeigt, für wen Jesus Christus, der Sohn Gottes, in diese Welt gekommen ist. In der angenommenen Versöhnung überträgt er seine Eigenschaften auf alle, die sich mit Gott durch den Sühnetod Jesu versöhnen lassen.

Das ist die Wahrheit, alles andere ist Lüge, die verdammt und uns in den eigenen Vorstellungen behaftet bleiben lässt.

- der Suchende für die Verschollenen
- der Heilige für die Unheiligen
- der Reine für die Unreinen
- der Gottesdiener für die Götzendiener
- der Untadelige für die Gotteslästerer
- der Gerechte für die Ungerechten
- der Sündlose für die Sünder
- der Friedliche für die Feinde
- der Unschuldige für die Schuldigen
- der Gehorsame für die Abtrünnigen
- der Liebende für die Verächter und Verachteten
- der Wahrhaftige für die Lügner
- der Demütige für die Stolzen
- der Gute für die Bösartigen
- der Göttliche für die Menschlichen
- der Unwandelbare für die Unbeständigen
- der Unendliche für die Begrenzten
- der Freie für die Gebundenen
- der Heilende für die Kranken
- der Gekreuzigte für die Verlorenen
- der Ewige für die Sterblichen
- der Lebendige für die Toten
- der Gnadenthron für alle Hilfesuchenden
- der Richter der Lebenden und der Toten

In all dem wird deutlich, was alle Menschen durch ihr Getrenntsein von Gott, der Quelle des Lebens, mit ihrer Schuld und Sünde verloren haben und allein in Jesus Christus, dem Sohn Gottes, finden können.

10

Spuren hinterlassen und nicht nur Staub aufwirbeln – Wirkungen und Ziel von Gottes großer Versöhnung mit uns

Alles, was Gott für uns getan hat und täglich an uns tut, tut er mit einer bestimmten Absicht. Gottes oft verborgenes Handeln ist nie zwecklos und planlos. Auch mit seiner Versöhnungstat in Jesus Christus verfolgte Gott bestimmte Ziele. Er möchte, dass „nach innen", „nach außen" und „nach oben" sein Name geehrt wird. Was es mit diesen drei Ausrichtungen auf sich hat, möchte ich im Folgenden kurz aufzeigen.

|| **Gelebte Versöhnung lässt die persönliche Identität in Christus mehr und mehr mein Denken bestimmen.** || Sie schenkt durch die Vergebung immer mehr Freimütigkeit im Gebet, weil Jesus mir den Weg zu Gott freigemacht hat (Hebr 10,19). Meine Stimme wird fester und klarer. Der Heilige Geist führt mich tiefer in meine Rechte als Kind Gottes ein. Ich gleiche immer weniger einem Fußball, der sich von allen möglichen Zeitgenossen hin und her treten lässt. || **Mein umfassendes Geliebtsein von Gott gibt mir Stärke, wenn ich angegriffen werde.** || Manche Täler auf dem Weg des Glaubens werden kürzer, weil ich es mehr und mehr lerne, als Mensch zu leben, den Gott für immer angenommen und freigesprochen hat. Die verdammenden Gedanken, wenn ich etwas falsch gemacht habe, verlieren mit der Zeit ihre Macht über mich, weil ich mir mehr und mehr bewusst werde, dass ich von Gott angenommen bin. || **Denn Jesus ist ja gerade für Menschen gekommen, die viel falsch gemacht haben und noch manche Irrtümer in sich herumtragen.** || Ich lasse mich nicht mehr so viel hin und herwerfen und in Zweifel stürzen, weil ich den Verursacher für anklagende und deprimierende Gedanken schneller ausmachen und abwehren kann. Ich werde sicherer, entschlossener und

auch mutiger, wenn es darum geht, Verheißungen Gottes persönlich in Anspruch zu nehmen. || **Mein Glaube wird zunehmend gestärkt, wird frischer, weil ich anderen gegenüber nicht mehr nachtragend sein werde.** || Ich habe zunehmend Frieden im Herzen und bin nicht mehr so gereizt. Die Überhebung über andere wird mein Denken nicht mehr anhaltend bestimmen können, weil ich mir immer mehr vergegenwärtige, dass wir alle aus dem gleichen Holz geschnitzt sind. Wir alle sind in Pfützen geraten, in denen wir uns besudelt haben. Mein Anspruchsdenken in Bezug auf meine Umgebung wird weniger, weil mir das Geschenk versöhnter Beziehungen zeigt, wie reich ich in Gott geworden bin. Prioritäten ändern sich schrittweise oder sogar unmittelbar durch die wachsende Gewissheit, dass nur ein Leben unter der Führung Jesu ein erfülltes Leben ist.

Eine solche Veränderung im Denken und Leben geschieht jedoch meist nicht von heute auf morgen. Sie braucht Zeit. Und Gott hat viel Zeit und viel Geduld mit uns. Nicht umsonst wird er „der Gott der Geduld und des Trostes“ genannt (Röm 15,7). Und es gilt auch, immer wieder zu lernen aufzustehen und weiterzugehen, wenn wir durch unser Fehlverhalten gestolpert und gefallen sind. Denn „der Gerechte fällt sieben Mal und steht wieder auf“ (Spr 24,16). || **Um im Glauben fest zu werden, müssen wir „nur“ einmal mehr aufstehen, als wir gefallen sind.** || Damit entziehen wir dem Ausgebranntsein eine entscheidende Angriffsfläche. Wir verzehren unsere Kräfte nicht an der falschen Stelle. Wir sollten es uns zur Regel machen, dass wir schneller beim Vater im Himmel erscheinen als unser Ankläger, der Teufel. Dann können wir ihm entgegenhalten, wenn er uns anklagt: „Ich war schon bei meinem himmlischen Vater. Du kannst ihm nichts Neues berichten. Es ist alles geregelt. Er hat mir schon vergeben.“ So wird die großartige Verheißung – „Es gibt nun keine Verdammnis mehr für die, die in Christus Jesus sind“ (Röm 8,1) – zu meiner unumstößlichen Gewissheit und meinem festem Besitz. Und was ist, wenn ich wieder einmal abstürze, weil ich mir unverzeihliche Fehler geleistet habe? Dann bleibt Gott derselbe in seiner Haltung zu mir, so wie es Paulus unmissverständlich ausdrückt:

„Ist Gott für uns, wer kann wider uns sein? Der auch seinen eigenen Sohn nicht verschont hat, sondern hat ihn für uns alle dahingegeben – wie sollte er uns mit ihm nicht alles schenken? Wer will die Auserwählten Gottes beschuldigen? Gott ist hier, der gerecht macht. Wer will verdammen? Christus Jesus ist hier, der gestorben ist, ja vielmehr, der auch auferweckt ist, der zur Rechten Gottes ist und uns vertritt" (Röm 8,31-34, LUT).

Das ist die Wahrheit, die uns befreit. Sie gilt gerade auch dann, wenn Gott über einige Dinge in meinem Leben mit mir reden muss und mit manchem nicht einverstanden ist. Aber dann darf ich Zutrauen zu ihm haben und offen und ehrlich mit ihm über das Beschämende reden, weil er mir in seiner Güte und Freundlichkeit zugeneigt bleibt. || **Gottes Zorn wird in der Bibel nur durch diejenigen hervorgerufen, die in anhaltendem unbeugsamem Stolz, in großer Gemeinheit und einer unverschämten Frechheit gegen Gott und die Menschen auftreten.** || Gott war und ist gegen die, welche bewusst Gottes Recht und Weisung pervertieren und das Licht zur Finsternis machen und umgekehrt (Jes 5,20-21). Gott spricht sein Wehe über denen aus, die in ihren Augen weise sind und sich selbst für klug halten.

Jesus befreit zur Wahrheit – zu der wohltuenden und manchmal auch zu der schmerzlichen. Aber sein Ziel bleibt: Menschen sollen durch die Annahme seiner Versöhnung glücklich und angenehm im Umgang werden.

a) Nach innen: … damit sie alle eins seien

Das war das große Anliegen Jesu in seinem letzten Gebet für alle, die ihm der Vater einmal geben wird und die seine Nachfolger werden. Das ist ein sehr ambitioniertes Ziel, das Jesus da angesichts seines bevorstehenden Leidens und Sterbens formuliert:

„Aber nicht für diese allein bitte ich, sondern auch für die, welche durch ihr Wort an mich glauben, damit sie alle eins seien, wie du, Vater, in mir und ich in dir, dass auch *sie* in uns eins seien, damit die Welt glaube, dass du mich gesandt hast. Und die Herrlichkeit, die du mir gegeben hast, habe ich ihnen gegeben, dass sie eins seien, wie *wir* eins sind – ich in ihnen und du in mir –, dass sie in eins vollendet seien, damit die Welt erkenne, dass du mich gesandt und sie geliebt hast, wie du mich geliebt hast" (Joh 17,20-23).

Für diese Bitte tat Jesus alles, damit seine Gemeinde in ihm eine vollendete Einheit darstellt. || **Er schuf in seiner Versöhnung am Kreuz eine unanfechtbare und unzerstörbare Einheit der Männer und Frauen, die in seine Nachfolge treten sollten, die allerdings erst in der Ewigkeit vollendet sichtbar sein wird.** || Bis dahin kann es in dieser Welt auch unter Kindern Gottes noch manchen Streit und manche Uneinigkeit mit schmerzlichen Trennungen geben. Dennoch: Diese Versöhnungstat Gottes ist so groß, dass sie alles, aber auch wirklich alles, vor Gott sühnte, was sich an Schuld und Verdammnis aufgehäuft hatte. || **Die unsichtbare Einheit der Erlösten ist unzerstörbar und hat auch dann Bestand, wenn manche Glieder der Gemeinde Jesu alles trennen, was von Gott her zusammengehört.** || Alle Zerstrittenheit untereinander, alle hässlichen Äußerungen, alle Verleumdungen und ungerechtfertigten Kritiken unter den Kindern Gottes sind in seinem Tod ein für alle Mal gesühnt. So schuf er in seinem sühnenden Tod alle Voraussetzungen, dass wir mit Gott und untereinander ganz versöhnt und damit auch vereint sein können. Alles Trennende nahm Gott in Jesus aus der Mitte und schuf im Sühnetod Jesu die Einheit (vgl. Eph 2,13ff.). Zu dieser Einheit zwischen dem himmlischen Vater und seinen Kindern kann kein Mensch etwas hinzufügen oder etwas vor ihr wegnehmen. Damit dies schon jetzt eine unumstößliche Wirklichkeit ist, dafür ließ Jesus sein Blut und Leben in seinem Leiden und Sterben am Kreuz. Er hat alles Trennende gesühnt und gutgemacht. Die Entschädigung für allen zerstörenden Streit im Volk Gottes ist geleistet. So sieht Gott jeden, der die Vergebung seiner Schuld und die Gerechtigkeit Christi besitzt, in völliger Harmonie mit ihm und allen anderen Gliedern am Leib Christi. Denn

„er hat den Schuldbrief getilgt, der mit seinen Forderungen gegen uns war, und hat ihn weggetan und an das Kreuz geheftet“ (Kol 2,14; LUT84).

Das, was zur Zeit der ersten Christen das jüdische Volk und die Heiden trennte, wurde durch den Sühnetod Jesu entfernt, sodass nichts Trennendes mehr zwischen ihnen stand. Paulus hat dies sehr deutlich im Epheserbrief dargelegt:

„Damals wart ihr fern von Gott, jetzt aber seid ihr ihm nahe durch die Verbindung mit Jesus Christus, durch das Blut, das er vergossen hat. Christus ist es, der uns allen den Frieden gebracht und Juden und Nichtjuden zu einem einzigen Volk verbunden hat. Er hat die Mauer eingerissen, die die beiden trennte und zu Feinden machte. Denn durch sein Sterben hat er das jüdische Gesetz mit seinen zur Trennung führenden Vorschriften beseitigt. So hat er Frieden gestiftet. Er hat die getrennten Teile der Menschheit mit sich verbunden und daraus den einen neuen Menschen geschaffen“ (Eph 2,13-15; GNB).

Und dieser neue Mensch, die Gemeinde Jesu, ist versöhnt mit Gott. Alle trennenden Mauern sind vor Gott und untereinander eingerissen und plattgemacht.

Aber, so werden jetzt manche sagen: Unsere Gemeinde ist doch total zerstritten. Manchmal fliegen bei uns die Fetzen. Da ist nichts von Einheit und Einmütigkeit zu sehen. Gilt da auch noch die von Gott geschaffene Einheit? Nun, nach außen hin, in der Gemeinde selbst, wohl nicht mehr. || **In der Gemeinde Jesu kann es viel Trennendes geben, Abschottung und gegenseitige Kritik richten Mauern gegeneinander auf. Das soll nicht bestritten werden. Aber damit wird das, was Jesus am Kreuz für jeden der betreffenden Streithähne getan hat, nicht aufgehoben und rückgängig gemacht.** || Vor Gott gilt uneingeschränkt die von ihm hergestellte „objektive“ Einheit der Kinder Gottes. Ohne Zweifel hat die „subjektive“ Einheit der Gemeinde Jesu in dieser Welt sehr oft Schaden gelitten und wird sie auch weiterhin noch erleiden. Das ist für jeden schmerzhaft, dem das Leiden und Sterben Jesu für unsere Sünden wegweisend und kostbar ist.

Dennoch sollten wir zwischen objektiver, von Gott geschaffener Einheit und subjektiver, von uns Christen gelebter Einheit unterscheiden. || **Wir als Kinder Gottes werden untereinander noch viel Porzellan zerschlagen. Noch manche Träne wird wegen verhärteter Fronten fließen. Noch manchen Gläubigen werden die erkalteten Beziehungen untereinander bis ins Mark erschüttern. Das alles ist nicht zum Lachen.** || Solche Zustände können nur ein Anlass dazu sein, sich vor Gott zu demütigen und nicht mehr durch sein eigenes ichbezogenes Verhalten zu Spaltungen durch Streit und Zank beizutragen. Die gelebte Einheit in Christus wird trotz aller Bemühungen nach wie vor schwierig sein. In einer Zeit, in der der Individualismus der Menschen in unserer westlichen Welt kaum noch zu überbieten ist, ist tief in die Gemeinde Jesu eine narzisstische, egozentrische Lebenshaltung eingedrungen. Daher erscheint die Mahnung des Paulus an die Gemeinde in Philippi in unserer heutigen Lage wie ein Fremdkörper:

> „Wenn es nun irgendeine Ermunterung in Christus gibt, wenn irgendeinen Trost der Liebe, wenn irgendeine Gemeinschaft des Geistes, wenn irgendein herzliches Mitleid und Erbarmen, so erfüllt meine Freude, dass ihr dieselbe Gesinnung und dieselbe Liebe habt, einmütig, *eines* Sinnes seid, nichts aus Eigennutz oder eitler Ruhmsucht tut, sondern dass in der Demut einer den anderen höher achtet als sich selbst; ein jeder sehe nicht auf das Seine, sondern ein jeder auch auf das der anderen! Habt diese Gesinnung in euch, die auch in Christus Jesus war“ (Phil 2,1-5).

Ja, so könnte die Einheit der Christen eigentlich aussehen bzw. wiederhergestellt werden, wenn wir nicht so tief in unsere Rechthaberei verstrickt wären. Wir müssen zwar unsere Überzeugungen nur um des lieben Friedens willen nicht leichtfertig opfern, und manchmal führt Gott selbst Trennungen herbei, z. B. wenn die Unterschiede in

Fragen der Lehre und Ethik immer gegensätzlicher werden (siehe Reformation). Aber wer wird in möglichen Versöhnungsprozessen in einer bescheidenen, demütigen, aufrichtigen Haltung den ersten Schritt tun, um auf den anderen zuzugehen, ohne feurige Pfeile auf ihn abschießen zu wollen? || **Wer ist noch erfüllt von der Gesinnung, mit der Jesus damals in die Welt kam und sich für unsere Sündenschuld richten ließ? Wer trägt noch diesen Geist der Versöhnung in sich und gibt ihm Raum?** || Wer trägt noch zum Frieden in der Gemeinde bei, der Gott so wichtig und willkommen ist? Hat nicht Gott gerade auf die Einmütigkeit unter uns Menschen große Verheißungen gelegt?

> „Siehe, wie gut und wie lieblich ist es, wenn Brüder einträchtig beieinander wohnen. Denn dorthin hat der HERR den Segen befohlen, Leben bis in Ewigkeit" (Ps 133,1.3).
>
> „Wahrlich, ich sage euch auch: Wenn zwei unter euch eins werden auf Erden, worum sie bitten wollen, so soll es ihnen widerfahren von meinem Vater im Himmel. Denn wo zwei oder drei versammelt sind in meinem Namen, da bin ich mitten unter ihnen" (Mt 18,19-20; LUT84).

|| **Es ist eine bleibende Herausforderung, Einheit nach göttlichen Werten und Vorstellungen wirklich zu wollen und zu leben.** || Und zu den Werten und Vorstellungen Gottes von der Einheit der Gemeinde Jesu gehört auch, dass sie gerade für diejenigen gilt, die durch eine bewusste Hinwendung zu Jesus mit Gott versöhnt sind.

b) Nach außen: die missionarische Dimension erlebter Versöhnung
Die stärkste Anziehungskraft hat wohl die Gemeinschaft von Christen, die Versöhnung praktiziert. Wie von unsichtbaren Seilen werden Menschen dorthin gezogen, wo Jesus und seine Versöhnung der Brennpunkt des Gemeindelebens sind. Gott wird Menschen zu *der* Gemeinde hinzutun, die ihn selbst und seine Taten unumstößlich in das Zentrum aller ihrer Aktivitäten stellt. Nichts anderes tat Petrus in seiner Pfingstpredigt, wo dann 3000 Menschen Versöhnung mit Gott suchten und erlebten (Apg 2,11.37-38). Wer Versöhnung lebt,

bleibt nicht allein. Zu ihm drängt es solche hin, die selbst noch nichts davon wissen. Sie haben dann die Möglichkeit, ebenfalls in Gottes ausgestreckte Hand einzuschlagen. Wie betete doch Jesus im Garten Gethsemane: „… dass auch *sie* in uns eins seien, damit die Welt glaube, dass du mich gesandt hast“ (Joh 17,21).

|| **Wer persönlich erfahren hat, wie befreiend der Zuspruch der Vergebung für eine von Schuld belastete Vergangenheit ist, der wird das nicht für sich behalten können.** || Er gleicht einem Wüstenwanderer, der Verdurstende auf die nahe gelegene Oase hinweist. Deshalb war Paulus rastlos unterwegs. Er hatte die unverdiente Gnade Gottes erlebt, der ihm seine große Schuld der grausamen Verfolgung von Jesusnachfolgern vergeben hatte (1Tim 1,12-17). Er hat sein Leben als Christenverfolger zutiefst bereut, und Gott entlastete ihn von diesen nicht mehr gutzumachenden Verbrechen. Seine Vergangenheit konnte er nicht ungeschehen machen, aber er erlebte, welch eine reale Kraft „das Wort von der Versöhnung“ (2Kor 5,19) für ihn hatte. Deshalb konnte er später bezeugen, dass „das Wort vom Kreuz eine Kraft Gottes ist, die da rettet alle, die daran glauben“ (1Kor 1,18-23). Paulus machte die Erfahrung: Wer vor Christus ungeschönt seine Schuld zugibt, die demütigende Erkenntnis über sich selbst zulässt, den spricht Gott frei und gerecht. Noch in Damaskus, direkt nach seiner Hinwendung zu Jesus, bekam er von ihm selbst den Auftrag:

> „Ich werde dich herausnehmen aus dem (jüdischen) Volk und den Nationen, zu denen ich dich sende, ihre Augen zu öffnen, dass sie sich bekehren von der Finsternis zum Licht und von der Macht des Satans zu Gott, damit sie Vergebung der Sünden empfangen und ein Erbe unter denen, die durch den Glauben an mich geheiligt sind“ (Apg 26,17-18).

Paulus wandte sich damals in seiner Verzweiflung an Jesus, dessen Nachfolger er in den Jahren vorher verfolgt hatte und manche von ihnen foltern und umbringen ließ. Jesus vergab ihm seine Riesenschuld, die er im blinden Eifer und Unverstand auf sich geladen hatte. Als ihm aufging, was er alles in seinem verblendeten Zustand getan hatte, nahm er seine Zuflucht zu dem, den er vorher so hasste. Und Jesus sprach ihn frei von allen schrecklichen Schandtaten. Mit diesem tiefen Einschnitt in sein Leben war die Spur für die Zukunft gelegt: „Wenn Gott so barmherzig an mir handelt, dann müssen das die Menschen unbedingt wissen.“ Der Rest seines Lebens war davon erfüllt, das Evangelium den Juden zuerst und dann auch den Menschen außerhalb des jüdischen Kulturkreises zu bezeugen (Röm 1,16). Das geschah unter Einsatz seines Lebens. Ihm war blitzartig klargeworden: Gott sucht den noch im unversöhnten Zustand lebenden Menschen, um ihn zu retten. Das setzt voraus, dass die Menschen, die noch nicht mit Gott versöhnt sind, sich tatsächlich im verlorenen Zustand befinden.

Diese Menschen vor der ewigen Verdammnis zu retten, dazu gebraucht Jesus seine Botschafter. Deshalb ist es so wichtig zu betonen, dass wir als seine Botschafter das Wort vom Kreuz nicht verschweigen dürfen oder gar für überflüssig erklären: „Lasst euch versöhnen mit Gott“ (2Kor 5,20). Diese zu verkünden ist Gottes Auftrag an seine Gemeinde bis heute. || **Das Wort von der Versöhnung benötigt Beauftragte und Bevollmächtigte, die die einzigartige Versöhnung Gottes in Christus bezeugen, weil sie selbst Vergebung, Freispruch und Versöhnung erlebt haben.** || Bei allem, was Jesu Zeugen zukünftig tun, werden sie das nie außer Acht lassen und betonen: Die ausgestreckte Hand Gottes sucht die Hand der Unversöhnten zum ewig gültigen Handschlag, damit Versöhnung für sie persönlich wirksam wird. Und sie wird nur wirksam, wenn jemand die angebotene Versöhnung durch Jesus Christus anerkennt und für sich persönlich in Anspruch nimmt.

„Ich danke Christus Jesus, unserem Herrn, der mir Kraft verliehen, dass er mich treu erachtet und in den Dienst gestellt hat, der ich früher ein Lästerer und Verfolger und Gewalttäter war; aber mir ist Barmherzigkeit zuteil geworden, weil ich es im Unglauben getan hatte; überströmend aber war die Gnade unseres Herrn mit Glauben und Liebe, die in Christus Jesus sind. Das Wort ist gewiss und aller Annahme wert, dass Christus Jesus in die Welt gekommen ist, Sünder zu erretten, von welchen ich der erste bin. Aber darum ist mir Barmherzigkeit zuteil geworden, damit Jesus Christus an mir als dem ersten die ganze Langmut beweise, zum Vorbild für die, welche an ihn glauben werden zum ewigen Leben. Dem König der Zeitalter aber, dem unvergänglichen, unsichtbaren, alleinigen Gott, sei Ehre und Herrlichkeit von Ewigkeit zu Ewigkeit! Amen" (1Tim 1,12-17).

c) Nach oben: … damit Gottes Ehre auf Erden und im Himmel aufgerichtet wird

Im Vaterunser beten wir: „Geheiligt werde dein Name." Martin Luther sagt dazu im Großen Katechismus:

> „Gottes Vatername, der an sich heilig ist, wird durch unseren Gebrauch entheiligt, die wir sein Fleisch und Blut und seine Kinder sind."

Hier macht Luther auf einen wichtigen Aspekt aufmerksam: || **Gott verbindet seine unantastbare Heiligkeit und Ehre mit unserem Verhalten in dieser Welt.** || Durch sündiges Verhalten eines erlösten Gotteskindes kann viel Schande auf den Namen Jesu gebracht werden. So ist es nicht egal, wie wir in dieser Welt leben. Das hat Auswirkungen für Gott in Bezug auf seine Ehre. Gott als unser Vater hat sich so sehr mit uns verbunden, dass durch unser sündhaftes Leben als seine Kinder seine Würde und sein Respekt in dieser Welt in den Schmutz gezogen werden. Paulus schrieb über die Juden, die Gottes Willen zwar lehrten, aber nicht lebten:

> „So steht es in den Heiligen Schriften: ‚Durch euch kommt der Name Gottes bei den Völkern in Verruf'" (Röm 2,24; GNB).

In der Elberfelder Bibel wird es so übersetzt:

> „Denn ‚der Name Gottes wird euretwegen unter den Nationen gelästert', wie geschrieben steht" (Röm 2,24).

Durch Davids Ehebruch z. B. geschah eine solche Verunehrung Gottes:

> „… weil du den Feinden des HERRN durch diese Sache Anlass zur Lästerung gegeben hast, muss auch der Sohn, der dir geboren ist, sterben" (2Sam 12,14).

Wie viel Blasphemie und Geringschätzung Gottes sind schon durch die Zerstrittenheit der Gemeinde Jesu geschehen! Wir können stattdessen Gottes Ehre vermehren, indem wir den Weg des Friedens suchen und gehen. Auch wenn nicht immer jeder hier mitziehen wird, werden doch durch eine versöhnliche Herzenshaltung Gottes Name und seine Heiligkeit geehrt.

TEIL 2:
Gemeinde und Versöhnung

„Daher, wenn jemand in Christus ist, so ist er eine neue Schöpfung; das Alte ist vergangen, siehe, Neues ist geworden. Alles aber von Gott, der uns mit sich selbst versöhnt hat durch Christus und uns den Dienst der Versöhnung gegeben hat, nämlich dass Gott in Christus war und die Welt mit sich selbst versöhnte, ihnen ihre Übertretungen nicht zurechnete und in uns das Wort von der Versöhnung gegeben hat. So sind wir nun Gesandte an Christi Statt, indem Gott gleichsam durch uns ermahnt; wir bitten für Christus: Lasst euch versöhnen mit Gott! Den, der Sünde nicht kannte, hat er für uns zur Sünde gemacht, damit wir Gottes Gerechtigkeit würden in ihm" (2Kor 5,17-21).

1.

Streit und Versöhnung

a) Ein einschneidendes Erlebnis

In manchen Gemeinden geschieht Versöhnung selten, so selten wie Schneeflocken in der Sahara und Kakteen am Nordpol. || **Meine Erfahrung ist, dass in vielen Gemeinden Versöhnung zwar gepredigt, aber nicht gelebt wird.** || So sollte für mich als junger Prediger folgendes Ereignis eine Lehrstunde sein: Ich war während einer meiner Vortragsreisen bei einem alten, gestandenen Christen zu Gast. Er hatte schlohweißes Haar, riesige weiße Augenbrauen und war eine stattliche Erscheinung. Unbestritten war er der Leiter der Gemeinde, der sie betend und lehrend förderte, wo er nur konnte. Ungebrochen stand er zu den Wahrheiten der Heiligen Schrift und verteidigte diese, wo es gefordert wurde. In seinem Ruhestand war er mit Brüdern aus der Gemeinde im In- und Ausland unterwegs, um andere Gemeinden mit handwerklichen Fähigkeiten und geistlichen Impulsen zu unterstützen. Sie bauten Gemeindehäuser in Europa und Afrika. Wirklich ein sehr einsatzfreudiger und hingegebener Mann – bis ins hohe Alter. Dieser Mann hatte mit seiner Frau den Dienst für Jesus unzweifelhaft an die erste Stelle in seinem Leben gestellt – und dabei blieb er.

Die Gemeinde, in der er zu Hause war, brauchte keinen Prediger anzustellen, weil er und einige weitere ehrenamtliche Brüder fast die gesamten Predigtdienste abdeckten und darüber hinaus samt ihren Frauen viel Engagement zeigten. Dadurch waren sie finanziell sehr gut aufgestellt. Kurzum: eine vorbildliche Gemeinde! Wehmütig und auch neidisch wurde diese Gemeinde von Christen außerhalb bewundert und geachtet.

Von Zeit zu Zeit gab es allerdings unterschiedliche Meinungen im Gemeindevorstand. Diese Auseinandersetzungen wurden bald immer heftiger. Diejenigen, die früher gerne und regelmäßig dabei gewesen waren, kamen mit ihren Familie nun immer seltener in die Gemeinde. Die Auseinandersetzungen setzten sich fort, und mit der Zeit sprach es sich in der Gemeinde herum, dass die Einmütigkeit im Leitungsteam gefährdet sei. Nach einer längeren Phase der innergemeindlichen Konflikte drehte man sich im Kreis. Einige plädierten für externe Beratung.

So kam es zu jener denkwürdigen Sitzung. Alle kamen mit einem bußfertigen Herzen. Man wollte unbedingt Frieden untereinander, so wie es früher in den Gründerjahren einmal gewesen war. Noch einmal wurden die unterschiedlichen Sichtweisen dargelegt. Ein besonderer Anstoß zum Streit untereinander war der allmächtige Übervater, den ich anfangs beschrieben habe. Er hielt alle Fäden in seiner Hand, damit die Gemeinde auf „klarem Kurs" blieb, wie er mir versicherte. Argumentativ war ihm keiner gewachsen. Und er hatte auch das Vertrauen der meisten Gemeindeglieder. Seine Bibelkenntnis und seine Hingabe an Jesus waren vorbildlich. Nach zwei Stunden kam der Durchbruch. Alle beugten sich unter ihre Schuld vor Gott, und fast jeder weinte Tränen der Reue. Man umarmte sich und freute sich darüber, dass Jesus an diesem Abend einen großen Sieg der Versöhnung errungen hatte.

Doch nach einigen Monaten war wieder alles beim Alten. Das Misstrauen und der Neid saßen zu tief. Weitere Versuche der Schlichtung fanden statt. Aber sie brachten keine bleibende Veränderung und Wendung mehr. || **Die Beziehungen erkalteten, Parteien bildeten sich, die Fronten verhärteten, und das einstige gute und einvernehmliche Miteinander wurde mehr und mehr zum Gegeneinander.** || Die Wunden, die man sich gegenseitig zugefügt hatte, waren wieder aufgebrochen, klafften weit auseinander und heilten nicht mehr. Die Gemeinde gibt es heute so nicht mehr. Die meisten älteren Mitglieder sind inzwischen verstorben. Meines Wissens nach existiert heute nur noch ein Hauskreis, in dem sich der Rest trifft.

|| **Woran lag es nun, dass die Versöhnung nicht durchgehalten werden konnte?** || Am fehlenden guten Willen, der aber eigentlich da war? An den erforderlichen Schritten, aufeinander zuzugehen? War

es der mächtige, dominante Bruder, der „nur um des Herrn und seiner Gemeinde willen" die Zügel straff hielt und ohne den nichts lief? Lag es an mangelnder Einsicht? Lag es an den Ehefrauen, die es nicht ertragen konnten, dass ihre Männer keine führende Rolle in der Gemeinde spielten, sondern zu Befehlsempfängern degradiert wurden?

Ähnliche Szenen gibt es zuhauf in alten und jungen Gemeinden, in Ehen und Familien oder am Arbeitsplatz. Irgendwann fing es einmal an, egal, ob die Bedingungen für das Miteinander günstig oder ungünstig waren. || **Verschiedenheit darf eigentlich kein Grund sein, dass Versöhnung nicht gelingt.** || Denn es gibt nur wenige Menschen, die keine Verständigung suchen und auch nicht wollen. Die allermeisten wollen Versöhnung. Nur wenigen jedoch gelingt es, sich zu verständigen und dann auch für die Zukunft ein gutes Miteinander zu stabilisieren. Könnte es bei den misslungenen Versuchen daran liegen, dass wir Versöhnung nur nach unseren Vorstellungen und zu unseren Bedingungen wollen? Sind wir nur noch Sender von Botschaften, aber kaum noch empfänglich dafür, dem anderen Gehör zu schenken und uns die Mühe zu machen, mal in seinen Schuhen zu laufen? Wollen wir nur noch unsere Sichtweise darlegen und den anderen mit seinem Anliegen übergehen, seine Worte nicht mehr verstehen? Wir machen uns kaum noch Mühe, die Botschaft des anderen zu entschlüsseln. Könnte man darauf die gescheiterten Versöhnungsversuche zurückführen?

Ich erlebe viel Versöhnungsbereitschaft. Man ist gern zur Versöhnung bereit. Es fehlt nicht an Schlichtungsversuchen. Trotzdem gelingt die Versöhnung nicht. Manche versuchen dann, die Schwierigkeiten im Detail zu benennen, aber die Verwirrung wird dadurch nur noch größer. || **Auch die Frage nach dem Schuldigen, der für die Schwierigkeiten im Miteinander verantwortlich ist, ist nur in den seltensten Fällen mit Erfolg gekrönt.** || Das sollten wir eigentlich schon aus der Kindererziehung wissen, denn die Frage „Wer hat angefangen zu streiten?" führt meist nur zur weiteren Eskalation zwischen den Parteien mit immer schwereren Vorwürfen über die Verfehlungen des jeweils anderen. Dann wird nicht selten die ganze Klamottenkiste der vergangenen Jahre ausgepackt und dem anderen vorgehalten. Gerade in der Gemeinde Jesu hat es durch die Kirchengeschichte hindurch immer wieder Parteiungen mit anschließenden Spaltungen gegeben. Paulus schreibt dazu im ersten Brief an die Korinther:

„Denn es müssen auch Parteiungen unter euch sein, damit die Bewährten unter euch offenbar werden" (1Kor 11,19).

Schon seit Beginn der Gemeinde Jesu haben sich Parteien gebildet, die zu Spaltungen geführt haben. Die Gemeinde in Korinth hat viele Nachahmer gefunden. Auch in den galatischen Gemeinden, die Paulus auf seiner ersten Missionsreise gründete, war nach kurzer Zeit manche Rivalität untereinander entstanden:

„Wenn ihr aber einander beißt und fresst, so seht zu, dass ihr nicht voneinander verzehrt werdet" (Gal 5,15)!

Die persönlichen Prägungen und Sichtweisen sind oft zu entgegengesetzt und zu verschieden darüber, wie das Miteinander gestaltet und die Zielsetzungen verwirklicht werden sollen. Die Impulse aus dem Unterbewussten sind oft sehr stark und meistens undurchschaubar. || **Die Prägungen aus unserer Kindheit sind stärker in uns verankert, als uns bewusst ist.** || Eigene unbefriedigte Emotionen und unerfüllte Bedürfnisse projizieren wir auf andere. Dann sind Ehepartner, Schwiegereltern, Nachbarn, Arbeitskollegen, die Gemeinde und der Staat für mein Elend und Unglück verantwortlich. Sehr schnell entsteht ein kaum noch zu durchschauender Emotionsbrei. Dieser wirkt sich wie Sand im Getriebe jeglicher Lebens- und Arbeitsgemeinschaft aus. || **Unsere Konflikte werfen lange Schatten auf unsere Umgebung und führen zu einem negativen Erscheinungsbild.** || Unsere Defizite führen ins Zwielicht der Eifersüchteleien. Wenn der Heilige Geist als der Geist der Wahrheit uns nicht in die Wahrheit über uns selbst führen kann, bleiben wir Sklaven unserer Emotionen. So sind wir immer für einen Streit zu haben, der Verwirrung und Angst stiftet. Die Gegenreaktion auf unsere „Kriegserklärung" führt dann das Desaster herbei, das wir nie wollten.

Vielleicht war es deshalb nur in Ausnahmefällen so, dass die Gemeinde Jesus in großer Einmütigkeit lebte, wie es uns aus ihrer frühen Geschichte mitgeteilt wird:

> „Diese alle verharrten einmütig im Gebet mit einigen Frauen und Maria, der Mutter Jesu, und mit seinen Brüdern" (Apg 1,14).
>
> „Die Menge derer aber, die gläubig geworden, war *ein* Herz und *eine* Seele; und auch nicht einer sagte, dass etwas von seiner Habe sein eigen sei, sondern es war ihnen alles gemeinsam" (Apg 4,32).

Aber der Weg zum Kreuz, zur ersehnten Vergebung der eigenen Sünde, macht uns nicht zu hilflos Getriebenen und Gebundenen. Wir können etwas tun. Wir sind bei Jesus herzlich willkommen im Licht, und damit verliert die Dunkelheit ihre Macht. Jesus sagt: „Wer zu mir kommt, den werde ich nicht hinausstoßen" (Joh 6,37). Bei ihm bekommen wir Hilfen zur Überwindung des Streites. Das Lernen von ihm, unserem Vorbild (Mt 11,28-29), ist in einer streitsüchtigen Welt ohne Alternative. Er ist das tragfähige Fundament für ein gelingendes und gesegnetes Miteinander.

b) Erfahrungen der Vergebung und Versöhnung

Es ist für mich ein Ausdruck der unverdienten Freundlichkeit Gottes, dass ich im lokalen und überregionalen Vortragsdienst tätig war. Ich staune darüber, dass Jesus mich auf eine unglaubliche Weise geführt, gesegnet und bewahrt hat. Ich staune, dass er mir treu war und mir nicht die Lizenz zum Predigen entzogen hat. || **Ich staune immer wieder, wie der Heilige Geist mir über die vielen Jahre meine Schuld gezeigt und mich davon befreit hat.** || Denn neben den vielen Segnungen gab es auch manche Bruchlandung. Die Berufung Gottes, die Liebe Jesu zu bezeugen, ist für mich ein großes Privileg. Umso mehr fühle ich eine große Verantwortung. Bei mir galt das besonders auch für die Zeit, wo ich nicht auf der Kanzel stand. Wurde mein Zeugnis durch mein Leben bestätigt? Wie erlebte mich meine Familie zu Hause oder beim Autofahren, wo jeder Mann als Beifahrer sein wahres Gesicht zeigt? „Eine aufgebrochene Stadt ohne Mauer, so ist ein Mann ohne Selbstbeherrschung“ (Spr 25,28). Mir fehlte es oft an der nötigen Gelassenheit. || **Mein eigentliches Gesicht zeigt sich doch erst im Erleben von Misserfolgen und Pleiten, in Augenblicken, in denen mich meine Sünde überwältigt hat.** || „Denn wer darf sagen: Ich habe mein Herz rein gehalten, ich bin rein von meiner Sünde?“ (Spr 20,9).

Ich selbst muss das Thema „Versöhnung“ mühsam buchstabieren und mich fragen: Bin ich von der Versöhnung geleitet, wenn ich über Versöhnung schreibe?

Ich habe einen scharfen Sinn für Gerechtigkeit. Ungerechtigkeit in meinem Umfeld alarmiert mich sofort. Wenn ich Zeuge von Ungerechtigkeit werde, laufe ich Gefahr, andere hart anzugehen und herabzusetzen. In diese Falle bin ich manches Mal getappt. So hatte ich meine Zunge trotz aller Vorsicht nicht immer unter Kontrolle und wurde zu einem Instrument des Verleumders, dessen zerstörerisches Werk ich dann tat und der sich beruhigt zurücklehnen konnte.

Ich habe über Jahre an meiner Neigung zu einer negativen Sichtweise gelitten und leide z. T. heute noch darunter. Und einmal nahm ich es mit der Wahrheit nicht so genau. || **Wir erleben ja manchmal unsere größten Einbrüche da, wo wir uns am sichersten fühlen.** || Der Geist Gottes mahnt mich immer wieder, Dinge zu bereinigen. Ich durfte erfahren, dass es nach der erlebten Vergebung wieder aufwärts ging. Mehr körperliche Kraft, mehr Freude, mehr Sieg im Glauben.

Wie schnell versündigen wir uns mit unseren Lippen und werden zur Beute des Feindes.[9] Und schon übertreten wir mit unserem Herzen und unserer Zunge die rote Linie, was Gott niemals gutheißen wird, egal, wie falsch und verleumderisch andere sich auch über mich geäußert haben mögen. Im Gegenteil (1Petr 3,9).

Dass gerade in unserem Wohlstandsland die Gemeinde Jesu so viel Kraftlosigkeit erlebt, hat unterschiedliche Gründe. Aber einer

9 Die Bibel kennt unterschiedliche Namen und Eigenschaften des Feindes, die auf sein Wesen und die Art seine Aktivitäten hinweisen.

davon, vielleicht sogar der schwerwiegendste Grund, ist unsere unkontrollierte Kommunikation. Die meisten Sünden kommen durch unser Reden zustande. [10] Das ist mir in einem meiner Seminare über die „Macht der Zunge“ bewusst geworden.

|| **Wir stehen in der Gefahr einer harten Rechtgläubigkeit, die sich formal korrekt ausdrückt, und drohen, damit zu scheitern.** || Darum brauchen wir eine ständige Reinigung unserer Beziehung zu Jesus.

Ansonsten lähmt uns diese harte Gesinnung immer mehr. Am Ende folgt man nur noch der Tradition eines christlichen Regelwerks. Praktizierte Versöhnung jedoch rüttelt uns auf. Hier geht es ans Eingemachte und nicht mehr nur um einen äußeren Verhaltenskodex, der uns mit der Zeit in eine gefährliche Selbstsicherheit manövriert.

Arno Pötzsch (1900–1956) formulierte in einem nachdenkenswerten Gedicht:

> Nur was erschüttert, kann uns auch bewegen.
> Was uns bewegt, nur das kann uns verwandeln.
> Nur was uns wandelt, wird uns selbst zum Segen.
> Nur die er segnet, ruft sich Gott zum Handeln.
>
> Drum bete Mensch, und bitt' mit Furcht und Zittern,
> Gott mög' dein Herz – es sei durch Lust und Freuden,
> durch Tod und Leben und durch Last und Leiden –
> dass er dich segne, bis zum Grund erschüttern.

Eine versöhnliche Haltung zieht ihre Kraft und ihre Dynamik aus Gottes großer Versöhnungstat, um die es besonders im ersten Teil dieses Buches ging. Denn je mehr wir Gottes Handeln in Christus verstehen, desto mehr werden wir ihn lieben und ihn nicht mehr betrüben wollen. Praktizierte, gelebte Versöhnung wird zu einem bleibenden Bedürfnis, weil die Liebe zu Gott und zu Menschen dadurch wächst. Gottes Versöhnung mit uns stellt unser Leben auf den Kopf

---

10 Jak 3,1-10

oder besser gesagt auf die Beine, damit wir Schritte tun können hin zur Versöhnung mit den Menschen.

Wir machen aber auch die Erfahrung, dass nicht jeder Versöhnungsversuch das gewünschte Ergebnis hat. Das wird schon an Gottes Versöhnungsaktion in Christus deutlich. Wenn er die Welt mit sich selbst versöhnte, dann heißt das nicht, dass alle dieser Versöhnung in Christus zustimmen und sich mit Gott versöhnen lassen (2Kor 5,20). Das muss für Gottes großzügiges, liebendes Herz ziemlich bitter sein, der uns nichts unnötig nachträgt und keine Vorhaltungen macht (Jak 1,5). Aber es wird auch einmal bitter für diejenigen sein, die diese Versöhnung mit Gott ausgeschlagen oder gar nicht gesucht haben. Denn Gott sagt ja unmissverständlich: „Und sucht ihr mich, so werdet ihr mich finden, ja, fragt ihr mit eurem ganzen Herzen nach mir, so werde ich mich von euch finden lassen" (Jer 29,13-14). || **Das, was Gott täglich tausendfach widerfährt, das widerfährt uns auch im menschlichen Miteinander: Die ausgestreckte Hand wird hartherzig zur Seite geschoben.** || Das versöhnliche Angebot wird ausgeschlagen. Der Status Quo wird zementiert.

Gott möchte unsere Schubläden sprengen, in die wir ihn und den Mitmenschen einsortiert haben. Er selbst will die Mitte unseres Lebens sein. Wo Gott in der Mitte ist, teilt er sich mit, wie es seinem Wesen entspricht: souverän, liebend und versöhnend. Damit wir wieder seine Herrlichkeit sehen, wie die Jünger damals:

> „Und das Wort wurde Fleisch und wohnte unter uns, und wir haben seine Herrlichkeit angeschaut, eine Herrlichkeit als eines Eingeborenen vom Vater, voller Gnade und Wahrheit" (Joh 1,14).

Gott will keine fromme Verzierung unseres Lebens sein, er will nicht zur Randfigur abgewertet werden. Er selbst will für alle, aber auch wirklich alle Lebensbereiche zuständig sein, sie durchdringen und mit seinem Geist beleben.

Geben wir uns nicht mit einer Zweit- oder Drittklassigkeit zufrieden! Gott lädt uns ein, mit ihm und für ihn *first class* unterwegs zu sein. Aus unseren verstaubten und krank machenden Ansichten von

Gott gilt es auszusteigen. Wie kann das praktisch aussehen bei uns? Wo haben uns unsere falschen Gottesbilder niedergedrückt und in die Irre geleitet? Lasst uns doch beherzt damit aufräumen!

2

Jeder Wolkenkratzer hat als Keller angefangen – Mit welcher Gesinnung kann Versöhnung gelebt werden?

Wer einen Leuchtturm der Versöhnung aufrichten möchte, sollte die Arbeit nicht scheuen, die damit verbunden ist. Die große Versöhnungstat Gottes in Christus am Kreuz von Golgatha weist auf Folgendes hin: Hoffnungsvolle Wege zueinander beginnen mit Gott selbst. Was er in allen Sackgassen des menschlichen Miteinanders vorschlägt, will Zuversicht und Hoffnung wecken. Es ist zutiefst inspiriert von seiner Absicht, uns aus unseren Verkrümmungen und Verstrickungen herauszuhelfen. Zu oft bewegen wir uns im Keller unserer Eitelkeit und unseres Starrsinns. Zu oft leisten wir uns den Luxus, in finsteren Gewölben moralischer Entgleisungen unser Leben zu fristen. || **Gott will uns in allem undurchschaubaren Gewirr eines ichbezogenen Strebens Wege zeigen, die uns ans Tageslicht der Sonne Gottes bringen.** || Dahin, wo wir aufatmen und fröhliche Leute werden können, die sich aufbauen lassen zu einem Haus, in dem sich der Duft der Versöhnung ausbreitet und den Mief unversöhnlicher Beziehungen vertreibt, der in alle Poren unserer Beziehungen eingedrungen ist und sich dort festgesetzt hat. Er will uns Wege weisen, wie es wieder zu friedvollen Freundschaften untereinander kommen kann. Da, wo sich verhärtete Fronten manifestiert haben, möchte Gott uns dazu bringen, die Steine abzutragen, die ein Zugehen aufeinander blockiert haben. So können wir an diesem Haus mitbauen, in dem Gott wohnt und von dem aus er sein Licht in die Welt hinausstrahlt. In allen noch ungelösten Fragen zerstrittener, unversöhnter Beziehungen möchte er uns auf seine Lösungsvorschläge hinweisen. Es liegt an uns, ob wir innehalten und ihm Gehör schenken. Also sollten wir uns Zeit nehmen und auf Gottes Stimme lauschen, um darauf zu hören, was der Geist der Wahrheit in unser finster gewordenes und verzagtes Herz hineinspricht. Im Hören auf ihn können Knoten gelöst werden, und ein neues Zutrauen zu ihm und zueinander kann wachsen. Sein Geist schenkt Lichtblicke in Situationen, die ausweglos scheinen und uns dazu bringen, aufzugeben und die Flinte ins Korn zu werfen. Geben wir uns eine Chance und gehen auf seine Versöhnung ein! Nur auf diesem Weg wird er uns erhalten und uns in unseren Überlegungen führen, segnen und bewahren.

Es gibt ein altes Gesetz im Reich Gottes: || **Gott lässt sehr oft zu, was ihm zutiefst zuwider ist, um das hervorzubringen, was er liebt und ihm angenehm ist und was für uns letztlich ein nachhaltiger Segen sein wird.** || Viele Verletzungen, die wir uns gegenseitig zufügen, machen für sich genommen keinen Sinn. Hier feiert nur einer Triumphe: die listige Schlange, der Durcheinanderwerfer, der Widersacher Gottes. Aber auf welche Weise Gott bitteres Leid für uns zum Heil wendet (Jes 38,17; ELB), ist sein Geheimnis und bleibt oft unerklärbar. Gottes Möglichkeiten, die ihm zur Verfügung stehen, sind unvergleichlich größer als alles, was wir kennen und bewirken können. So stellte Hiob fest, nachdem er in Abgründe geschaut hatte, in die eigenen und die der ihn umgebenden Menschen:

> „Ich habe erkannt, das du alles vermagst und kein Plan für dich unausführbar ist“ (Hiob 42,2).

Und Jeremia bekennt staunend im Nachdenken über Gottes Möglichkeiten:

> „Ach, Herr, HERR! Siehe, du hast die Himmel und die Erde gemacht durch deine große Kraft und durch deinen ausgestreckten Arm: Kein Ding ist dir unmöglich; der du Gnade übst an Tausenden … du großer, mächtiger Gott, dessen Name HERR der Heerscharen ist, groß an Rat und mächtig an Tat; du, dessen Augen über alle Wege der Menschenkinder offen sind“ (Jer 32,17-19).

Dennoch wird er uns nicht bewahren vor unschönen Auseinandersetzungen, vor eisigen Begegnungen, die uns erschaudern lassen. Wir müssen durch manche frostige Zeiten wandern, die uns unsere Grenzen deutlich aufzeigen. || **Wenn es darum geht, Gottes Versöhnung zu leben, reichen unsere Nettigkeit und unser voller Einsatz nicht aus, um friedliche Beziehungen aufrechtzuerhalten oder sie wiederherzustellen.** ||

Menschen, mit denen wir im Streit liegen, beschäftigen uns manchmal Tag und Nacht. Hilfreich wäre es, einmal konstruktiv über die betreffende Person nachzudenken. Wenn ich etwas an anderen zu bemängeln habe und mit ihnen in eine Kontroverse geraten bin, sollte ich nicht vorschnell denken: „Das kümmert mich nicht, der/die ist mir egal. Sollen sie doch sehen, wie sie damit klarkommen." Manche Christen haben ein unerlaubt dickes Fell, sogar wenn Menschen neben ihnen zugrunde gehen. Oder sie gleichen einer Dampfwalze, die alles in ihrer Umgebung plattmacht.

Andere sind nur konfliktscheu und gehen lieber jeder Konfrontation aus dem Weg. Sie vermeiden es, eine Klärung herbeizuführen, selbst wenn sie dringend geboten wäre, weil sie sich dem anderen nicht gewachsen fühlen und nie gelernt haben, konstruktive Lösungen für Konflikte zu suchen. Damit bleibt ihr Leben auf einem sehr niedrigen Level. Sie erleben nie die tiefe Freude echter Versöhnung und die innere Bereicherung durch lebendige Beziehungen. Sie entziehen sich mit ihrem „Friedhofsfrieden" jeglicher Horizonterweiterung. Dass Beziehungen nach gelungenen Schlichtungsgesprächen auf einmal viel bedeutungsvoller und intensiver werden, bleibt ihnen verschlossen. || **Haben wir als Christen vielleicht schon vergessen (oder noch gar nicht erlebt), welch ein Freudenfeuer in uns entzündet wurde, als wir begriffen, dass wir mit Gott auf ewig versöhnt sind?!** || Welche eine Begeisterung setzte dieses Wissen frei, als man tief im Innern wusste: Nun bin ich für immer mit Gott ausgesöhnt, und nichts kann mich mehr von ihm trennen. Gottes Wunsch ist es, dass wir auch aus festgefahrenen Beziehungen untereinander etwas machen, das uns letzten Endes dankbar macht und in seine Anbetung führt.

a) Zwischenmenschliche Versöhnung ist nicht immer möglich
Die Auswirkungen von Unversöhnlichkeit sind allgegenwärtig: So manche Ehe scheitert durch Unversöhnlichkeit. Manche Kinder wollen ihren Eltern nicht vergeben und tragen ihnen über Jahrzehnte ihre Fehler nach. Jahrelange Freundschaften sind daran zerbrochen, weil eine verhärtete Haltung gegenüber dem anderen, der einen Fehler gemacht hat, das Miteinander erkalten ließ. Da gibt es bittere Erfahrungen. Es nützt kaum etwas, um Vergebung zu bitten, solange Herzen dazu nicht bereit, sondern erkaltet und verhärtet sind. Es gibt Menschen, bei denen werden wir mit unseren Bemühungen um ein versöhntes Miteinander wie vor eine Wand laufen. Wer sich dem Nächsten nicht öffnen will, der ist wie eine verschlossene Tür oder eine uneinnehmbare Festung.

|| **Selbstgerechtigkeit, Arroganz, Eitelkeit, Aufgeblasenheit und Beleidigtsein sind der Boden, auf dem Unversöhnlichkeit bestens gedeiht.** || Wer so lebt, kann sicher sein, dass Versöhnung mit anderen nicht gelingen wird. Natürlich kann sich Versöhnung mitunter sehr schwierig gestalten. Sie gelingt beileibe nicht immer. Nicht jeder ist zur Versöhnung bereit, wenn wir ihn darum bitten. Und unser eigenes Herz ist auch nicht immer in dem Zustand, der Versöhnung gewähren will.

Manchmal sind wir wie Kleinkinder in unserem Trotz gefangen. Da können die Eltern machen, was sie wollen, wenn ein Kind zeitweilig im Starrsinn verhaftet ist. Weder Bestechungsversuche noch alles Drohen der Eltern kann den Trotz eines Kindes auflösen. Man muss dem Kind Zeit geben, so wie Gott uns Zeit gibt, unsere Gefühlsaufwallungen wieder herunterzufahren und einer inneren Besinnung Raum zu geben.

|| **Versöhnung kann man nicht befehlen.** || Oft wurde und wird von der Kanzel aus Druck gemacht, und das nicht selten mit Bibelstellen. „Wir sollen 7 mal 70 mal vergeben." – „Wenn wir nicht vergeben, wird uns Gott auch nicht vergeben." – „Es darf doch nicht so schwer fallen, dem anderen versöhnend die Hand zu reichen." – „Nun versöhnt euch endlich." Solche Appelle sollten wir tunlichst vermeiden. Ganz gefährlich wird es, wenn die Bitte um Vergebung einseitig gefordert wird. Zur Versöhnung gehören jedoch immer beide Seiten. Wir dürfen nicht der Versuchung erliegen, Versöhnung

auf dem Rücken nur einer Partei einzufordern und auszutragen. Da gibt es viele schmerzliche Erlebnisse. Gerade Machtmenschen in der Gemeinde verstehen es meisterhaft, dem anderen einseitig die Schuld zuzuschieben und ihm ein schlechtes Gewissen zu machen. So schrieb mir ein Pastor von seiner leidvollen Erfahrung, nachdem er die Gemeinde verlassen hatte:

> „Ich habe erlebt, wie mit der Aufforderung zur Versöhnung Druck auf mich ausgeübt wurde. Das wurde mir erst im Nachhinein klar. Es ging – so sehe ich es heute – nur darum, die Folgen des Konfliktes rückgängig zu machen, damit es nach außen wieder ‚rund' aussieht und es dann allen besser geht. Es ging aber nicht darum, den Konflikt in seinen Ursachen und Zusammenhängen zu klären und zu lösen. Hätte ich dem Druck nachgegeben, so wäre es ein Übertünchen der Probleme auf meine Kosten gewesen. Nun ist es sicher ganz wichtig, dass wir – auch ich – bereit sind zu vergeben, wie Gott uns vergeben hat in Christus. Aber wenn der andere Teil seinen Anteil nicht sieht und die Verantwortung dafür nicht übernimmt, kann eine Beziehung trotzdem nicht wiederhergestellt werden."

|| **Mit einer einseitigen Verurteilung oder vorschnellen Versöhnung nur um des lieben Friedens willen und weil es in der Bibel gefordert sei, sollten wir zurückhaltend sein.** || Das ist auch nicht die Absicht Gottes, wenn er uns zum Frieden miteinander ruft. Versöhnungen, die auf diese Weise zustande kommen, halten oft nicht lange an oder es wird nur ein Scheinfrieden vorgetäuscht. Die innere Einstellung zu dem anderen ist im angestrebten Miteinander ausschlaggebend. Auch wenn die Bibel uns dazu rät, dem anderen zu vergeben, braucht das Zeit bis zu dem Augenblick, in dem das Herz bereit ist, wirklich restlos zu vergeben und dem anderen nichts mehr nachzutragen. Ansonsten prallen versöhnliche Worte an der hart gewordenen Herzensschale ab.

|| **Eine neue Herzenshaltung kann man nicht erzwingen und befehlen. Sie muss freiwillig zustande kommen.** || Eine tragfähige Versöhnung kann nur da entstehen, wo beide Seiten sich ihre Anteile

am Unfrieden eingestehen, sich nichts mehr gegenseitig vorwerfen und nachtragen wollen. Das kann ein harter, zäher Kampf sein, den eigenen Empfindlichkeiten, Abneigungen und Ablehnungen nicht mehr die Oberhand zu lassen. Aber wenn durch meist unerklärliche Aversionen die Chemie im Miteinander nicht stimmig gemacht werden kann und es immer wieder zu unliebsamen Reaktionen kommt, dann darf man auch auf Abstand gehen, selbst wenn das nicht das Ideal von Versöhnung ist. Es gibt Zeiten, wo man nichts übers Knie brechen sollte und innere Distanz und äußerer Abstand die einzige Möglichkeit zum Weiterleben sind, so wie Jesus zu den meisten Pharisäern und Schriftgelehrten letztlich auf Distanz ging, um einen dauernden Konflikt zu vermeiden (Mt 23).

|| **Versöhnung ist bestimmt mehr als ein Waffenstillstand.** || Das ist zwischen Gott und uns Menschen so, und auch untereinander. Sie kann jedoch nur erreicht und gelebt werden, wenn beide Seiten sich zu ihren Verfehlungen bekennen. Das wird nur möglich, wenn die Verbindung zu dem Versöhner Jesus Christus selbst wächst und stark wird. Die entspannte Freundschaft zu dem Friedensstifter ist die Grundlage dafür und ohne Alternative. Bei ihm lerne ich, wie Versöhnung „funktioniert" und welche Herzenshaltung dazu nötig ist. Diese lehrreiche Beziehung zu Gott dem Vater und seinem Sohn wird in uns eine Weisheit und Kraft entstehen lassen, die uns zu einem ersten Schritt zur gegenseitigen Versöhnung befähigt. Die Einsicht in die eigene Unfähigkeit, bleibende versöhnte Beziehungen zu leben, ist wichtig. Wir erkennen mit der Zeit, in welchem Zustand sich unser Herz befindet. Aber Gott verlangt nicht von uns, dass wir Schuld übernehmen, die wir nicht begangen haben. Die Welt, in der wir leben, ist gespickt mit Minen, auf die wir treten können und hin und wieder auch treten werden. Deshalb brauchen wir die Leitung durch den Heiligen Geist, der uns vor manchem – nicht vor allem – bewahren kann und will.

b) Mut zur begrenzten und mangelhaften Menschlichkeit

In der Regel machen wir einen Bogen um unsere menschliche Veranlagung und damit um unsere Fehlerhaftigkeit. Wir verstecken gerne, was uns bei anderen in einem schlechten Licht erscheinen lässt. Sich mit den eigenen Unvollkommenheiten und dem Makel auseinanderzusetzen und sie sich einmal unter der Leitung des Heiligen Geistes genauer anschauen, das liegt uns nicht im Blut. Irgendwie scheuen wir den Blick in den Spiegel. Verlassen wir uns hier nur auf unseren Verstand, landen wir entweder im Abgrund der Selbstverdammung oder der Selbstherrlichkeit. Manchmal erzählen wir als Christen viel lieber gerne etwas, was uns gelungen ist, und wie viel Gutes wir getan haben. Wir erzählen von Kontakten zu wichtigen und bekannten Persönlichkeiten und wie sehr wir gefragt sind. Wir gestehen schon ein, dass wir Sünder sind, aber diese Macken, die der andere hat, die sind bei uns bestimmt nicht zu finden. || **Unsere Sünden sind immer etwas heiliger, humaner und nicht ganz so schlimm wie die der anderen.** || Meist fällt uns gar nicht auf, wie paradox wir manchmal denken: Einerseits sehen wir uns als grottenschlecht an. Doch andererseits reden und handeln wir so, als ob unsere Verfehlungen doch nicht so abgrundtief schlecht sind wie die unseres Mitchristen im konkreten Fall. Das lässt Versöhnung nicht gelingen. Letztlich sind wir alle in eine große, schmutzige Pfütze gefallen. Doch wir zeigen aufeinander und behaupten dreist, wie schmutzig der andere jeweils ist. Zu schnell vergessen wir, dass der gleiche Dreck auch an uns klebt und wir alle von der Erde genommen sind und wieder als „Erdlinge" zu Erde werden. „Staub bist du und zum Staub wirst du zurückkehren" (1Mo 3,19) ist das unabwendbare Schicksal von uns allen. Unser Menschsein ist zutiefst mit unserer eigenen Vergänglichkeit verbunden. Und Vergänglichkeit mahnt uns zur Bescheidenheit und Mäßigung.

Wer sich jedoch wirklich seiner menschlichen Identität und damit auch seiner Anfälligkeit für das Böse bewusst wird, fängt an, anders über sich und andere zu denken. || **Wer um seine eigenen Abgründe weiß, wird milder über jene sprechen, die in Sünde gefallen und an sie gebunden sind.** || Man wird sich tunlichst hüten, sich über jemanden zu stellen, der gravierende Brüche in seiner Biografie aufzuweisen hat. Dabei ist es unwichtig, ob es der Nachbar um die Ecke, jemand in der Gemeinde oder der hochrangige Politiker ist. Jede Verurteilung des Nächsten wird einem im Halse stecken bleiben, egal, in welcher beruflichen oder gesellschaftlichen Position man sich auch befinden mag. Wenn auch die Person, über die wir sprechen, noch so verwerflich gehandelt hat, sind wir nicht dazu berechtigt, in einem überheblichen Ton unsere vernichtenden Kommentare über sie loszulassen. Jegliche Anmaßung in unseren Äußerungen verbaut die Wege zueinander. Arroganz und Blindheit in Bezug auf die eigene Person sind keine Gaben des Geistes Gottes.

Steigen wir also herab von jenem hohen Ross, auf das wir uns geschwungen haben, indem wir sagen: „Ich danke dir, lieber Gott, dass ich nicht so bin wie …" || **Fangen wir an, dem anderen das zuzugestehen, was wir so selbst gerne in Anspruch nehmen.** || Sagte nicht Jesus in der sogenannten „Goldenen Regel": „Alles nun, was ihr wollt, dass euch die Menschen tun sollen, das tut ihr ihnen auch" (Mt 7,12)! Hier beginnt die so oft beschworene Mitmenschlichkeit. Ohne Vorurteile gibt es kein geordnetes Leben. Vorurteile sind wichtig, wenn wir unser Leben bewältigen wollen. Aber sind wir auch bereit, andere aus der Schublade zu entlassen, in die wir sie schon vor Jahren gesteckt haben? Sind wir offen für Horizonterweiterungen? Geben wir ihnen die Chance, anders zu werden? Denken wir daran: Reden beschreibt nicht nur Fakten, sondern schafft auch Fakten. Hier gibt es viele Möglichkeiten, unsere Mitmenschlichkeit unter Beweis zu stellen. Solange jemand lebt, gibt Gott ihm die Chance, sich von ihm verändern zu lassen. Und seien die Schritte dazu noch so klein und unscheinbar. Bei wem sollte ich meine Voreingenommenheit endlich aufgeben? Vielleicht nicht nur bei den Kindern, dem Ehepartner und den Eltern, sondern auch bei mir selbst?

c) Unversöhnlichkeit – was ist das, woher kommt sie und wie wirkt sie sich aus?

Unversöhnlichkeit ist ein Herzenszustand, eine gedankliche Reaktion, die meistens auf eine Verletzung durch jemand anderes zurückgeht. Die daraus entstehende Herzenskälte bringt alle positiven Gefühle gegenüber der betreffenden Person zum Stillstand. Unabhängig davon, ob man mit dieser Person vorher eine gute und schlechte Beziehung hatte. || **Unnachgiebigkeit, Trotz und Groll steigen auf und übernehmen das Kommando in der erstarrten Kommunikation. Alles Denken wird auf den einen Punkt der Verletzung konzentriert, der dann unaufhaltsam seine Kreise in unseren Emotionen zieht und sich erweitert.** || Denn alle Äußerungen der bestimmten Person werden fortan mit einer geschwärzten Brille wahrgenommen und einer negativen Deutung unterzogen. Rechthaberei und Sturheit diktieren fortan das Denken. Damit wird es der Möglichkeit entzogen, das Leben in die richtige Richtung zu steuern. In der Unversöhnlichkeit gibt man die Zügel über seine Gefühle aus der Hand und übergibt sie einem zerstörerischen Geist, dem damit Zutritt zur Persönlichkeit gewährt wird und der in Zukunft dafür sorgt, dass eine vergiftete Atmosphäre aufrechterhalten wird. || **Feindseligkeit und Hass treten zunächst als Gäste in das Leben ein und sind nach einiger Zeit die Hausherren, die unerbittlich das Kommando über die Gefühlswelt übernehmen.** || Der Verletzte wacht darüber, dass der andere keine Chance bekommt, in einem guten Licht zu erscheinen. Kommt das Gespräch auf ihn, dann lässt er kein gutes Haar mehr an ihm. Und herzlich für die betreffende Person zu beten, das wird in diesem erkalteten Zustand nicht mehr möglich sein.

Die Folgen sind weitreichend. Sie gehen über körperliche und seelische Erkrankungen bis hin zu Ehescheidungen, Familienfehden, Nachbarschaftskriegen, Mobbing am Arbeitsplatz und – auf der Weltbühne – Krieg unter Völkern. || **In einer unversöhnlichen Reaktion auf widerfahrenes Unrecht öffnet man zudem dem Chefankläger sein Herz und übergibt ihm den Fall.** || Bekommt der Seelenfeind eine seelische Verletzung über längere Zeit in seine Hand, dann wird es schwer, sie ihm wieder zu entreißen. Dann bauscht er die Sache dermaßen auf, dass zum Schluss aus fünf Prozent fünfundneunzig Prozent werden. Unversöhnliches Denken kann dann über einen langen Zeitraum die Gedanken verbittern und mit allem Möglichen verseuchen. Das zieht enorme Kräfte ab und führt hier und da in eine Erschöpfungsdepression und zu organischen Erkrankungen. Unversöhnlichkeit ist zuerst nur ein Schneeball, der sich aber dann zu einer Lawine auswächst und alles niederwalzt, was sich ihr in den Weg stellt. Zuerst ist es nur ein Stolperdraht, der die Gefühle ins Schlingern bringt. Aber da keine Gegensteuerung erfolgt, prallt man immer öfter an die Leitplanken und droht, sein Leben zu Schrott zu fahren. Die Beziehungen untereinander – auch zu anderen Personen – leiden und sterben; die Vereinsamung im Leben nimmt zu. Unaufhörlich kreisen die Gedanken und Gefühle um die eigenen Verletzungen, und man fühlt sich zunehmend ungerecht behandelt. Unversöhnlichkeit gleicht einer übel aussehenden, eiternden Wunde, die immer größer wird, während die Schmerzen den gesamten Organismus befallen. Wenn sie nicht „fachgerecht", d. h. von Gott, behandelt und geheilt wird, leidet darunter auch die Freundschaft mit Jesus.

Überlegungen, die zu einem neuen Denken über unsere Verletzungen führen können:

- Müsste ich als Nachfolger Jesu nicht mein Denken mehr an den Reaktionen Jesu ausrichten? („Vater, vergib ihnen, denn sie wissen letztlich nicht, was sie tun.")

- Sollte ich nicht auch das, was mich tief verletzt, aus Gottes Hand nehmen und auch wieder in Gottes Hand zurücklegen, damit er sich der Sache annehmen kann?

- Könnte ich den ganzen Fall nicht einmal unter diesem Gesichtspunkt betrachten? Jesus will mich einen Schritt weiter in der Erkenntnis seines Wesens führen.

Denn durch solche Verletzungen, die mir von anderen zugefügt werden, kann ich besser erkennen, wie auch Jesus unter den Verletzungen leidet, die ich ihm wohl täglich durch meine Sünden zufüge. Dann bekomme ich ein Gefühl dafür, wie oft ich ihn zur Seite gesetzt und übergangen habe, wie ich mit unschönen, harten Worten seinen Geist der Liebe betrübt habe, obwohl er mit seiner Hilfe da war und sie mir anbot. Oder wie ich durch einen übermäßigen Genuss der Medien immer weniger Zeit für ihn hatte und er seine Treffen mit mir platzen lassen musste. || **Wie oft haben wir alle Jesus beleidigt, ihn verletzt durch unsere Geldgier, unseren Neid auf andere in der Gemeinde, unseren Hochmut und die harten Urteile, die wir über andere gefällt haben!** || Wie oft sind wir über sein leises, liebevolles Mahnen hinweggegangen, haben es achtlos zur Seite geschoben und sind zur Tagesordnung übergegangen!

Unversöhnlichkeit kommt oft aus einer mangelnden Selbsterkenntnis und einem fehlenden Wertbewusstsein. Auch wenn das nicht zu rechtfertigende Verhalten des Nächsten mir gegenüber mies war (vielleicht unbeabsichtigt!), so habe ich doch kein Recht, mich als Richter über ihn aufzuwerfen. Habe ich mich nicht auch schon daneben benommen und das bei Weitem mehr als nur einmal (je nach Alter zigtausende Mal!)? Sind meine Sünden etwa nicht so schlimm und verwerflich wie die des anderen? Durch solche negativen Erlebnisse und meine erbitterte Reaktion darauf wird ein großer Mangel in mir deutlich: Mir fehlt das Wissen darüber, dass ich in Gottes Augen einen Wert habe, den mir kein Mensch rauben kann. Leider nehmen die Äußerungen von anderen einen höheren Stellenwert in meinem Leben ein als das, was Gott über mich denkt. || **Gott denkt wertschätzend über uns Menschen! Nie begegnet er seinen Kindern mit abfälligen, herabsetzenden Gedanken.** || In seinem Wort versichert er uns: „Du bist teuer in meinen Augen, unaussprechlich wertvoll und ich habe dich lieb“ (vgl. Jes 43,4). Würden wir uns unseren Wert bei Gott immer vor Augen halten, könnten wir versöhnlicher und gelassener auf Angriffe reagieren. Unsere Vergebungsbereitschaft gegenüber denen, die sich an uns versündigt haben, würde wachsen.

|| **Unversöhnlichkeit kommt aus der tiefen Angst, in einem Kampf zum Schluss als der Verlierer dazustehen und als solcher der öffentlichen Wahrnehmung ausgesetzt zu sein.** || Ich will nicht, dass mein Ansehen durch eine Niederlage ramponiert wird. Deshalb geht es in unserem Sozialverhalten oft um den Sieg in einem Kampf. In einer Auseinandersetzung wollen wir als Sieger das Feld verlassen. Gekränkter Stolz tut sehr weh, und wir können ihn nur schwer verkraften. Dabei haben wir in uns frühere demütigenden Erlebnisse abgespeichert, die uns steuern. Sie mahnen uns dann in ähnlichen Situationen: „Nur nicht verlieren, nur nicht gedemütigt werden; du musst diese Auseinandersetzung gewinnen.“ || **Die Angst vor dem Gesichtsverlust lässt uns manchmal irrational agieren.** || Je nach Charaktereigenschaften setzen wir hier unsere persönlichen Schwerpunkte. Wer als Kind von einem übermächtigen Vater in der Öffentlichkeit geschlagen und gedemütigt wurde, hat das abgespeichert. Entweder er zerbricht an diesen Kindheitserfahrungen oder er schwört sich, dass er alles tun wird, um das nicht mehr zu erleben. Das Gedächtnis kann nicht vergessen. Da jedes Fehlverhalten, also auch die Unversöhnlichkeit, mit Angst zu tun hat, wäre es für uns hilfreich,

herauszufinden, welche konkrete Angst mich in der gestörten Beziehung steuert. Was will ich vermeiden? Was will ich erreichen? Geht es mir in irgendeiner Weise vielleicht doch um mein Ansehen, meinen Ruf, meine Reputation? || **Sehr schnell kommt es bei Meinungsverschiedenheiten zu einem Machtkampf, der dann in erstarrten Fronten der Unversöhnlichkeit endet.** || Die Weltgeschichte ist ebenso voll davon wie die Kirchengeschichte. Von daher ist es geboten, immer wieder zu beten: „Herr, ich will zu meinen Überzeugungen stehen, aber nimm du alles falsche Feuer aus meinem Geist, das den anderen nur noch verbrennt. Wache über mein leicht entzündbares Gemüt ebenso wie über den Funkenflug des Verderbers." Oder um es mit einem Liedvers auszudrücken: „Schaue die Zertrennung an, der kein Mensch sonst wehren kann; sammle, großer Menschenhirt, alles, was sich hat verirrt. Erbarm dich, Herr."[11]

d) Gottes Macht und Möglichkeiten über unversöhnte Beziehungen rühmen

Wir können über unversöhnte Beziehungen schnell einknicken und uns entmutigen lassen. Wir laufen dann bedrückt herum und sind niedergeschlagen. Das sollte aber nicht mehr als eine Durchgangsstation sein. Gottes bleibende Absicht für uns ist das bestimmt nicht. || **Es gibt etwas, das wird uns immer wieder vor der Resignation und Verbitterung bewahren: indem wir anfangen, Gott über unseren drückenden Lasten und Nöten anzubeten.** || So beten wir nicht unsere Nöte an, sondern Gott. In der Anbetung schaffen wir Raum dafür, dass er sich der Sache annehmen kann, auch wenn für uns noch keine Lösung in Sicht ist. Wir können seine Verheißungen über die bedrückende Lage laut aussprechen:

> „Vater im Himmel, ich danke dir, dass meine momentane Lage nicht das Letzte ist. Meine Ausweglosigkeiten sind deine Möglichkeiten, indem du deine Kraft freizusetzen und deine Lösung zeigen kannst. Deshalb rühme ich jetzt deine Mittel und Wege, mir über den Berg meiner zerstörten Beziehung hinwegzuhelfen, der vor mir steht und mich erdrücken will.

11 Evangelisches Gesangbuch (EG), Nr. 263, 3. Strophe

Ich will diesem schwierigen Problem keine Ehre geben, indem ich vor ihm in die Knie gehe, mich einschüchtern lasse oder in Wut gerate. Du bist nicht mein himmlischer Vater geworden, damit ich alleine mit den Lasten des Lebens fertigwerden muss. Ich glaube, dass du alles unter deinen Füßen hast und zu jeder Beziehung Zutritt hast, mag sie noch so aussichtslos erscheinen. Was mir zu schwer und übermächtig ist, dafür willst du zuständig sein. Dafür bete ich dich an. Zeige du mir Schritte, die ich jetzt gehen kann, und lass mich geduldig auf den Zeitpunkt deiner Lösung warten!"

Jedes Mal, wenn deine unversöhnten Beziehungen wieder drohend vor dir erscheinen, bete Gott in seiner Größe und Allmacht an! Jesus erinnert an Gottes Möglichkeiten, wenn er von dem Glauben spricht, der Berge versetzen kann:

„… ich sage euch, wenn ihr Glauben habt wie ein Senfkorn, so werdet ihr zu diesem Berg sagen: Hebe dich weg von hier dorthin! und er wird sich hinwegheben. Und nichts wird euch unmöglich sein" (Mt 17,20).

In einer anderen Situation drückt sich Jesus ähnlich aus:

„Wahrlich, ich sage euch: Wer zu diesem Berg sagen wird: Hebe dich empor und wirf dich ins Meer! und nicht zweifeln wird in seinem Herzen, sondern glauben, dass geschieht, was er sagt, dem wird es werden" (Mk 11,23).

Als Josua, der neue Führer des Volkes Israel, vor der mit Schwierigkeiten gespickten Aufgabe stand, das verheißene Land zu erobern, welches noch voller mächtiger Feinde und stark befestigter Städte war, sprach Gott zu ihm:

> „Jeden Ort, auf den eure Fußsohle treten wird – euch habe ich ihn gegeben, wie ich zu Mose geredet habe. Es soll niemand vor dir standhalten können, alle Tage deines Lebens. Wie ich mit Mose gewesen bin, werde ich mit dir sein; ich werde dich nicht aufgeben und dich nicht verlassen. Sei stark und mutig! Denn du, du sollst diesem Volk das Land als Erbe austeilen, das ihnen zu geben ich ihren Vätern geschworen habe“ (Jos 1,3.5-6).

Also keine Angst! Gott weiß um das „Land“, das wir betreten, bestens Bescheid. Es ist zwar unbestreitbar besetzt mit übermächtigen Feinden. Wir wissen auch nicht genau, wie und wann Gott eine Lösung schenkt. Aber alle, auch wirklich alle unsere „Feinde“ sind in seiner Hand. Und auch wir sind in seiner mächtigen Hand geborgen, trotz und gerade in all dem, was im Anmarsch ist. Nach wie vor hat die Beschreibung Gottes Gültigkeit: „Der Arm des Herrn ist nicht zu kurz, um zu helfen“ (Jes 59,1). || **Es gilt, Gottes Zusagen über unserer Situation auszurufen. So schaffen wir Raum für das Wirken eines allmächtigen Gottes und stehen ihm nicht im Weg, wenn er anfängt, unsere Probleme zu lösen.** || Im Vertrauen auf seine machtvollen Verheißungen gestatte ich ihm den freien Zutritt zu dem Menschen, mit dem ich in einer unversöhnten Beziehungen stehe. Das muss so lange geschehen, vielleicht mehrmals am Tag, bis die Eisberge anfangen zu schmelzen. Und danach, wenn Gott gehandelt hat und es uns wieder gut geht, bleiben wir in der Anbetung Gottes, um ihn zu ehren – und damit uns der Übermut nicht erneut aufs Glatteis führt.

e) Vom eingeschränkten Blickwinkel zur Weitsicht

Bei unversöhnten Beziehungen besteht die Gefahr, dass wir Menschen, mit denen wir Schwierigkeiten haben, nur noch aus einem äußerst eingeschränkten Blickwinkel wahrnehmen. Wir reduzieren sie auf das eine Problem, auf bestimmte von ihnen geäußerte Worte, auf die eine Charakterschwäche, die wir bei ihnen ausgemacht haben.

Und hinfort reden wir nur noch über die Erlebnisse, die uns in eine distanzierte, zerstrittene Beziehung zu ihnen gebracht haben. Wir betonen in Gesprächen nur noch die Differenzen mit dem anderen und sein Versagen uns und vielleicht auch anderen gegenüber. Die ganze Person, ihre guten Seiten, ihre gute Arbeit, ihr gutes Handeln sehen wir nicht mehr. Der Blickwinkel für unseren „Gegner" ist nur noch auf die Momente und Äußerungen fixiert, in denen er uns verletzt hat.

Darüber verlieren wir aus den Augen, wie Gott zu dem anderen steht und ihn in bestimmten Lebensbereichen segnet, ja, wir empfinden das vielleicht sogar als ungerecht von Gott. Wir möchten Gott gerne ganz auf unserer Seite wissen und versuchen, ihn zu uns herüberzuziehen und für uns zu vereinnahmen. Wir vergessen über all unseren Schmerzen, die uns der andere bereitet hat, dass er auch ein Mensch ist, den Gott liebt. || **Das sagte mir Gott einmal, als ich über mehrere Jahre in einer sehr angespannten Beziehung zu einem Freund und Mitarbeiter Gottes lebte: „Er ist doch auch mein Kind."** || So, als ob Gott mir in seiner „Hilflosigkeit" händeringend sagen wollte: „Was soll ich denn machen? Ich habe doch das Blut meines Sohnes auch für seine Sünden und Charakterschwächen eingesetzt, damit er in einer versöhnten Beziehung zu mir leben kann. Ihr gehört doch beide zu meiner Familie, und ich möchte mich von keinem meiner Kinder distanzieren. Deshalb höre endlich auf, dich selbst durch die rosarote Brille zu sehen und bei dem anderen mit der Lupe seine Schwächen zu betrachten und öffentlich zu machen."

Manchmal verlieren wir auf dem Weg in der Nachfolge Jesu die einfachsten Wahrheiten aus dem Auge. Dann drehen wir uns mit unseren Verletzungen im Kreis, so wie ein Planet um die Sonne. || **Wir wollen die Umlaufbahn um die Verfehlungen des anderen nicht mehr verlassen, deren Anziehungskraft ist zu stark für uns. Also haben wir uns daran gewöhnt und wähnen uns im Recht in der Beurteilung unseres Kontrahenten.** || Wir weiden uns in Gesprächen über diese Person an ihren Fehlern, heben diese immer wieder hervor, übertreiben dabei vielleicht noch ein bisschen, so, als ob das die ganze Wahrheit über den Betreffenden wäre. Wie schnell ist an der Stellschraube der Wahrheit gedreht, eine Viertelumdrehung zu viel, und das ganze Bild vom anderen gerät in eine totale Schieflage. Unser Schmerz hat unseren Horizont für den, mit dem wir unversöhnt leben, sehr eingeschränkt.

Die subjektive Erfahrung siegt über die objektive Betrachtung und verzerrt das Gesamtbild. So geraten wir in einen Strudel, der uns immer tiefer in den Abgrund zieht. Und bald entdecken wir noch mehr schlechte Seiten am anderen. Demzufolge werden unsere Äußerungen über den anderen immer schärfer, härter, negativer, und wir lassen zum Schluss kein gutes Haar mehr an ihm. || **Wir tragen unsere Verletzungen wie eine Monstranz vor uns her und erzählen jedem, egal, ob er es hören möchte oder nicht, wie gemein und hässlich doch sie bzw. er ist.** || Damit sind wir schließlich hilflose Gefangene unserer eigenen verzerrten Wahrnehmung, unserer eingeschränkten Sichtweise und unseres ablehnenden Denkens und Redens geworden. Wir verlieren uns in unseren Verletzungen, die wir nicht zugeben wollen, im Sumpf der gekränkten Eitelkeit und Rechthaberei.

Leider, leider – und ich bereue meine Blindheit an diesem Punkt zutiefst – bin ich immer wieder in diese beliebte und attraktiv erscheinende Falle des Feindes getreten. Sie bietet sich als Ausweg in meinem Schmerz an, ist es aber durchaus nicht und wird es nie sein! || **Eine unversöhnliche Haltung ist wie ein Abszess. Zum Schluss vergiftet sie uns selbst, macht uns zu verbissenen, herrischen und mürrischen Christenmenschen.** || Und damit hat der „altböse" Menschenfeind, der Teufel, ein großes Etappenziel erreicht, indem er uns wieder ein bisschen mehr mit sich gleichschalten konnte. Die Tatsache, dass wir uns vom Feind haben missbrauchen lassen, durchschauen wir bei aller Intelligenz, die wir besitzen dürfen, meistens nicht. Es sei denn, Gott kann uns für seine Sichtweise meines Gegners und Rivalen gewinnen: eine gnädige Beurteilung, eine sanfte Redeweise, die darauf zielt, Verständnis für den zu wecken, gegen den wir bis jetzt zu Felde gezogen sind. Oder wie Luther sagte: „Gutes von ihm reden und alles zum Besten kehren."

Wenn wir uns wieder auf Gottes versöhnlicher Wellenlänge einfinden, können unsere Gedanken heilen und unsere Worte verbinden. || **Wir müssen endlich kapieren, dass unser eigentlicher Feind sich ganz woanders zu suchen ist!** || „Wir haben nicht mehr gegen Fleisch und Blut zu kämpfen, sondern gegen Geistesmächte und dämonische Gewalten …" (Eph 6,12). Es ist Satan höchstpersönlich mit seinem Heer finsterer Geister, der sich höllisch freut, wenn unter uns Menschen die Messer gewetzt und die Schneidbrenner herausgeholt werden. Dann kann er ganze Sache machen mit seinem zerstörerischen Werk der Zertrennung in Familien, Gemeinden, unter Arbeitskollegen und Freunden. Wann endlich werden wir aufwachen und uns nicht mehr von dem Stänkerer und Gegenspieler Gottes missbrauchen lassen?

Sollten wir nicht wieder einmal vor Gott erscheinen, unsere Knie vor ihm beugen, unsere Sünden des Grolls, der Erbitterung und des Mangels an göttlicher Liebe bekennen? Deckt nicht die Liebe eine große Menge von Sünden zu, wie die Schrift sagt:

> „Vor allen Dingen aber habt untereinander eine anhaltende Liebe! Denn die Liebe bedeckt eine Menge von Sünden" (1Petr 4,8).
>
> „Wer Vergehen zudeckt, strebt nach Liebe; wer aber eine Sache immer wieder aufrührt, entzweit Vertraute" (Spr 17,9).
>
> „Die Liebe benimmt sich nicht unanständig, sie sucht nicht das Ihre, sie lässt sich nicht erbittern, sie rechnet Böses nicht zu, … sie erträgt alles, sie glaubt alles, sie hofft alles, sie erduldet alles" (1Kor 13,5.7).

Erweist Gott nicht gerade darin seine Liebe gegenüber seinen Feinden, dass Christus zu einem Zeitpunkt für uns gelitten hat und gestorben ist, als wir ihn noch aufs Schändlichste verachteten und gegen ihn rebellierten (1Kor 5,8.10)? Inwieweit bin ich bereit, mich von meinem verengten Blickwinkel befreien zu lassen? Könnten bestimmte Situationen und Menschen nicht das Kreuz sein, das ich nach Jesu Worten täglich auf mich nehmen und tragen soll? Vielleicht könnte diese Bitte an Gott einen neuen Weg eröffnen:

> „Herr, schenke mir, dass ich meine Situation bejahe und annehme um deinetwillen! Gib mir deine Augen, um neu zu sehen, fair zu beurteilen und ehrlich zu lieben! Bewahre mich vor allem Verhalten, das Gräben vertieft und den Groll aufrechterhält! Reinige mein Herz von aller Selbstgerechtigkeit!"

f) Versöhnlich agieren und reagieren

Fast jeder will es, aber nicht jeder schafft es. Wer jedoch tief in seinem Herzen verstanden hat, dass Gott ihn liebt und dass er in Jesus alles für eine versöhnte Beziehung mit ihm getan hat, besitzt die entscheidende Grundlage für eine versöhnte Herzenshaltung. Solange Gott uns die Tür zur Versöhnung offenhält, sollte nichts auf den „Sankt Nimmerleinstag", also auf einen Termin, der niemals eintreten wird, verschoben werden. Die Bibel sagt: „Heute, wenn ihr seine Stimme hört, verhärtet euer Herz nicht" (Hebr 3,7). || **In der Hinwendung zu Gott können wir unser Leben aufräumen und es von Zorn, Groll und Hass entrümpeln.** || Leider sind wir zu oft mit anderen, angeblich wichtigeren Dingen beschäftigt. So kann es passieren, dass wir die Momente verpassen, in denen Gott uns auf eine ausstehende Versöhnung ansprechen will, aber nicht zu uns durchdringt, weil andere Stimmen in uns schon seit geraumer Zeit lauter sind. Achten wir darauf, auf wen wir hören, wem wir Raum geben und wer bei uns das Recht zur Rede bekommt.

Mit Gott versöhnt zu sein ist die persönliche Voraussetzung dafür, anderen vergeben zu können und keinen Groll mehr gegen sie im Herzen zu pflegen. || **Erlebte Vergebung lässt den „Blick zurück im Zorn" schwächer werden und bestenfalls sogar verschwinden.** || Der mit Gott Versöhnte weiß, welche Schuldenberge ihm vergeben sind. Tausende und Abertausende Sünden hat Gott ihm großzügig verziehen, ohne sie ihm einzeln unter die Nase zu reiben. Der Dank für diese unverdiente Haltung und Handlung Gottes lässt uns anfangen, anders über uns zugefügtes Unrecht zu denken. Wir rechnen nicht mehr kleinlich auf, was andere uns Böses getan haben. Das fällt uns nicht leicht und ist uns nicht in die Wiege gelegt. Aber Gott will es uns unbedingt schenken! Eine gnädige, versöhnliche Haltung dürfen wir uns in der Kraft des Geistes Gottes antrainieren. So werden wir der Unversöhnlichkeit nie das letzte Wort lassen. Damit das besser gelingt, wollen wir uns für die folgenden Worte Jesu Zeit nehmen und darüber nachsinnen:

> „Doch liebt eure Feinde, und tut Gutes, und leiht, ohne etwas wieder zu erhoffen! Und euer Lohn wird groß sein, und ihr

werdet Söhne des Höchsten sein; denn er ist gütig gegen die Undankbaren und Bösen“ (Lk 6,35).

Paulus erinnert die Christen an das Gute, das Gott ihnen getan hat und das sie auch anderen tun sollten:

„Die Liebe sei ungeheuchelt! Verabscheut das Böse, haltet fest am Guten! … Segnet, die euch verfolgen; segnet, und flucht nicht! Vergeltet niemand Böses mit Bösem; … seid bedacht auf das, was ehrbar ist vor allen Menschen! Wenn möglich, soviel an euch ist, lebt mit allen Menschen in Frieden! Rächt euch nicht selbst, Geliebte, sondern gebt Raum dem Zorn Gottes! Denn es steht geschrieben: ‚Mein ist die Rache; ich will vergelten, spricht der Herr‘“ (Röm 12,9.14.17-19).

Und der Apostel Petrus schreibt den Christen und jungen Gemeinden in der Zerstreuung:

„Endlich aber seid alle gleichgesinnt, mitleidig, voll brüderlicher Liebe, barmherzig, demütig, und vergeltet nicht Böses mit Bösem oder Scheltwort mit Scheltwort, sondern im Gegenteil segnet, weil ihr dazu berufen worden seid, dass ihr Segen erbt! ‚Denn wer das Leben und gute Tage sehen will, der halte Zunge und Lippen vom Bösen zurück, dass sie nicht Trug reden; er wende sich ab vom Bösen und tue Gutes; er suche Frieden und jage ihm nach …‘“ (1Petr 3,8-11)!

Tun wir das, was Gott uns als das Allerbeste für uns vorschlägt, dann dürfen wir ein gutes Gewissen haben. So bleibt unsere Beziehung zu unserem Gott und Vater ungetrübt, und wir dürfen entlastet unseren Weg weitergehen, weil ER mit uns ist! Legen wir die Altlasten ab, wird er uns seine guten Wege mit uns ebnen! Wie heißt es doch im guten Wort Gottes:

„Vertraue auf den HERRN mit deinem ganzen Herzen und stütze dich nicht auf deinen Verstand! Auf all deinen Wegen erkenne nur ihn, dann ebnet er selbst deine Pfade! Sei nicht weise in deinen Augen, fürchte den HERRN und weiche vom Bösen! Das ist Heilung für deinen Leib, Labsal für deine Gebeine" (Spr 3,5-8).

g) Annehmend und empfangend

Wir sollten von Zeit zu Zeit bedenken, dass wir nackt in diese Welt gekommen sind und diese Welt auch wieder nackt verlassen werden. Wir haben nichts mit in diese Welt hineingebracht, und wir können, wenn wir sterben, auch nichts aus dieser Welt mitnehmen, selbst wenn es uns noch so sehr ans Herz gewachsen ist. Wir müssen liebe Menschen zurücklassen, uns von allen Plänen, die wir nicht mehr umsetzen konnten, und auch vom materiellen Wohlstand und Reichtum verabschieden. Nichts Irdisches, aber auch nicht das Geringste, kann uns auf unserer letzten Reise beim Übergang von der Zeit in die Ewigkeit begleiten. Alles, worauf wir in diesem Leben (vielleicht verborgen) gebaut und vertraut haben, müssen wir hierlassen.

|| **Nur dieses nehmen wir mit: Christus in uns, uns selbst und das, was wir gesät haben. Die letzte Ernte kommt nach dem Tod.** || Mit die wichtigste Frage wird daher für uns sein: Wollen wir dieses Leben unversöhnt beenden? Wollen wir annehmen und empfangen, was Gott für uns in Christus erwirkt hat: Versöhnung mit ihm, mit uns selbst und mit den Menschen, die er in unseren Lebenskreis hineingestellt hat?

Wenn es um die Versöhnung mit ihm geht, so können wir sie nur empfangen:

„... wir rühmen uns auch Gottes durch unseren Herrn Jesus Christus, durch den wir jetzt die Versöhnung empfangen haben" (Röm 5,11).

Als Arme empfangen wir, denn wir haben hier nichts aufzuweisen, was vor ihm zählen könnte und wirkliches Gewicht bei ihm hätte.

Die Bibel sagt, dass wir alle Herrlichkeit Gottes verloren haben (Röm 3,23; NLB). Und die allererste Plicht, die unsere Wesensarmut erfordert, ist, diese Armut zu erkennen und zu akzeptieren. Tun wir das, dann können wir auch zu Empfangenden werden. Weil jedoch der Mensch als Sünder mit einer verdrehten Sichtweise geboren wird, fällt ihm das Akzeptieren seiner geistlichen Armut nicht leicht. Statt seinen Zustand vor Gott einzusehen, versucht er, seine Sünde(n) zu verstecken und mit seinen Taten zu prahlen. || **Das Verbergen von Schuld kann durch vielerlei Ausreden geschehen.** || Man kann auch durch Anhäufung von Wohlstand und Anschaffung von Statussymbolen sein Gewissen beruhigen wollen. Manchmal lenkt man durch Wortgewandtheit, Schläue und zuweilen auch durch Sarkasmus von seiner inneren Dürftigkeit und Schuldhaftigkeit ab.

Es dauert gelegentlich lange, bis wir ein Ja zu unserer wirklichen Befindlichkeit finden. || **Wer Versöhnung verstehen, akzeptieren, annehmen und leben will, der braucht ein ganzes Ja zu seiner Bedürftigkeit als schuldig gewordener Mensch.** || Er braucht ein Ja zu seiner Herkunft, seiner Stammfamilie, seinen Gaben und Begrenzungen. Mit seiner Geburt hat jeder ohne seine Beteiligung und Willensentscheidung viel empfangen: manche einen guten Start ins Leben und andere ein schweres Erbe, an dem sie ein Leben lang zu tragen haben. Das geistliche Erbe, die Hautfarbe, die individuelle Programmierung in den Genen, bestimmte Begabungen oder Krankheiten können ein Segen, aber auch ein Fluch sein und werden.

Jeder von uns braucht auch ein Ja dazu, dass er als ein vergänglicher, armer Sünder vor Gott steht, der das Wesentliche oft nicht versteht. Aber er ist von Gott in seinem Elend unsagbar geliebt. || **Unser armes Menschsein einzugestehen fällt uns viel leichter, wenn wir tief im Herzen verstehen: Da ist einer, der mich rückhaltlos akzeptiert und in allem Mangel und allen Kümmernissen mein Bestes sucht.** || In seinen Augen bin ich begehrt, geschätzt und kostbar, auch ohne all die Attribute, die in dieser Welt so sehr zählen und so großes Gewicht haben. Diese Liebe darf ich annehmen, tief in mir bejahen und in ihr ruhen. Mein himmlischer Vater sehnt sich nach Aussöhnung zwischen mir und ihm, zwischen mir und meiner Umgebung.

Wer diese Versöhnung annimmt, empfängt und sich nicht mehr dagegen sperrt, wird zunehmend zufriedener und kann versöhnlicher agieren und auch reagieren. || **Es ist nicht viel, was wir zu „leisten" haben. Wir haben nur das einzugestehen, was wir nötig haben: eine alle Lebensgebiete umfassende Aussöhnung mit Gott, damit Frieden in unser Leben einzieht und wir allen Selbsthass und die Ablehnung anderer Menschen in ihren verschiedensten Erscheinungsformen überwinden können.** || In der großen Welt dauert es manchmal Jahrzehnte, um Kriege zu beenden und einen Friedensschluss anzustreben und zu verwirklichen. Auch in unserer kleinen Welt dauert es manchmal sehr lange, bis die Aussöhnung mit den Eltern oder den eigenen Kindern auf festen Füßen steht und in uns verankert ist. Andere wurden vielleicht am Arbeitsplatz gemobbt. Wer Versöhnung bei Gott empfangen hat, der hat damit auch die Grundausrüstung, Versöhnung zu gewähren und Schuld nicht mehr nachzutragen.

|| **Eine unversöhnliche Herzenshaltung wirkt sich immer negativ auf unsere Beziehung zu Jesus und der Gemeinde Jesu aus.** || Sie wirkt sich ebenso auf den Organismus aus und ruft mit der Zeit körperliche und seelische Krankheiten hervor. Manche Enttäuschungen sitzen tief und haben die gesamte Grundhaltung zum Leben beeinflusst. Misserfolge und Fehlschläge wurden vielleicht auch durch andere bei mir ausgelöst. Man hat mir Knüppel zwischen die Beine geworfen, und andauernde Kritik lähmte mich, meine Träume zu verwirklichen. Verleumdungen und Rufmord hinterlassen immer tiefe Kratzer in der Seele. Das alles wiegt sehr schwer, und deshalb scheitern nicht wenige an solchen Erlebnissen. Sie sollten deshalb nicht kleingeredet und als Bagatellen abgetan werden. Nein, das sind tiefe Einschnitte in ein Leben, und sie haben schmerzliche Kratzer in der Seelenlandschaft hinterlassen. Das Herz wurde verwundet, und der ganze Körper leidet darunter. Und nicht selten sitzen die Schuldigen auf dem hohen Ross und sind nicht bereit, ein klärendes Gespräch zu führen, oder sie leben gar nicht mehr.

Durch die Vergebung, die ich gewähre, und die Versöhnung, die ich vollziehe, erlebe ich zunächst selbst Befreiung. Ich werde aus dem Gefängnis meiner Unversöhnlichkeit und von zentnerschweren Lasten befreit. Schuld nachzutragen kostet Kraft. || **Schuld zu vergeben gibt Kraft, weil mich Gott von den Lasten befreit, die andere oder ich selbst mir auferlegt haben.** || Vielleicht zeigt er mir, dass ich selbst an manchen Entwicklungen beteiligt war oder sie sogar hervorgerufen habe. Und er zeigt mir, wie viel Schuld er mir vergeben hat – Schuld, die sich täglich in meinem Leben angehäuft hat, ob nun durch Tat- oder Unterlassungssünden.

An dieser Stelle möchte ich ein bekanntes Zitat von Martin Luther weitergeben, damit Versöhnung von uns vielleicht noch besser praktiziert werden kann:

> „Mir ist es bisher wegen angeborener Schwachheit und Bosheit unmöglich gewesen, den Forderungen Gottes zu genügen. Wenn ich nicht glauben darf, dass Gott mir um Christi willen dies täglich beweinte Zurückbleiben vergebe, so ist's aus mit mir, und ich muss verzweifeln. Aber das lass ich bleiben. Wie Judas an den Baum sich hängen – das tue ich nicht. Ich hänge mich an den Hals oder Fuß Christi. Wie die Sünderin, ob ich auch noch schlechter bin als diese. Ich halte meinen Herrn fest!
>
> Dann spricht Jesus zum Vater: ‚Dies Anhängsel muss auch durch. Er hat zwar nichts gehalten und all deine Gebote übertreten, aber er hängt sich an mich. Vater, was will's – ich starb auch für ihn. Lass ihn durchschlüpfen!'"

h) Aufrichtig

Der Aufrichtige hat in der Bibel viele Verheißungen. Zum Beispiel die, dass Gott es ihm gelingen lässt (Spr 2,7). Auch wenn meine Aufrichtigkeit nie das Fundament meiner Versöhnung mit Gott sein kann, so prüft doch Gott die Herzen von uns allen (2Chr 16,9). Der Sohn Davids, Salomo, konnte von seinem Vater sagen, dass er mit aufrichtigem Herzen vor Gott gelebt hatte (1Kö 3,6). Und David bekannte in seinem letzten von ihm in der Bibel überlieferten Gebet:

> „Ich weiß, mein Gott, dass du das Herz prüfst, und Aufrichtigkeit ist dir angenehm" (1Chr 29,17).

So wird die Versöhnung in dieser Welt nur von aufrechten, ehrlichen Herzen ausgehen, von Menschen, die transparent sind und deren Denken nicht von Machtstreben, Geldgier, List und Geltungssucht gesteuert wird. Auch kann eine Gemeinde Gottes nur versöhnt leben, wenn Aufrichtigkeit untereinander gelebt wird und man sich wahrhaftig in Liebe begegnet. Eine Ehe wird auf Felsen gebaut sein, wenn die beiden Partner transparent kommunizieren und ehrlich, eben aufrichtig miteinander umgehen. || **Aufrichtigkeit zu lieben und zu leben steht unter dem vollen Segen Gottes und wirkt in der Regel vertrauenerweckend.** || Der natürliche, ungekünstelte Umgang miteinander ist durch nichts zu ersetzen. Der Aufrichtige kann gewiss sein, dass Gott ihn hält, gerade auch auf den Wegstrecken im finsteren Tal, wenn ihm manches Böse widerfährt und er vielleicht sogar sein irdisches Leben verliert.

In Maleachi, dem letzten Propheten des Alten Testaments, wird etwas über die Priester gesagt, als sie noch gottesfürchtig lebten:

> „Verlässliche Weisung war in seinem Munde, und es wurde nichts Böses auf seinen Lippen gefunden. Er wandelte vor mir friedsam und aufrichtig und hielt viele von Sünden zurück" (Mal 2,6; LUT84).

Ein verträgliches, versöhnliches und offenherziges Leben hält andere von Fehlverhalten zurück. || **Welch ein großer Segen kann ein redlicher Mensch sein, der versöhnlich lebt und auf den Frieden Gottes untereinander bedacht ist!** || Gewiss gelingt das nicht immer und sofort. Manche verletzenden Worte können sich tief in die Seele eingraben, und man wird stumm vor Schmerz und findet keine Worte mehr. In solchen Zeiten ist es gewiss von Vorteil, wenn man seinen Schmerz vor Gott ausbreitet und nicht gleich auf den losgeht, der den Schmerz verursacht hat. Auch voreilige Versöhnungsgespräche bringen oft nicht das gewünschte Resultat. Es braucht alles seine Zeit und Reife. Aber man sollte aufpassen, dass durch Angriffe von anderen das eigene geradlinige Herz nicht mit Gedanken der Rache und Vergeltung erfüllt wird. Auch ist es gut, keine ärgerlichen, empörten Worte über den Schmerzverursacher von sich zu geben und damit hausieren zu gehen. Doch gewiss dürfen wir auch eigene Empfindungen äußern, wenn wir Rat und Hilfe in einem seelsorgerischen Gespräch vor Gott suchen.

Von Jesus sagten selbst seine Feinde, die ihm auflauerten, um ihn in seinen Worten zu fangen, damit sie ihn anklagen konnten:

> „Meister, wir wissen, dass du aufrichtig redest und lehrst und achtest nicht das Ansehen der Menschen, sondern du lehrst den Weg Gottes recht" (Lk 20,21; LUT84).

Und Jesus schenkt uns seine Wesensart durch seinen Heiligen Geist, sodass wir handeln und leben können wie er. Sein Wort lehrt uns Aufrichtigkeit. Sie ist Geschenk und Basis eines versöhnlichen Lebens und Teil der Weisheit, die Gott jedem gerne gibt, der ihn darum bittet, aufrichtig und ohne zweifelnde Überlegungen (Jak 1,5f.).

i) Demütig

Einige Zitate zu Beginn können viel Licht auf das Wesen und die Auswirkungen der demütig empfangenen Versöhnung werfen.

> „Die wahren Demütigen haben keine Ahnung, dass sie demütig sind; daher kommt es, dass ihnen die Ehre allezeit unerwartet widerfährt und ihre Erhöhung unvermutet kommt. Sie haben sich einfältig an ihrem geringen Wesen begnügt und nie nach Höhe gestrebt. Die falschen Demütigen aber wundern sich, dass ihre Ehre und Erhöhung so lange ausbleibt." (Lars Olsen Skrefsrud, 1840–1910, norwegischer Missionar und Sprachforscher in Indien)
>
> „Es ist weise, wenn ein Mensch sich demütigt, denn dadurch wird er der Notwendigkeit enthoben, gedemütigt zu werden." (Charles Haddon Spurgeon, 1834–1914)
>
> „Durch Demütigungen habe ich mehr gelernt als durch alle meine Siege." (Kaiser Wilhelm I., 1797–1888)

|| **Der Versöhnte sieht sich mehr und mehr als Empfangender. Er hat das von Gott bekommen, was ihm nie zustand und worum er sich selbst nie gekümmert hätte.** || Jesus trat in sein Leben ein und beschenkte ihn in einem unvorstellbaren Ausmaß mit sich selbst, seiner Gegenwart, seinem Wesen, seinen Gaben. Im Bewusstsein dieses Beschenktseins legt der Mensch seinen Stolz und Hochmut, seine Minderwertigkeit und Selbstentwertung vor Gott ab. Nun geht er durch diese Welt in dankbar-demütiger Haltung. In der Kraft Gottes und in seinem Licht versucht er, so oft wie nötig der Entartung seines Wesens in der Großtuerei und im abgöttischen Eigenwillen zu widerstehen (1Sam 15,23).

Der Versöhnte sieht seinen Lebensweg auch als eine Demütigung und Prüfung an, so wie es Gott über sein Volk in der Wüstenwanderung sagte:

> „Und du sollst an den ganzen Weg denken, den der HERR, dein Gott, dich diese vierzig Jahre in der Wüste hat wandern lassen, um dich zu demütigen, um dich zu prüfen und um zu erkennen, was in deinem Herzen ist, ob du seine Gebote halten würdest oder nicht. Und er demütigte dich und ließ dich hungern. Und er speiste dich mit dem Man, das du nicht kanntest und das deine Väter nicht kannten, um dich erkennen zu lassen, dass der Mensch nicht von Brot allein lebt. Sondern von allem, was aus dem Mund des HERRN hervorgeht, lebt der Mensch" (5Mo 8,2-3).

Denken wir immer öfter daran, was Jesus für uns getan hat, freiwillig und von ganzem Herzen, als er uns mit Gott versöhnte: Er hielt seinen Rücken für uns hin und ließ Nägel durch seine Hände und Füße treiben. Er entzog sein Angesicht nicht vor Schmach und Speichel. Warum sollte ich mich auflehnen, wenn mir das widerfährt, was meinem unschuldigen Herrn und Meister widerfuhr? Er hat es mir doch vorhergesagt, dass ich in seiner Nachfolge keine andere Behandlung erwarten kann (Joh 15,20).

Seine Versöhnung kann ich nur sanftmütig und demütig hineinleben in die Todesströmungen dieser Welt, ohne dass ich wild um mich schlage und auf Rache sinne. Diese mir erwirkte Versöhnung lässt mich an meine Brust schlagen und tief gebeugt vor Gott sagen: „Herr, ich danke dir, dass du mir so gnädig, so versöhnlich begegnest bist. Beschämt über mein eigenes Sündenpotenzial will ich annehmen und dann auch an dich abgeben, was du mir auflegst."

|| **Demut ist der Weg zur Heilung,** || wie es die Geschichte bei dem General Naeman in 2. Könige 5 zeigt. Als er bereit war, sowohl äußerlich als auch innerlich von seinem hohen Ross herabzusteigen und in den Jordan einzutauchen, heilte Gott ihn von seinem Aussatz. Als bedeutender und angesehener Mann war es für ihn sehr schwer, einer scheinbar sinnlosen und demütigenden Anweisung wie der des Propheten Elisa zu folgen. Aber Gott prüfte ihn, und als er Gottes Weisung in seinem Herzen Raum gab, da erlebte er, dass Gott dem Demütigen Gnade schenkt und seine tiefe Sehnsucht nach Heilung erhört. Und das tut Gott nach wie vor so.

j) Wertbewusst

Wer Versöhnung leben will, kommt an einer Klärung seines eigenen Wertbewusstseins nicht vorbei. Er darf wissen, was er Gott als sein Geschöpf wert war und ist und wie der himmlische Vater über ihn denkt. Da ist kein abwertender Gedanke im Herzen Gottes, wenn er uns Menschen ansieht. Deshalb darf er ein gesundes eigenes Wertbewusstsein haben. Bleibt der Versöhnte aber bei sich selbst stehen, seiner Schuld und Sünde, seinem Versagen und seiner erfahrenen Ablehnung, wird er immer wieder in Gedanken der Unversöhnlichkeit, der Vergeltung, des Hasses und der Rache zurückfallen. || **Der Heilige Geist zeigt jedem, der sich mit Gott versöhnen ließ, dass Jesus sein Sühneopfer am Kreuz von Golgatha zwar für Sünder, aber nicht für Menschen ohne Wert gebracht hat.** || Für Gott gibt es im gesamten Universum nichts Wertvolleres als seinen geliebten Sohn und die Menschen, die er in seinem Ebenbild erschaffen hat. Fortan bestimmt der Wert des Sühneopfers Jesu meinen Wert, unabhängig von aller negativen Einschätzung durch mich oder andere. Hier haben wir uns manche Verletzungen im Leben eingehandelt, die uns z. T. in den Grundfesten unserer Persönlichkeit angegriffen haben.

Nicht wenigen, die Jesus nachfolgen, fällt es auch nach Jahren und Jahrzehnten immer noch schwer, positiv von Gott her über sich zu denken. Sie atmen deshalb auch nicht die Wertschätzung und die Freiheit, zu der sie berufen sind und zu der sie der Geist Gottes führen möchte. Dieses Pfund liegt irgendwo vergraben, und man wagt nicht, es auszugraben und sich daran neu zu orientieren. Die Hochachtung, die Gott uns im Opfer Jesu beimisst, ist durch nichts anderes zu erreichen und nicht zu überbieten. Das Wissen darum schafft in uns ein Wertbewusstsein, das die Fesseln der einengenden und bedrückenden Zwänge löst.

Und die Anerkennung durch Gott in der geschenkten Versöhnung in Jesus befähigt uns dazu, schützende Zäune um unser Leben aufzurichten. Wir gestatten nicht mehr jedem den Zutritt zu unserem Geist, zu unsere Seele. Hätte das ein Simson bedacht, er hätte sich von der aufdringlichen Delila abgeschottet und ihr nicht gestattet, ihm seine Kraft zu rauben und ihn zu bezwingen (Ri 16,16). Da er ihr keine Grenzen setzte, nützte ihm seine von Gott geschenkte Kraft nichts. So konnte er der hartnäckigen Versuchung durch Delila nicht standhalten. Wir müssen wissen, wem wir uns in unserer Seele, in unserem Geist öffnen. Deshalb sagt die Bibel: „Prüft die Geister, ob sie aus Gott sind“ (1Jo 4,1). „Lauft nicht jedem ins Messer! Seid besonnen und geht mit offenen Augen durch die Welt!“ || **Wer sich von Gott wertgeachtet weiß, der kann auch entschieden und konsequent schädlichen Einflüssen widerstehen.** || Er schließt keine faulen Kompromisse, weil die Anerkennung durch andere gegenüber der Anerkennung, die Gott ihm zuteilwerden lässt, kaum noch eine Rolle spielt. Er ist sicher und stark, weil er weiß: „Gottes Liebe und Achtung gilt mir.“ Wir dürfen die schlechten Absichten anderer nicht gering einschätzen. Bei Simson wird auch deutlich, dass eine übernatürliche Befähigung durch Gott noch nichts über den Charakter eines Menschen aussagt. Geistliche Festigkeit, emotionale Gesundheit und Frucht des Geistes stehen auf einem anderen Blatt Papier als unsere Geistesgaben und natürlichen Befähigungen.

Erst die Liebe zu Gott als Antwort auf die geschenkte Versöhnung verleiht uns einen immer festeren Charakter. Dieser befähigt uns, Nein zu sagen, wenn „Delila“ oder die „Frau Potiphars“ (1Mo 39,7ff.) an uns herantritt. Auch wenn uns verlockende Angebote gemacht werden, die uns über die Grenzlinie aus dem Schutzbereich Gottes herausziehen wollen, können wir Nein sagen. Deshalb sollten wir in unseren Entscheidungen berücksichtigen, was in den Sprüchen steht:

> „Kaufe Wahrheit und verkaufe sie nicht, dazu Weisheit und Zucht und Verstand“ (Spr 23,23).

Wir wollen das Ja zu einem weisen, zuchtvollen Verhalten nicht für eine Sekunde der Lustbefriedigung verschleudern. Genau hier entscheidet es sich, ob wir im Bewusstsein unseres Wertes weiterleben oder ihn verschleudern und damit auch die Kraft verlieren, wirksame Nachfolge Jesu in dieser Welt zu leben. Als Auserwählte, Heilige und Geliebte können wir herzliches Erbarmen zeigen und dadurch in einer Sphäre leben, die den Unterschied ausmacht (Kol 3,12).

Wenn sich das Ziel der Sendung Jesu an uns verwirklicht, immer neu und immer mehr, dann betreten wir lichtdurchflutete Räume, in denen die Angst weicht und die Zuversicht wächst. Jesus selbst beschreibt in der Synagoge von Nazareth das Ziel seines Kommens mit einem Zitat aus Jesaja 61:

> „Der Geist des Herrn ist auf mir, weil er mich gesandt hat, Armen gute Botschaft zu verkündigen; er hat mich gesandt, Gefangenen Freiheit auszurufen und Blinden, dass sie wieder sehen, Zerschlagene in Freiheit hin zu senden“ (Lk 4,18).

Ein Blinder, der durch Gottes Macht wieder sehend wird, rühmt seinen Gott. Ein Armer, der eine gute Botschaft hört und begreift, dass er ganz unerwartet zum Millionär geworden ist, dem wird man nicht mehr den Mund verbieten können. Er will nun im Bewusstsein eines reich Beschenkten leben. Wenn ein Gefangener seine Gefangenschaft hinter sich lässt und Freiheit atmet, wird er ein Leben lang dem dankbar sein und viel von dem reden, der ihn unverdient zur Freiheit begnadigt hat. Diese Menschen wissen: Sie sind beschenkt, und sie reden diese Geschenke nicht klein. Arm, gefangen, blind und zerschlagen – das darf durch die Versöhnung mit Gott für immer der Vergangenheit angehören.

k) Dankbar

Bonhoeffer schrieb über die Dankbarkeit:

> „Den Dankbaren zeigt Gott den Weg. Undank erstickt den Glauben, verstopft den Zugang zu Gott. Nur zu dem einen dankbaren Samariter sagt Jesus: Dein Glaube hat dir geholfen. Den Undankbaren ist trotz Genesung in Wahrheit nicht geholfen. Es ist die Ursünde der Heiden, dass sie Gott, von dessen Dasein sie wissen, nicht ‚als Gott gedankt haben' (Röm 1,21). Wo Gott als Gott erkannt wird, dort will er als Erstes den Dank seiner Geschöpfe. Undankbarkeit beginnt mit dem Vergessen, aus dem Vergessen folgt Gleichgültigkeit, aus der Gleichgültigkeit Unzufriedenheit, aus der Unzufriedenheit Verzweiflung, aus der Verzweiflung der Fluch. Den Dankbaren zeigt Gott den Weg zu seinem Heil. Lass dich fragen, ob dein Herz durch Undank so mürrisch, so träge, so müde, so verzagt geworden ist. Opfere Gott Dank, und ‚da ist der Weg, dass ich ihm zeige das Heil Gottes' (Ps 50,23)." (Gesammelte Schriften Band III)

|| **Dankbarkeit ist der Grundton eines Versöhnten gegenüber seinem Versöhner und deshalb auch gegenüber seiner Umwelt, in die Gott ihn gestellt hat.** || Bestimmt wird das nicht jeden Tag in gleicher Intensität der Fall sein. Es ziehen auch häufig Schatten über unsere Seele. Das ist normal und nicht verdächtig. Dennoch sind wir jeden Tag zu einer Dank-Demo gegenüber Gott und auch Menschen eingeladen. Durch Dank demonstrieren wir gegen eine anspruchsvolle und aufgeblasene Herzenshaltung. So wird der Dank ein Wächter am Eingang der Seele, der die zerstörenden Mächte der Unzufriedenheit abhält und vertreibt.

Wer sich dem Dank öffnet und als ein Opfer Gott darbringt, auch wenn die momentane Lage gar nicht zum Danken angetan ist, der beschreitet einen Weg, der Verheißung hat. Er darf erleben, dass Gott seine Wege ebnet, egal, wie das momentane Umfeld gerade aussieht. Noch einmal:

> „Wer Dank opfert, verherrlicht mich und bahnt einen Weg; ihn werde ich das Heil Gottes sehen lassen“ (Ps 50,23).

„Undank ist immer eine Art Schwäche“, meinte Goethe (aus: Maximen und Reflexionen, Aus Kunst und Altertum, 1823). Was aber kann uns nun dankbar machen, was kann uns mehr auf Jesus konzentrieren lassen und damit verändern? Woran will uns der Heilige Geist immer wieder erinnern, der uns Jesus in seiner ganzen Fülle immer deutlicher zeigen will?

> „Denkt daran, dass ihr Verschonte seid, weil ich mich nicht geschont habe. Das verdiente Gericht ist an euch vorübergegangen. Der Todesengel ist an eurer Haustür, an eurer Familie vorbeigegangen. Ich habe mich ihm in den Weg und vor euch gestellt. Ihr dürft leben, weil ich für euch starb. Ihr müsst nicht für alle Ewigkeit ernten, was ihr an böser Saat gesät habt. Ich habe den Fluch der ewigen Gottestrennung für euch durchbrochen und zunichte gemacht. Ich habe euch aus ‚Ägypten‘ herausgeführt. Seid deshalb bereit für die Führung Gottes aus Ägypten heraus durch die Wüste hindurch und schlussendlich ins verheißene Land. Meine Gedanken über euch und meine Wege für euch sind nicht immer einsichtig, aber sie sind immer die besten für eure Lebensreise!“

Die Konzentration auf den Herrn und der Dank an ihn machen das Leben tief und weit. Das gibt Kraft zum Durchhalten für Zeiten, wo manches wegbricht. Dankbarkeit verleiht geistliche Substanz, die Fähigkeit und Ausdauer, mit Tiefgang zu leben und den Blick auf das Ziel des Lebens nicht zu verlieren. Denn das Lebensziel prägt unseren Lebensstil.

|| **Wer Gott dankt, nimmt den von ihm vorbereiteten Sieg vorweg und bricht damit dem Widersacher und Erzfeind das Genick (2Chr 20,22).** || Er zerreißt die Ketten der Niedergeschlagenheit, des Kummers, der Trostlosigkeit, der Enttäuschung, der Trauer, der Unsachlichkeit und der Verzweiflung. Er bricht die Wellen der eigenen Not

und Ohnmacht. In einem Lied heißt es so treffend: „Im Danken kommt Neues ins Leben hinein …" Wer seinem Versöhner dankt, hat immer einen Grund zum Danken, weil er sich in seiner Haltung zu uns nie mehr verändern wird.

So zeigt der Dankbare dieser Welt das freundliche Angesicht Gottes. Undankbarkeit hingegen trübt die Sicht auf Gott ein. Wenn in einer Gemeinde die destruktive Kritik im Vordergrund steht und das Miteinander vergiftet, werden dort wohl kaum Menschen zu Jesus finden. Eine dankbare Gemeinde hingegen, die Versöhnung lebt und Gott darüber lobt, macht für gottferne, entkirchlichte Menschen den Weg zu Jesus, zum Kreuz, zur Versöhnung frei.

l) Dienend

Wer aus Gnaden errettet ist, ohne selbst dabei mitwirken zu können, der denkt nicht mehr nur an sich. Andere Menschen geraten in sein Blickfeld, die er auch so gerne bei Jesus sehen würde. Wer aber anderen dienen will, damit sie Jesus besser erkennen und ihn in ihr Leben aufnehmen können, erlebt dabei nicht nur Erhebendes. Er sollte sich auch auf Querschläger einstellen, die ihn unerwartet und empfindlich treffen können. Deshalb sollten wir uns noch einmal die dienende Haltung Jesu vergegenwärtigen, mit der an uns herangetreten ist. **|| Wie viele Rückschläge musste er durch uns einstecken! Und dennoch gab er uns nicht auf, stellte sich zu uns wie zu seinen Jüngern damals. ||** Er war bereit, ihnen buchstäblich die Füße zu waschen. Hier wird deutlich, wer Jesus ist: Der Herr dient in seiner großen Liebe seinen Knechten. Unser Dienst der Versöhnung hat in den Augen Gottes nur Bestand, wenn er in seiner Liebe geschieht (Gal 5,13).

Erquickend und wegweisend für unseren Dienst bleibt hier das Bekenntnis eines 100-Jährigen. Am Ende seines bewegten Lebens stellte er sein Volk, dem er viele Jahre gedient hatte, in die Entscheidung:

> „Ist es aber übel in euren Augen, dem HERRN zu dienen, dann erwählt euch heute, wem ihr dienen wollt: entweder den Göttern, denen eure Väter gedient haben, als sie noch jenseits des Stroms waren, oder den Göttern der Amoriter, in deren

> Land ihr wohnt! Ich aber und mein Haus, wir wollen dem HERRN dienen“ (Jos 24,15).

Das war wenig betulich und überhaupt nicht romantisch, was Josua hier seinem Volk eindringlich vorstellte. Wem wir dienen wollen, müssen wir entscheiden. Denn entweder dienen wir Göttern oder dem lebendigen Gott. Dazwischen gibt es nach den Worten Jesu keine weitere Möglichkeit:

> „Niemand kann zwei Herren dienen; denn entweder wird er den einen hassen und den anderen lieben, oder er wird dem einen anhängen und den anderen verachten. Ihr könnt nicht Gott dienen und dem Mammon“ (Mt 6,24).

Versöhnte sollten wissen, wem sie gehören und wer sie mit Gott versöhnt hat. Ansonsten geht ihr Dank an … ja, an wen eigentlich? Der Dienst der Versöhnung ruft ebenso nach Eindeutigkeit, Klarheit und Gewissheit wie auch nach Demut, Langmut und Liebe.

m) Wie Versöhnung gelingen könnte

Der Theologe John Stott (1921–2011) machte auf einen schlechten Charakterzug in uns aufmerksam:

> „Wir haben die verhängnisvolle Tendenz, die Fehler anderer aufzubauschen und den Ernst unserer eigenen zu bagatellisieren.“

Solch eine Haltung kann niemals einem Friedensprozess dienlich sein. Außerdem geschieht es leider zu oft, dass wir über andere Leute vorschnell urteilen! || **Die überaus wichtige Frage aber ist: Bin ich diesen Menschen mit meinem Urteil wirklich gerecht geworden?** || Habe ich sie vielleicht vorschnell in eine bestimmte Schublade gesteckt? Denn keiner von uns hat jemals genug Informationen, um einen anderen letztlich beurteilen oder gar verurteilen zu können!

Wir mögen zwar sagen: Das weiß ich aber von der anderen Person ganz genau. Aber aufgepasst: Wir wissen von der Person nicht, was wir nicht wissen! Und unser Nichtwissen stellt den weitaus größten Anteil dar, wenn es um unsere Kenntnis anderer geht. Deshalb haben wir nur immer Teilinformationen zur Verfügung. Bevor wir uns auch nur im Ansatz ein Urteil über andere erlauben, sollten wir uns die Mühe gemacht haben, ihn persönlich kennenzlernen. Und das braucht Zeit, genaues Hinhören, viel Nachdenken. Aber dazu nehmen wir uns oft nicht genügend Zeit. Unser festes Auftreten und unsere „glasklaren" Beurteilungen könnten den Eindruck erwecken, als ob wir alles über die bestimmte Person wüssten. An dieser Stelle müssen wir vielleicht zurückrudern und insgesamt bescheidener werden, wenn wir über andere sprechen. || **Die Gesamtwirklichkeit eines Menschen wird oft durch die Überbetonung einer Teilinformation entstellt.** || Und damit sind wir zum Richter eines anderen geworden. Aber Richter kann nur Gott sein, dem wirklich alle Informationen zur Verfügung stehen, bis hin zu den vererbten und gewordenen Genen, die nun einmal die Lebensweise entscheidend prägen. Sagte Jesus deshalb nicht eindringlich zu seinen Nachfolgern:

> „Verurteilt nicht andere, damit Gott nicht *euch* verurteilt! Denn euer Urteil wird auf euch zurückfallen, und ihr werdet mit demselben Maß gemessen werden, das ihr bei anderen anlegt" (Mt 7,2; GNB).

Zu schnell schaltet sich in Beziehungen unser vorlautes, sündiges Wesen dazwischen und funkt uns mit der Absicht an, dass es in der Beurteilung anderer ab jetzt das Wort führen will. Diese „fleischliche Gesinnung", die immer in einer Feindschaft zu Gott steht (Röm 8,6-9), will so gerne seine Meinung über andere kundtun. Dieser Drang steckt noch in jedem Christen und übernimmt von Zeit zu Zeit die Kontrolle über Gehirn und Zunge. || **Es existiert ein nahezu diabolischer Trieb in uns, dass wir unsere Nase zum wiederholten Mal in fremde Töpfe stecken. Hätten wir denn nicht alle genug vor der eigenen Haustür zu kehren?** || Was für ein Friede würde sich in der Gemeinde Jesu ausbreiten, wenn wir einmal drei Monate auf die Beurteilung anderer verzichten und aufrichtig eine intensive Selbstreinigung im Licht Gottes vornehmen würden, auch in Bezug auf die Frage, wo wir diesem ungöttlichen Drang nachgegeben haben! Die Entzugserscheinungen des Tratschens scheinen jedoch zu stark zu sein, als dass wir uns einmal über längere Zeit den Finger auf den Mund legen würden. Sich aber intensiver um die eigenen Angelegenheiten zu kümmern als um die, für die ich keine Verantwortung zu tragen habe, wäre dabei so heilsam und dem Frieden untereinander so dienend.

Jesus erinnert an die goldene Regel im Umgang miteinander: „Behandelt die Menschen so, wie ihr selbst von ihnen behandelt werden wollt" (Mt 7,12). Keiner von uns möchte von anderen falsch beurteilt werden. Und dennoch beurteilen wir Menschen immer wieder, obwohl wir vielleicht nur Informationen von Dritten über sie haben. Auf die Idee, selbst einmal bei dem Betreffenden nachzufragen, wie sich denn die Sache verhält, die wir von anderen hörten, kommt kaum jemand. Dazu fehlt uns leider zu oft die Courage. || **Sollten wir nicht viel vorsichtiger und bedächtiger auf Auskünfte reagieren, die andere uns zutragen?** || Dass wir durch unvorsichtigen Umgang mit Informationen über Dritte dem Erzverleumder und Dauerankläger Satan die Tür weit öffnen, sollte uns nicht unbekannt sein. Der Teufel und seine zerstörerischen Methoden haben noch nie dazu beigetragen, dass Sachverhalte geklärt wurden und echte, anhaltende Versöhnung gefördert wurde. Das gilt auch in der Beurteilung mancher Personen und bestimmter Aussagen von ihnen, was ihre theologische Sicht betrifft. Zu schnell geraten wir in den Sog, andere kleinzumachen, damit wir selbst größer dastehen.

n) Fragen, die zum Verstehen führen

Es wäre bestimmt förderlich, sich einmal hinzusetzen und sich einige Fragen zu notieren, um sie dann selbst zu beantworten. Hier eine kleine Auswahl an Fragen, die zum tieferen Verstehen meines Kontrahenten führen könnten, damit mein Denken über sie verändert und in die richtige Richtung gelenkt wird:

- Was stört mich eigentlich am Verhalten dieser Person? Weshalb erscheint sie mir so unsympathisch? Worin besteht eigentlich mein Problem mit diesem Menschen?

- In einem zweiten Schritt sollten wir versuchen, einmal hinter die äußere Fassade zu schauen. Wie kommt es eigentlich, dass diese Person sich so gibt und so redet, wie sie es momentan tut? Sie ist doch nicht so geboren worden. Was hat sie erlebt, dass sie solch ein negativer Mensch geworden ist? Waren es schwere menschliche Enttäuschungen? Will sie sich an jemandem rächen, wenn sie sich anderen gegenüber aggressiv verhält? Welche Bedürfnisse und Sehnsüchte wurden in ihrem Leben nur mangelhaft oder nie gestillt?

- In einem weiteren Gedankengang sollten wir überlegen, warum ich selbst so abwehrend und verletzt auf diesen Menschen reagiere. Was hat das mit meiner Biografie, meinen Ambitionen und meinem Machtanspruch zu tun? Erinnert mich diese Person an jemanden, mit dem ich negative Erlebnisse aus der Vergangenheit verbinde? Was könnte ich tun, um den Teufelskreis von negativen Aktionen und Reaktionen zu unterbrechen? Was macht es mir so schwer, mildernde Umstände walten zu lassen, die ich für mich selbst aber wünsche und gerne in Anspruch nehme?

- Nun versuche ich einmal, auf den Herzensgrund dieses Menschen vorzudringen. Weshalb ist er so unglücklich, dass er anderen ihr Glück, ihren Erfolg nicht gönnt und dies durch seine negativen Äußerungen hindern oder zerstören will? Was hat er in seiner Kindheit, in seiner Stammfamilie erlebt, sodass er das wurde, was er jetzt ist? Hat er nicht auch das tiefe, aber ungestillte Bedürfnis, geliebt und akzeptiert zu sein? Wozu tut er das, was er tut? Welcher Hilfeschrei des Herzens steht hinter diesem bösen Reden und schlechten Verhalten?

- In einem letzten Gedanken sollte ich mir konkret überlegen, wie ich es schaffe, nicht mehr schlecht über diese Person zu reden. Wie kann ich der Abwärtsspirale des bösen Redens über diese Person auch im Kollegen- und Freundeskreis entgehen und mich dem verweigern? Wie kann ich zu dieser Person Brücken bauen und verständnisweckend, versöhnend und werbend für sie eintreten?

Immer wieder sind wir herausgefordert, den eigenen Schmerz auszuhalten, wenn andere uns kränken und verletzen. So wie Jesus es am Kreuz für uns alle vorbildlich tat und in den furchtbaren Schmerzen, die er litt, für die beteten, die ihm diese Schmerzen zugefügten: „Vater, vergib ihnen, denn sie wissen nicht, was sie tun“ (Lk 23,34). || **In solch einer versöhnlichen Herzenshaltung treten wir selbst zur Seite, machen Gott Platz, damit er an den anderen wirken kann, die uns das Leben schwer machen.** || Bedenken wir zudem, dass wir Personen oft nach ihrem Verhalten beurteilen, aber ihr Herz selbst bleibt uns fremd und unzugänglich. Menschen, die z. B. Gewalterfahrungen gemacht haben, sind danach in der Regel in ihrem Verhalten schwer zu ertragen. Ihr unmögliches Verhalten ist ihnen überhaupt nicht bewusst.

Mein persönliches Erleben: Durch meinen Vater hatte ich bis zu meinem 17. Lebensjahr viele körperliche und seelische Gewalterfahrungen auszuhalten. Manchmal hasste ich ihn nur noch und wünschte ihm den Tod. Doch in meinem 20. Lebensjahr geschah ein Wunder, über das ich bis heute noch staune: Ich musste ihm nichts mehr nachtragen. Plötzlich durfte ich ihn in einem anderen Licht wahrnehmen. Der versöhnliche Gedanke, den mir Gott ins Herz gab und der mir dabei half: Er hatte es ja in seinem Elternhaus noch viel schwerer gehabt als ich. Er hat in seiner Stammfamilie mit elf Geschwistern noch viel mehr Gewalt erlitten als ich. Sein Vater war ein dorfbekannter jähzorniger Mann, der meinen Vater in seiner Gewaltanwendung bei Weitem übertraf.

Bei mir blieben diese Verletzungen allerdings dennoch nicht ohne hässliche Spuren in meinem Leben. Durch die vielen öffentlichen Demütigungen, wenn er mich vor anderen verfluchte und vor meinen Freunden schlug, wurden tiefe Kratzer in meiner Seele gezogen. Eine der Folgen davon war, dass ich manchmal ein herrisches Wesen an den Tag legte, aus purer Angst, wieder „geschlagen" zu werden. Ich befahl lieber, und Widerspruch liebte ich nicht wirklich, so wie mein Vater überhaupt keinen Widerspruch duldete. Mein Ton gegenüber meiner Frau und unseren Kindern war immer wieder sehr lieblos. Wenn mich Leute darauf ansprachen, war ich sehr geknickt, weil ich das ja gar nicht wollte und – was noch schlimmer war – auch nicht im Geringsten bei mir selbst wahrnahm. || **Ich verstand überhaupt nicht, was sie an mir bemängelten. Ich tat das nicht absichtlich. Hässliche Worte und ein harter Ton kamen aus mir heraus, ohne dass ich mich bewusst dafür entschieden hätte.** || So entschuldigte ich mich auch nicht dafür, weil ich es überhaupt nicht wahrnahm, es sei denn, dass mich jemand darauf aufmerksam machte. Dieser metallene Klang in meiner Stimme wirkte ziemlich abstoßend. So stand unsere Ehe nach gut zehn Jahren am Scheideweg …

Ein Erlebnis soll verdeutlichen, wie wenig ich mich mit Abstand betrachten konnte:

Ich war auf einem theologischen Seminar zur Predigerausbildung. Ein unbändiger Drang war in mir, anderen von meiner neuen Glaubenserfahrung mit Jesus Christus zu erzählen. In meinen Mitteln war ich nicht immer sehr wählerisch. Auf alle mögliche Art und Weise versuchte ich, meinen Mitmenschen Jesus und seine rettende Botschaft nahezubringen. So kamen mein Kommilitone Kees und ich eines Tages auf die Idee, Menschen über ihren Glauben zu interviewen. Mit meinem Tonband bestückt machten wir uns auf den Weg zum nahegelegenen Hauptbahnhof in Marburg. Wir nahmen die Fragen und Antworten auf, um sie uns später immer wieder anzuhören. Damit wollten wir unsere Fragen und Methode verbessern. Beim späteren Anhören des Gesprächs machte ich zum ersten Mal Bekanntschaft mit einem Verhalten von mir, das ich nun nicht mehr leugnen konnte. Als einer der Interviewpartner mir etwas patzig antwortete, kam ein schneidender Ton aus meiner Kehle. Da sagte mein Zimmerkollege Kees zu mir: „Siehst du, Helmut, darauf habe ich dich schon einige Male aufmerksam gemacht, aber du hast es nicht kapiert." || **Und nun stand ich da, mit dem untrüglichen Beweis für mein ungehöriges Reagieren, festgehalten auf einem Tonträger.** ||

Mir blieb nichts anderes übrig, als zu akzeptieren und klein beizugeben.

|| **Aber etwas gehört und akzeptiert zu haben heißt noch nicht, eine falsche Verhaltensweise erfolgreich zu ändern.** || Es gehört mit zu den unbegreiflichen Dingen, dass sich diese Reaktionsweise bis heute hartnäckig bei mir gehalten hat. Ich will sie nicht, ich bereue sie, ich bitte um Vergebung, und dennoch verschwindet sie nicht völlig aus meinem Verhalten. Meine Frau sagte mir einmal, dass sie keinen Menschen kennt, der sich so positiv verändert hat wie ich. Nun, sie kennt mich seit 1971, wo unsere Freundschaft begann, und zwar ziemlich genau. Aber ich bin zutiefst frustriert, wenn es wieder einmal passiert und Worte in einem Ton über meine Lippen kommen, der alles andere als eines Christen und Predigers des Evangeliums würdig ist.

Manche fühlten sich durch meine Schärfe eingeschüchtert. Vielleicht war diese Schärfe ja die mir selbst unbewusste und verborgene Botschaft an meine Umgebung, dass mir ja niemand mehr mit Gewalt begegnen und mich knüppeln, besiegen und öffentlich demütigen konnte. Das Urteil mancher über mich, das mir zu Ohren kam, war eindeutig: Hardliner, harter Knochen … So lernte ich eine bittere Lektion – für mich und für die vielen Menschen, die zu mir in die Seelsorge kommen. Einer der Gründe, warum ich manche über Jahre und Jahrzehnte hinweg seelsorgerisch begleite, liegt in meiner demütigenden Erfahrung, dass manche Scharten im Leben sehr lange brauchen, bis sie – selbst dann vielleicht nur zum Teil – ausgewetzt sind. || **Jedes negative Verhalten hat seine Geschichte. Und es ist nun mal nicht mit Appellen und harten Forderungen getan, so sehr wir auch von uns selbst und unserer Sichtweise überzeugt sind und sogar recht haben mögen.** || Zudem sollten wir nie vergessen: Opfer sind Opfer von Opfern! Aber auch dann ist jeder Mensch immer noch verantwortlich für das, was er tut.

Wenn wir Menschen begegnen, die sich abstoßend verhalten, machen wir uns oft gar nicht die Mühe, sie kennenzulernen. Wir fühlen uns abgestoßen, angegriffen und haben Angst. Wir stellen uns nicht die Frage: Warum ist er so, wie er ist? Was ist in seinem Leben passiert, dass er sich so gibt, wie er sich gibt? Wir geben uns mit oberflächlichen Einschätzungen zufrieden, die wir dann auch bei nächster Gelegenheit kundtun. Wie schnell ist ein Mensch durch uns abgestempelt! Bestimmt müssen wir nicht jeden näher kennenlernen, der uns unsympathisch ist. Aber wir sollten uns auf jeden Fall mit unseren vorschnellen Einschätzungen zurückhalten, die dem anderen nicht im Geringsten gerecht werden. || **Wir müssen und können nicht jedem helfen, aber wir sollten seine üble Ausgangssituation nicht noch durch unsere Beiträge verschlechtern.** || Es obliegt uns, diese Menschen zu segnen und ihnen Gutes zu wünschen. Das gilt auch für unsympathische Politiker und Vorgesetzte. Als Christen zeichnen wir uns dadurch aus, andere von Gott her zu sehen, der ganz anders reagiert und gütig umgeht mit den Undankbaren und Bösen (Lk 6,35). Gottes Wort sagt uns:

„Seid aber zueinander gütig, mitleidig, und vergebt einander, so wie auch Gott in Christus euch vergeben hat“ (Eph 4,32)!

Martin Luther schrieb in seiner Erklärung zum achten Gebot („Du sollst nicht falsch Zeugnis reden wider deinen Nächsten“):

„Wir sollen Gott fürchten und lieben, dass wir unsern Nächsten nicht fälschlich belügen, verraten, afterreden[12] oder bösen Leumund machen, sondern sollen ihn entschuldigen, Gutes von ihm reden und alles zum Besten kehren.“

Das ist eine starke Herausforderung, an der Martin Luther auch manchmal selbst gescheitert ist. Aber wir können uns üben, aus dem alten Vergeltungsmuster „Wie du mir, so ich dir“ auszubrechen, weil Jesus diesen Teufelskreis in seinem Leben und Sterben durchbrochen und uns vorgesprochen hat: „Vater, vergib ihnen, denn sie wissen nicht, was sie tun“ (Lk 24,34). Und vergessen wir nicht: || **Manchmal sind wir selbst nur deshalb in die Schusslinie anderer geraten, weil wir andere unter Beschuss genommen haben.** || Man sieht sich im Leben immer zweimal. Oder wie es Paulus an die Christen in

12 veralteter Ausdruck für übles Nachreden

den Gemeinden in Galatien schrieb: „Was der Mensch sät, das wird er ernten“ (Gal 6,7).

o) Eine überraschende Erfahrung mit dem Heiligen Geist

Es war abends gegen 22 Uhr. Ich hatte mir gerade einen Film im Fernsehen angeschaut, der mich tief berührte. Es ging um ein Thema, das mich schon lange begleitete: Gerechtigkeit und Ungerechtigkeit. Zum Schluss siegte, wie so oft im Film, das Gute. Ich schaltete den Fernseher aus, und plötzlich überfiel mich regelrecht eine befreiende Erkenntnis. Sie gab mir eine Antwort, die ich jahrzehntelang erbeten hatte: „Gott, befreie mich doch von allen negativen Gedanken über Menschen, die mir Unrecht zugefügt und mich verleumdet haben.“ Jeder weiß um diese beißenden Schmerzen, wenn man hört, dass Halbwahrheiten und Lügen über einen verbreitet werden und einem etwas untergeschoben wird, was so nicht stimmt. Das bleibt auch Christen nicht erspart, die im Dienst für Gott stehen. Wenn das dann über viele Jahre geht, dann wird die Haut dünn, und der Schmerz bohrt sich tief in die Seelenschichten hinein. Schmerzliche Furchen werden in die Herzenslandschaft gezogen.

So saß ich da und spürte, wie sich eine tiefe Erleichterung in mir Raum verschaffte. || **Mein Herz wurde regelrecht durchflutet mit dem Trost und der Liebe Gottes. Es war, als ob Zentner von meinen Schultern fielen und ich befreit aufspringen konnte, wie ich es schon lange nicht mehr erlebt hatte.** || So etwas kann man nicht machen und auch nicht wiederholen. Es ist eine Stunde Gottes, die Antwort gibt auf Fragen, die jahrelang ein kräftezehrender Begleiter waren. Gewiss, es kann auch ganz falsch gedeutet werden. Ich will mich hier auch nicht als bemitleidenswertes Opfer darstellen. Ich trug selbst meinen Anteil zu manchen Verleumdungen bei. Ich will nur etwas weitergeben, was mir damals als befreiende Wahrheit geschenkt wurde. Deshalb schrieb ich meine Eindrücke sofort nieder, die ich hier unverändert wiedergebe:

> „Herr Jesus, ich danke dir von ganzem Herzen für alle Verleumdungen in meinem Leben. Verleumdete sind ja auserwählt, dir ähnlich zu werden. Dein Schicksal wird mein

Schicksal. Welche höhere Ehrung kann es für mich geben?! Mein Herz ist voller Dank über all der üblen Nachrede, die mir in den Jahren und Jahrzehnten wiederfahren ist!!! Ich bin gewürdigt, in deinen Fußstapfen zu laufen, hinter dir her, Herr Jesus. Darin darf ich ganz nahe bei dir sein. Das Gleiche zu erleben, was dir widerfahren ist, wie lange habe ich mich dagegen gewehrt und wie viele Jahre habe ich gebraucht, um das zu verstehen und nun endlich zu akzeptieren.

Vergib mir, Herr Jesus, alle Unzufriedenheit, alle Rebellion, alles Zurückschlagen, alle Ironie, mit der ich auf manche Kränkungen reagiert habe. Ich wurde so hart über den Verletzungen, über aller Ungerechtigkeit, die mir widerfuhr; das habe ich andere spüren lassen. Nun möchte ich die Füße dieser Menschen küssen, die mich öffentlich ungerecht behandelt und mir Böses unterstellt haben. Vergib mir, Herr, alle stolzen Selbstrechtfertigungen. Wie töricht war ich, wie vernebelt in meinem Geist, dass ich die angefeindet habe, die mir helfen sollten, dir ähnlich zu werden.

Ich hatte die Ehre nicht erkannt, in deiner Schule zu sein und dadurch ganz nahe bei dir. Deine Freude und Kraft ist ja dann bei mir, wenn ich willig und gerne dir nachfolge und mein Kreuz, das du für mich auserwählt hast, auf mich nehme. Ich will das Unrecht nicht gutheißen, aber um deinetwillen annehmen, wo man mich missversteht und mir ungerechtfertigterweise Böses unterstellt. Ich danke dir für alle Prüfungen, in die du mich schickst, damit ich dichter an dich heranrücke, deine Stimme besser höre und deinen Weg zum Kreuz besser verstehe. Du sagst ja, dass der Schüler nicht über dem Meister sein kann. Mir soll und darf es genügen, bei dir zu sein, dein Schicksal in dieser Welt zu teilen. Wie oft wirst du abgelehnt, missverstanden, auf die übelste Art verleumdet. Letztlich trifft ja alles, was mich verletzt, dich und dein liebendes Herz.

Danke, Herr Jesus, für alle Geduld mit einem, wie ich es bin, der so schwer lernt und kapiert. Du hast lange auf mich gewartet, bis ich verstand. Danke für deine Riesengeduld. Du bist und bleibst mein Herr, mein Gott, mein König!“

Ich bin heute noch erstaunt über diese Sätze. Ich merke nur zu gut, dass ich das nur schwer aus mir hervorbringen konnte. Ich weiß auch, dass ich solch eine Stimmung und Einsicht nicht reproduzieren und über Jahre konservieren kann. Aber ich vertraue darauf, dass Gott es wieder reaktiviert, wenn ich in Gefahr stehen sollte, in alte Fahrwasser zurückzugleiten.

TEIL 3:
Hoffnung

1

Die Paradoxien durch den Versöhnungstod Jesu

Es gibt so vieles, das einfach nicht zusammen zu passen scheint. Wir sprechen einerseits von der Allmacht und Liebe Gottes, und andererseits nehmen wir so vieles wahr, was scheinbar nicht mit Gott, seiner Liebe und Allmacht in Übereinstimmung zu bringen ist. Wir lesen in der Bibel von der unumschränkten Souveränität Gottes, und dann sehen und lesen wir in den Medien von Schreckensherrschaften hier und da auf dem Globus. Wie passt das zusammen? Wir hören in Predigten und lesen in christlichen Büchern von der umfassenden Erlösung durch Jesus Christus und sehen uns selbst als Christen an unser Ego gebunden, und unser Ringen um Freiheit ist meist mit wenig Erfolg gekrönt. Wie passt das zusammen? Ist das nicht ganz und gar widersprüchlich?!

Wir stehen als Christen hilflos vor allerlei negativen Ereignissen und sind nicht selten ratlos. Manchmal überkommen uns Wut und Verzweiflung darüber. || **Und nicht wenige Dinge bekommen wir mit unserem Glauben an einen mächtigen, barmherzigen Vater im Himmel nicht in Übereinstimmung.** || Manches ist so abgrundtief böse und so weit von dem entfernt, was Gottes guter Wille für uns Menschen ist. Bei all dem Guten, das aber auch vorhanden ist und nicht geleugnet werden soll, gibt es jeden Tag weltweit unzählige Katastrophen, auf die wir keine Antwort finden. Ob es die verhungernden Kinder in den Dürregebieten Afrikas sind oder der Tod einer jungen Mutter, die drei kleine Kinder und einen völlig verzweifelten und hilflosen Ehemann zurücklässt. „Kluge“ Antworten auf das „Warum“ sind dann so überflüssig wie noch mehr Sonnenschein in der Sahara.

Vielleicht haben wir selbst viel Ungerechtigkeit und Tyrannei erlitten, deren Gründe für uns im Nebel bleiben. Man hat uns übel mitgespielt, und wir sind in gemeinster Weise hintergangen worden. Man hat uns geschnitten und öffentlich vorgeführt. Tiefe und schmerzhafte Demütigungen sind uns widerfahren, und wir stehen als vom Leben Betrogene da.

Der Apostel Paulus hat in einem klassischen Text in kurzen, knappen Worten zwei Dinge zusammengebracht, die sonst nicht zusammengehören: die Erniedrigung und die Erhöhung Christi. Darin wird die entgegengesetzte Vorgehensweise Gottes zu den Gesetzmäßigkeiten dieser Welt anschaulich zusammengefasst:

> „Habt diese Gesinnung in euch, die auch in Christus Jesus war, der in Gestalt Gottes war und es nicht für einen Raub hielt, Gott gleich zu sein. Aber er machte sich selbst zu nichts und nahm Knechtsgestalt an, indem er den Menschen gleich geworden ist, und der Gestalt nach wie ein Mensch befunden, erniedrigte er sich selbst und wurde gehorsam bis zum Tod, ja, zum Tod am Kreuz. Darum hat Gott ihn auch hoch erhoben und ihm den Namen verliehen, der über jedem Namen ist, damit in dem Namen Jesu jedes Knie sich beuge, der Himmlischen und Irdischen und Unterirdischen, und jede Zunge bekenne, dass Jesus Christus Herr ist, zur Ehre Gottes, des Vaters" (Phil 2,5-11).

Hier wird über die Maßen deutlich: Das Reich Gottes hat andere, entgegengesetzte Kennzeichen und Wirkungsweisen als diejenigen, die in dieser Welt angestrebt werden. Auch darin gilt der Satz Jesu: „Mein Reich ist nicht von dieser Welt" (Joh 18,36). || **Scheinbare Paradoxien und Widersprüchlichkeiten werden durch die ganze Bibel hindurch im Handeln Gottes deutlich.** || Besonders in Jesu Weg zum Kreuz und in seinen Reaktionen auf das Leiden und Sterben am Kreuz setzt der Versöhner neue Maßstäbe. Uns Menschen ist Gottes Gegenentwurf zu den Gesetzmäßigkeiten dieser Welt zunächst uneinsichtig: Wir denken, wenn wir immer obenauf und die strahlenden Sieger sind, dann … Durch das Kreuz jedoch geschieht die Umkehrung vieler Werte und Ereignisse. In diesem schrecklichen Geschehen wird deutlich, dass Gott den Verlierer zum Sieger erklärt, und der Unterlegene der eigentliche Gewinner ist. Jesus verlor den Schauprozess gegen eine geistlich und politisch degenerierte Elite und wurde von brutalen Henkersknechten ans Kreuz genagelt. Doch der von Menschen Gedemütigte wird von Gott als Höchster geehrt, und der Gekreuzigte wird zum Herrn über alles. Der Geschmähte, der sich die erniedrigenden Worte anhören musste, wird zum Herrscher, und der von den Soldaten Bespuckte zu dem, der angebetet wird.

Dafür sorgte sein Vater im Himmel, bei dem nach wie vor alle Fäden der Welt- und Menschheitsgeschichte zusammenlaufen. Jesus wusste ganz genau: Diejenigen, die jetzt das Todesurteil über mich sprechen, haben die Macht dazu, weil mein himmlischen Vater es so will (Joh 19,11). So konnte Petrus den Christen in der anbrechenden Verfolgung im römischen Weltreich die entscheidende Frage stellen: „Und wer ist's, der euch schaden könnte, wenn ihr dem Guten nacheifert?" (1Petr 3,13; LUT84). Er wusste ganz genau: || **Nicht böse Menschen können letztlich meinen Lebensweg bestimmen. Derjenige, der meinen Lebensweg ordnet und ebnet, ist der lebendige Gott.** || Mein himmlischer Vater, mein Herr und Heiland Jesus Christus führt mich gerade auch dann, wenn mir Unrecht widerfährt und das Böse zu triumphieren scheint.

So lässt uns Jesus wissen, dass das, was in unserem Leben ohne jegliche Frage zunächst negativ erscheint, uns zu Überwindern und Gewinnern machen kann und soll. Sein Vorbild, seine Kraft und seine Möglichkeiten sollen uns zu einer neuen Sichtweise auf die Ereignisse um uns her bringen. Wer hätte damals bei dem Anblick des Ausgepeitschten, Verhöhnten und Gekreuzigten gedacht, dass „Gott in Christus war und die Welt mit sich selbst versöhnte" (2Kor 5,19)? Der erschütternde Anblick des Gekreuzigten und die weltumspannende Wirkung des gekreuzigten Jesus klaffen offensichtlich weit auseinander. || **So scheinen manchmal die unleugbaren schlimmen Fakten in unserer Welt und das, was Gott darin wirkt, ein Widerspruch zu sein. Das Kreuzesgeschehen aber rückt die Fakten zurecht.** || Und Satans erbittertes Wüten gegen den Mann aus Nazareth wurde zu seiner größten Niederlage, weil durch Jesu Tod am Kreuz Versöhnung geschah. Im Licht der Auferstehung war er nicht mehr als ein unwissender und schäbiger Handlanger Gottes. Die Kreuzigung Jesu durch seine Feinde besiegelte deren eigene Niederlage, sowohl in der sichtbaren wie auch in der unsichtbaren Welt.

Wer hätte damals nach dem Massaker an den Juden im Holocaust gedacht, dass dieses grausame und dunkle Kapitel der Menschheit, das durch nichts zu rechtfertigen ist, der Startschuss zu dem Staat Israel werden sollte? || **Als Deutschland von der Naziherrschaft befreit wurde und aller Welt die Konzentrationslager präsentiert wurden, da tat sich ein Abgrund auf, der einen schaudern ließ.** || Unsagbares Leid auf der einen Seite und eine menschlich nicht mehr gutzumachende Schuld des deutschen Volkes auf der anderen Seite. Es war die Sackgasse schlechthin. Die deutschen Städte lagen in Schutt und Asche, und das jüdische Volk stand vor dem Nichts. Der Schock saß tief, und das Trauma war allgegenwärtig. Dann kam das Wirtschaftswunder in der Bundesrepublik Deutschland, und dreißig Jahre nach Ende des Zweiten Weltkriegs stand das Land da wie Phönix, der der Asche entstiegen war. Man sollte eigentlich denken, dass Deutschland nach dem Krieg, den es angezettelt hatte, etwas anderes verdient hätte. Und dem stark dezimierten Volk der Juden wurden Land und ein Staat von Gott geschenkt, in dem es heute leben kann, trotz der allseits gegenwärtigen Feindschaft der Nachbarländer und muslimischer Terrororganisationen.

So ist es auch bei uns Christen. Das, was sich vor unseren Augen auftut, erscheint manchmal in den grellsten Farben. Da greifen Leid, Krankheit und der Tod nach uns und nahestehenden Freunden, und wir stehen hilflos dabei und erstarren vor dieser Übermacht. || **In vielen Teilen der Welt herrschen Ungerechtigkeit, Gewalt, Zerstörung, und das Elend zieht scheinbar ungehemmt seine Kreise. Übrigens nicht erst heute, sondern von Beginn der Menschheitsgeschichte an. Diese schlimmen Ereignisse und Erfahrungen ergeben überhaupt keinen Sinn.** || Schlecht ist schlecht, böse ist böse, Verlust ist Verlust und durch nichts schönzureden. Was für einen Sinn soll schon der Tod einer Mutter von drei jungen Kindern haben? Sehen wir jedoch auf den Gekreuzigten und beziehen ihn in unseren gedanklichen Horizont ein, dann beginnt sich das Blatt zu wenden. Trost und Geborgenheit in Gott ziehen in unser Gemüt ein. Das Ausgeliefertsein an das Böse und Zerstörerische verliert seine Sogkraft. Aus den schlimmsten Ereignissen können sich dann ungeahnte Perspektiven auftun, die jetzt noch unsichtbar sind. An dem Gekreuzigten wird sichtbar, dass selbst die größte Niederlage zum Sieg und eine schreckliche Tragödie zum heilsamen Trost in Gott werden kann.

|| **Wenn wir also anfangen, unser Leben aus dem Blickwinkel Gottes zu sehen, dann wird für uns persönlich erfahrbar, dass alles Negative nicht das letzte Wort über uns sprechen muss!** || Wir sehen ja an dem gekreuzigten Christus, dass Gott ihn aus den Toten auferweckte und eben damit unvergängliches Leben in einer Welt des Todes zum Leuchten gebracht hat. Gerade der dunkle Hintergrund von Hass und Kriegen, der nun wirklich nicht zu leugnen ist, lässt Gottes Tat der Versöhnung in dem Gekreuzigten hell aufstrahlen, wenn Menschen sich dafür öffnen. So möchte Jesus auch auf der dunklen Folie manch bitterer Erfahrungen in unserem Leben ein Pluszeichen davorsetzen. Deshalb verheißt uns Gott: „Suchet mich, dann werdet ihr leben" (Am 5,4; LUT84). Und Jesus lädt uns ein: „Kommt her zu mir, alle ihr Mühseligen und Beladenen! Und ich werde euch Ruhe geben" (Mt 11,28).

Machen wir Jesus zum Mittelpunkt unseres Lebens, auch und gerade angesichts der vielen Fragen und Schmerzen, dann wachsen durch sein gnädiges Handeln Hoffnung und Zuversicht in uns. Genauso wie Jesus durch seine Erniedrigung hindurch von Gott erhöht wurde, so können wir darauf hoffen und sogar gewiss sein, dass Jesus uns durch die tiefsten Tiefen unseres Lebens hindurch zu unserer Erhöhung führen will. || **Auch wenn ich ganz unten angelangt bin, schiebt er immer noch seine mächtige und gnädige Hand unter mich und fängt mich auf.** ||

Deshalb kann unser Leben mit seinen manchmal niederschmetternden Erfahrungen von Jesu versöhnendem Leiden und Sterben und seiner siegreichen, strahlenden Auferstehung her neu gesehen und gestaltet werden:

- Mein Zusammenbruch wird zum Neuanfang.
- Meine Nacht wird meine Sonne, mein Licht.
- Meine Rückschläge werden meine Antriebe.
- Meine Tiefen werden zu meiner Vollkommenheit.
- Mein Unglück verwandelt er in mein Glück.

- Meine Armut ist mein Reichtum.
- Meine Nichtigkeit wird zu meiner Größe.
- Meine Niedrigkeit und Erniedrigung werden meine Erhöhung.
- Meine Fesseln und Gefangenschaften werden zu meiner Befreiung.
- Meine Ohnmacht wird meine Vollmacht.
- Mein Zweifel wird zur Gewissheit.
- Mein Gegenspieler wird mein Förderer.
- Mein Tod wird mein Leben.
- Mein Verlust wird mein Gewinn.

Gott wollte aus dem, was durch und durch negativ ist, etwas Großes entstehen lassen. Gerade in dem Negativen offenbart Gott nicht selten seine Weisheit und Kraft für einen Neuanfang und für einen Weg unter seinen starken Segnungen. Selbst Jesus wurde erst durch sein Leiden und Sterben der Urheber, der Begründer und Anführer der Errettung für alle Menschen:

> „Denn es geziemte ihm, … den Urheber ihrer Rettung durch Leiden vollkommen zu machen“ (Hebr 2,10).

Deshalb gab Jesus seinen Nachfolgern mit dem folgenden Worten einen Kompass für ihr Leben in dieser Welt in die Hand, damit sie nicht in die Irre gehen und an den Rätseln des Lebens zerbrechen:

> „Dann sprach Jesus zu seinen Jüngern: Wenn jemand mir nachkommen will, verleugne er sich selbst und nehme sein Kreuz auf und folge mir nach! Denn wer sein Leben retten will, wird es verlieren; wer aber sein Leben verliert um meinetwillen, wird es finden. Denn was wird es einem Menschen nützen, wenn er die ganze Welt gewönne, aber sein Leben einbüßte? Oder was wird ein Mensch als Lösegeld geben für sein Leben?“ (Mt 16,24-26).

Das heißt eben auch:

- Mein selbstsüchtiger Gewinn wird mein Verlust.
- Meine selbstbezogene Stärke wird meine Niederlage.

Das alles ist nicht immer gleich sichtbare und erfahrbare Wirklichkeit. Manchmal kann es sehr lange dauern, bis Gottes Wirken in unserem Leben aufstrahlt. Und einige erleben das erst in der Ewigkeit, wenn sie heimgegangen sind zu Jesus. Doch Gott wirkt. Und das sehr oft im Verborgenen. Es geschieht durch das souveräne Wirken des Sohnes Gottes, dem alle Macht und Autorität in der sichtbaren und unsichtbaren Welt gegeben ist (Mt 28,18). || **Der Herr bleibt seinen Freunden herzlich zugewandt. Seine uneingeschränkt wohlmeinende Einstellung zu mir sucht nur das wirklich Gute für mich. Dazu gehört auch das, das manchmal so böse aussieht.** || Mein Gottvertrauen auf seine Güte lässt aus dem Schlechten und Bösen das Kostbare und Wertvolle wachsen, langsam, still, aber unaufhaltsam. Alles Schlimme und Schändliche, das mich trifft, will er für mich in etwas verwandeln, was mich erneuert. In dem kindlichen Vertrauen auf meinen Versöhner Jesus Christus geschieht diese Entfaltung göttlichen Lebens in mir zur Verwandlung in sein Bild.

Durch meine Ergebenheit und Beugung unter seinen Rat und Willen verändert er Fluch in Segen, zerbricht er die Brandpfeile des Bösen, und die Bitterkeit des Lebens verliert ihre bannende Macht. Der verzweifelten Anklage, dem Aufbegehren gegen alle Verletzungen und Benachteiligungen entzieht er die zerstörerische Kraft.

Von Søren Kierkegaard ist diese Weisheit überliefert:

> „Gott kann machen, dass das Falsche zum noch Besseren wird, als das Richtige gewesen wäre.“

Das Kreuz Jesu Christi bleibt das Zeichen für die Selbsterniedrigung Gottes um der Menschen willen. Dieses Ereignis lässt alles in einem neuen Licht erscheinen. So wird für den Nachfolger Jesu auch sein zeitlicher Tod die Eintrittskarte in Gottes ewige Herrlichkeit. Das unbefleckte, unvergängliche und unverwelkliche Erbe, das im Himmel für uns aufbewahrt wird, wartet auf alle, die von Neuem geboren sind (1Petr 1,3-4). Der Stachel des Todes ist gezogen, und das Gift der Sünde ist für immer besiegt (1Kor 15,55-56). Das Bollwerk teuflischer Macht ist zerborsten und in tausend Teile zersprungen (Kol 2,15; 1Jo 3,8). Wir dürfen aufatmen und getrost weiterziehen, weil uns der Zutritt in Gottes unzerstörbare, einzigartige und herrliche Welt freigesprengt wurde. Die letzte Grenze ist geöffnet.

„Wenn der HERR die Gefangenen Zions erlösen wird, so werden wir sein wie die Träumenden. Dann wird unser Mund voll Lachens und unsre Zunge voll Rühmens sein. Dann wird man sagen unter den Heiden: Der HERR hat Großes an ihnen getan! Der HERR hat Großes an uns getan; des sind wir fröhlich. HERR, bringe zurück unsre Gefangenen, wie du die Bäche wiederbringst im Südland. Die mit Tränen säen, werden mit Freuden ernten. Sie gehen hin und weinen und streuen ihren Samen und kommen mit Freuden und bringen ihre Garben“ (Ps 126; LUT84).

2

Wenn aller Kampf und Streit vorbei ist

Fragen wir nach Gottes letzter Vision für unser Leben, dann werden neue Fakten auf den Tisch gelegt. Es geht um viel, viel mehr, als wir uns jemals vorstellen können. Befriedete Beziehungen, wohltuende Freundschaften, umfassende Harmonie, einträchtiges Zusammenleben ohne die bekannten hässlichen Störungen sind einige von Gottes Zielen mit uns in der Ewigkeit. || **Das, was wir heute nur gebrochen erleben, ist dann in Vollendung da. Konfliktreiches, spannungsgeladenes Gegeneinander, Feindschaften und zerbrochene Beziehungen werden für immer der Vergangenheit angehören.** || Jesus spricht vor seinem Leiden und Sterben mit seinen Jüngern darüber, dass er im Reich Gottes mit ihnen ganz entspannt am Tisch sitzen wird, wo es dann nicht mehr um die Rangeleien um die vorderen Plätzen gehen wird (Mt 26,29). Paulus spricht davon, „… dass die Leiden der jetzigen Zeit nicht ins Gewicht fallen gegenüber der zukünftigen Herrlichkeit, die an uns geoffenbart werden soll“ (Röm 8,18). Johannes weist darauf hin, dass wir Jesus einmal gleich sein werden, wenn wir ihn sehen (1Jo 3,2). Die Bibel kennt das Hochzeitsmahl, wo Jesus sich für ewig mit seinen Leuten eins macht (Offb 19,6-7).

Dann werden wir zu Eifersüchteleien und Kleinkriegen keine Lust mehr haben. || **Dann sind wir frei von allem Neid und allem stolzen, machthungrigen Gehabe, das so viel Boshaftes und Gehässiges hervorgebracht hat.** || Entspannt und völlig gelöst sitzen alle wiedergeborenen Christen aus den verschiedenen Denominationen der weltweiten Gemeinde Jesu zusammen. Dann spielt alle Zugehörigkeit zu einer Denomination keine Rolle mehr. Alle eigenbrötlerischen Versponnenheiten, alle unnüchterne Schwärmerei, alle extremen Lehrmeinungen werden dann keine Rolle mehr spielen, wenn wir Jesus gleich sind. In seiner Nähe, in seiner Vollkommenheit und unter seiner Herrschaft können wir ganz gelassen agieren und reagieren, für immer. || **Dort wird eine Welle nach der anderen unser Herz mit Frieden und Freude überschwemmen.** || Die beklemmende Angst, nicht ernst genommen zu werden und hinten herunterzufallen, wird nie mehr unser Herz erfüllen. Diese herrlich schöne Existenz im Himmel beginnt für versöhnte Menschen in dem Moment, wenn sie ihren Herrn und Gott unverhüllt schauen werden. Darauf läuft ihr Leben zu: IHN zu sehen.

> „Geliebte, jetzt sind wir Kinder Gottes, und es ist noch nicht offenbar geworden, was wir sein werden; wir wissen, dass wir, wenn es offenbar werden wird, ihm gleich sein werden, denn wir werden ihn sehen, wie er ist" (1Jo 3,2).

Im Himmel werde ich all das in Vollendung sein, was ich hier auf dieser Erde schon verborgen in Christus bin (Röm 8,30; Eph 2,6; Kol 3,3-4). Schon heute bin ich in Gottes Augen gerecht und herrlich gemacht. Trotzdem erlebe ich die vielen Vorzüge meiner Gotteskindschaft nur lückenhaft und unvollständig. Paulus schreibt: Erst dann, wenn das Vollkommene kommt, wird das Unvollkommene für immer ein Ende haben (1Kor 13,10).

Heute lebt Christus in mir, „die Hoffnung der Herrlichkeit" (Kol 1,27). Diese von Gott geschenkte Tatsache ist die alles entscheidende Realität! Deshalb werde ich dort, wie schon jetzt, das geliebte Kind des Vaters sein, versehen mit göttlicher Herrlichkeit und Autorität. || **Alle Verheißungen der Bibel in Bezug auf die Ewigkeit werden dann für mich sichtbare Wahrheit und an mir erkennbar sein.** || In einer völlig neuen Existenzweise werde ich alle zeitlichen und räumlichen Beschränkungen hinter mir lassen. Erfüllt mit unbeschreiblicher Freude komme ich zu meiner ewigen Bestimmung: froh und frei in ganzer Übereinstimmung mit meinem Gott zu leben und zu handeln. Frei von allen Zweifeln und aller inneren Zerrissenheit kann ich meinen Gott schauen und anbeten. Keine Quelle der Bosheit sprudelt dann mehr in mir und vergiftet meinen Geist. Tiefer Friede wird mein Sein vor Gott durchdringen. Nie mehr muss ich um Liebe und Anerkennung buhlen. Dann werde ich Gott in einer Weise erkennen, wie er mich heute schon erkennt. Gottes Wesen wird mein Wesen sein. Frei von aller Geltungssucht kann ich mit anderen Kindern Gottes allein Gottes Ehre suchen.

Welch ein riesiger Ballast wird dort von uns abfallen! Eine uns unbekannte Leichtigkeit wird uns „beflügeln". All das Mangelhafte, das Unvollkommene und das Versagen ist für immer von uns abgefallen und kann uns nie mehr beschweren. || **Dort werden wir vor Gott stehen und mit anderen zusammen sein, ohne uns minderwertig zu fühlen.** || Alles Fehlerhafte, Ungenügende, Kümmerliche und Stümperhafte wird von uns abgestreift sein – für immer. Wir sind frei von aller schnöden Eitelkeit und Ehrabschneiderei! Wir haben keine Defizite mehr im Charakter, keine Defekte mehr in den Genen. „Der Lahme wird springen wie ein Hirsch und die Zunge des Stummen jauchzen", sagt die Bibel (Jes 35,6). Nichts Schwaches und Unvollkommenes wird unsere Existenz dort beeinträchtigen.

Endlich sind wir frei von aller Angst, die uns mit ihren tausend Gesichtern so oft beherrschte. Verbunden mit einem neuen Leib hat unsere Persönlichkeit eine nie gekannte Stabilität und Sicherheit. Eine Geborgenheit in ungekanntem Ausmaß durchdringt unseren Geist. Nie mehr steigen unheilvolle Befürchtungen in uns hoch. Es gibt keine bedrückende Vorausahnung mehr oder das angstvolle Erwarten von Schicksalsschlägen. || **Alles Dunkle, Böse und Sündige haben wir für immer hinter uns gelassen. Für keinen Gedanken müssen wir uns vor Gott schämen.** || Vergebung brauchen wir nicht mehr zu suchen. Das, was uns in dieser Welt unbedeutend und klein erscheinen ließ, wird für alle Ewigkeiten in der Versenkung verschwinden. Gott erhöht uns in einem unvorstellbaren Ausmaß, ganz so, wie es seinem Charakter entspricht. Er belohnt ja so gerne die Niedrige und Schwachen, die sich ihm zuwenden. Er macht gerne solche groß, die vor der Welt nichts bedeuteten (1Kor 1,26-29). War sein Sohn nicht der Unansehnlichste und Verachtetste (Jes 53,2-3)?!

Wir werden baden im Meer der Liebe Gottes. Tag und Nacht schauen wir in sein freundliches Angesicht. Seine warmen und gütigen Augen strahlen uns an, und wir erkennen, was für ein einzigartiger Gott sich über uns erbarmt und uns errettet hat. Wenn er zu uns sagen wird: „Du frommer Knecht, gehe ein in des Herrn Freude“ (vgl. Mt 25,21.23), werden wir in eine Welt eintreten, die uns fortwährend in die Anbetung treibt. Hier wird uns klar: Solche Herrlichkeit konnten wir uns niemals selbst erarbeiten. Sie konnte uns nur aus Gnade zugesprochen werden.

Angesichts all dieses unverdient Guten haben wir das unwiderstehliche Bedürfnis, uns vor ihm niederzuwerfen (Offb 4,10). Danksagung und Lobpreis durchdringen unser Herz vor seinem Thron bis in die letzten Fasern unseres neuen Seins. Dort erleben wir die umfassende Freiheit von aller Ich-Verseuchung und Ich-Zentrierung. Wir können endlich aufrichtigen Herzens sagen: „DU bist würdig.“ Keine versteckte Eitelkeit kann uns vor ihm befallen, kein Wort vernichtender Kritik uns dort ins Mark treffen. || **Wir sind sicher, wir sind zu Hause beim Vater. Worte der tiefen Anerkennung und Anbetung quellen aus unserem Mund. Übersprudelnde Freude treibt uns an, ihm Tag und Nacht zu dienen.** || Ohne zu ermüden. Ohne uns zu langweilen. Die Verehrung unseres geliebten Gottes mit allen Fasern unseres neuen Seins wird unser tiefstes Bedürfnis sein. Wir sehnen uns besonders danach, ihm ewig für Golgatha zu danken, dem Vater für die Hingabe seines innig geliebten Sohnes und dem Sohn für das Opfer seines Leibes und Lebens. Wozu tat er das? Um uns den Weg zu seiner nie endenden Herrlichkeit zu ebnen.

Bei all meinen Ausführungen über die Ewigkeit wird mir immer klarer, dass wir in Bezug auf Jesus und den Himmel nur in Untertreibungen sprechen können. Die Vergleiche und Bilder der Bibel für die Ewigkeit, den Himmel, wollen andeuten, dass etwas unbeschreiblich Beglückendes auf uns wartet: die ungehinderte Gemeinschaft mit unserem Schöpfer und Erlöser. So dichtete Søren Kierkegaard den folgenden Vierzeiler[13] und gab damit seiner Ewigkeitshoffnung Gestalt:

---

13 Søren Kierkegaards selbstgewählte Grabinschrift

„Noch eine kleine Zeit, dann ist's gewonnen,
dann ist der ganze Streit in Nichts zerronnen.
Dann kann ich laben mich an Lebensbächen
und ewig, ewiglich mit Jesus sprechen."

Erwin W. Lutzer
Seine schwerste Stunde
Einblicke in das Herz Jesu am Kreuz

Der Autor beleuchtet in seinem Buch das Sterben Jesu am Kreuz. Dabei fordert er heraus, das Kreuz nicht nur als Symbol unserer Erlösung zu verstehen, sondern es als einen Lebensstil anzunehmen. Wer dazu bereit ist, wächst geistlich und bringt Frucht für das Reich Gottes. Wenn wir verstehen, was das Kreuz für Jesus Christus bedeutet hat, werden wir auch seine Bedeutung für unser Leben als Christ erfassen.

Buch
Pb., 160 S., 13,5 x 20,5 cm
Best.-Nr. 273 975
ISBN 978-3-89436-975-0

Hörbuch
Die gekürzte Hörbuchfassung wird von Manfred Paul gelesen.
Best.-Nr. 273 526
ISBN 978-3-89436-526-4

John Witmer
Immanuel, wahrer Mensch und wahrer Gott
Eine umfassende Darstellung der Person Jesu

Ist es wirklich wahr, dass Gott sich selbst seiner Herrlichkeit entäußerte und Mensch wurde? Dieses Buch fordert den Leser heraus, die Bilder von Jesus Christus, welche die Bibel malt, zu bestaunen und die Intensität ihrer Farben und die Vielfalt ihrer Schattierungen auf sich wirken zu lassen.

Pb., 272 S., 13,5 x 20,5 cm
Best.-Nr. 271 634
ISBN 978-3-86353-634-3

Wolfgang Vreemann
Fitnesstraining für meine Seele
Wie die Weisheit der Bibel meine Seele stärkt

Was kann ich für die Fitness meiner Seele tun? Wie bleibe ich seelisch gesund? Das untersucht der Arzt Dr. Vreemann am Beispiel von sechs Stationen im „Fitnessstudio“ für die Seele. Zunächst zeigt er, was die Bibel dazu zu sagen hat und welche biblischen Vorbilder es gibt. Dann berichtet er von praktischen Beispielen aus dem Alltag, bevor er uns Trainingstipps gibt.

Auch wenn die Bibel uns nirgendwo körperliche oder seelische Gesundheit garantiert, bietet sie doch die beste Grundlage dafür, seelisch fit zu bleiben oder zu werden. Probieren Sie es aus – es lohnt sich!

Pb., 240 S., 13,5 x 20,5 cm
Best.-Nr. 271 671
ISBN 978-3-86353-671-8